with

하나님과 바르게 관계 맺는 법

스카이 제서니 지음
이대은 옮김

(주)죠이북스는 그리스도를 대신한 사신으로
문서를 통한 지상명령 성취와 하나님 나라 확장을 위해 노력합니다.

Copyright © 2011 by Akash Jethani a/k/a Skye Jethani
Originally published in English as *With: Reimagining the Way You Relate to God* by Thomas Nelson, Nashville, TN, USA.
All rights reserved.

This Korean translation Edition © 2013 by JOY BOOKS Co., Ltd., Seoul, Republic of Korea
Published by arrangement with Thomas Nelson, a division of HarperCollins Christian Publishing, Inc. through rMaeng2, Seoul, Korea

이 한국어판의 저작권은 알맹2 에이전시를 통하여 Thomas Nelson과 독점 계약한 (주)죠이북스에 있습니다.
신 저작권법에 의하여 한국 내에서 보호 받는 저작물이므로 무단 전재와 무단 복제를 금합니다.

with

하나님과 바르게 관계 맺는 법

추천의 글

스카이 제서니는 이 책으로 우리 모두에게 큰 공헌을 했다. 그는 영적 고전들에서 재료를 뽑아내어, 간결하면서도 현대적인 언어로 하나님과 관계 맺는 법을 다시 상상하라고 우리에게 촉구한다. 우리는 왜곡되고 격하된 기독교 신앙에 따라 살아가는 희생물이 되기 십상이다. 그 결과는 참혹하다. 나와 당신은 죄인, 소비자, 관리자, 종복 이상의 존재들이다. 하나님은 우리를 끔찍이 사랑하시며, 영원한 교제를 누리시기 위해 우리를 지으셨다. 하나님의 사랑에 응하여 살아갈 때, 모든 것이 달라진다.

폴 루이스 메츠거 박사Paul Louis Metzger, PhD,
멀트노마Multnomah 성경 신학대학원 기독교 신학, 문화 신학 교수.
《요한복음: 사랑이 도시에 임할 때》
The Gospel of John: When Love Comes to Town의 저자

이 책에 한 번 뛰어들고 나자, 이 책에 대한 생각을 멈출 수 없었다. 스카이 제서니의 통찰은 하나님에 대한, 당신에 대한, 그리고 하나님과 당신이 어떻게 관계를 맺어야 하는가에 대한 생각 자체를 바꾸어 놓을 것이다.

카라 파웰 박사Dr. Kara E. Powell
풀러 청년협회 상임 이사

소문처럼 들려오는 이야기에 따르면 옛 신학자들은 얼마나 많은 천사가 바늘 끝에서 춤을 출 수 있는지를 논했다고 한다. 이런 논의는 전혀 중요하지 않다. 하지만 **상관없는, 추구하는, 반대하는, 위하는, 요구하는, 맞추는, 함께하는**over, after, against, for, from, under, with 등의 전치사 중 어느 전치사가 당신의 신앙을 지배하고 있는지는 절대적으로 중요하다. 거대한 세계가 이런 사소한 단어들로 수렴될지 누가 알았겠는가? 그 신학적 부요함이 문법의 전치사로 축소될 수 있을 줄 누가 알았겠는가? 스카이는 교회에 큰 공헌을 했다. 그는 우아하면서도 간명한 문체로, 날카로우면서도 깊은 통찰력으로, "With"라는 단 하나의 단어가 어떻게 모든 것을 바꾸어 놓는지를 보여 주었다. 이 책은 내 전 교인에게 읽히고 싶은 책이다.

마크 뷰캐넌Mark Buchanan
《영적 리듬》Spiritual Rhythm의 저자

그 전치사 하나가 이렇게 많은 영향력을 지녔을 줄 누가 알았겠는가? 스카이 제서니의 책은 우리의 동기와 마음의 문제에 이르기까지 깊이 파고들어 간다. 그리고 당신이 하나님과 신앙에 대하여 생각하는 방식에 도전한다. 이 책을 읽으면 당신 자신을 포함하여 사람들이 모두 다르게 보일 수밖에 없을 것이다!

마거릿 파인버그Margaret Feinberg
《거룩하고 하나님께 굶주린 자를 찾다》
Scouting the Divine and Hungry for God의 저자

스카이 제서니는 네 가지 전치사―맞추는, 상관없는, 요구하는, 위하는under, over, from, for―를 솜씨 좋게 이용하여 삶을 지배하는 패러다임들을 진단한다. 그리고 세속적인 패러다임이든 종교적인 패러다임이든 간에 네 가지 전치사는 진리의 일부분을 담고 있으나, 결국에는 부족한 것임을 보여 준다. 궁극적으로, 그것들은 가장 중요한 것인, 살아 있는 하나님과의 실제적인 연합을 놓치기 때문이다. 이렇게 마지막 전치사인 '함께'With를 사용해서 저자는 하나님을 알고, 하나님과 교제를 경험하는 삶이 실제로 무엇인지를 펼쳐 놓는다. 이는 믿음과 소망과 사랑의 삶으로서 우리 모두 간절히 원하고 또 필요로 하는 것이다. 이 책은 유익하며, 힘을 북돋아 주며, 우리를 고무하는 책이다.

짐 벨처Jim Belcher
《깊이 있는 교회》Deep Church의 저자

이 책은 J. B. 필립스J. B. Phillips의 고전인 《네 하나님은 너무 작다》Your God is Too Small, 이용복 역, 규장, 2005가 우리 시대에 끼쳤던 영향력을 현재 세대에게 끼칠 것이다. 저자는 우리가 만족할 수 없는 하나님에 대한 여러 견해들을 밝힌다. 그리고 우리를 만족시키는 것을 뛰어넘는, 하나님과 **함께하는** 삶을 탐구할 수 있는 가능성을 열어 놓는다.

스콧 맥나이트Scott MaKnight
《하나의 삶》One Life,
《파란 앵무새》The Blue Parakeet, 조숭희 역, 미션월드 라이브러리, 2009의 저자
노스파크 대학 신학 및 성경학 교수

스카이 제서니가 〈리더십 저널〉의 최고참 편집장인 이유가 있다. 그의 글은 현실적인 통찰력, 영적인 깊이, 유려한 기운이 묻어난다. 그는 하나님을 향해 당신이 기본적으로 취하는 자세가 당신의 삶의 질과 의미와 방향을 결정한다고 말한다. 그리고 독자들을 올바른 방향으로 이끌도록 이 글을 썼다.

앨런 허시Alan Hirsh
《길들여지지 않은》Untamed의 저자
www.TheForgottenWays.org 운영자

아만다에게
"그분이 먼저 우리를 사랑했기에 우리가 사랑한다."

목차

추천의 글   5

1장 에덴 이후의 삶   13
2장 하나님께 맞추는 삶   43
3장 하나님과 상관없는 삶   69
4장 하나님께 요구하는 삶   99
5장 하나님을 위한 삶   123
6장 하나님과 함께하는 삶   153
7장 믿음으로 사는 삶   183
8장 소망으로 사는 삶   209
9장 사랑으로 사는 삶   239

부록_가   265
부록_나   279
감사의 말   290

미주   292

1장
에덴 이후의 삶

그늘

1,500년 전, 한 로마 황제가 사랑하는 여동생을 위해 무덤을 만들었다. 십자 모양으로 세워진 이 건물은 의외로 작고 아담한데, 내부의 아치형 천장을 모자이크로 꾸며 놓았다. 꼭 쪽빛 하늘을 빼곡히 채운 황금색 별들이 소용돌이쳐 올라가는 형상이다. 모자이크로 장식된 천장은 에메랄드 빛 낙원에서 양과 함께 계시는 선한 목자 예수님께 초점을 맞추고 있다.

갈라 플라키디아 영묘The mausoleum of Galla Placidia는 지금도 이탈리아 라벤나에 보전되어 있다. 학자들은 이를 "모자이크 작품 중 가장 초기 작품이면서도 가장 잘 보존된 작품"이며 "예술적으로 가장 완벽한 작품"이라고 평가한다. 하지만 여행안내서나 엽서에 나와 있는 모자이크 사진에 반해 이곳을 방문한 여행객들은 전혀 다른 반응을 보이기 일쑤다. 여행객들은 내부에 들어서자마자 실망하기 시작한다. 건물에는 조그마한 창문이 몇 개 있을 뿐인데, 그나마 들어오는 빛도 꽉 들어찬 관광객들이 막고 있어 실내는 어두침침하다. 그래서 "예술적으로 가장 완벽한" 기념비적인 모자이크 작품인, 별이 빛나는 낙원에 있는 선한 목자의 영감 넘치는 광경은 어둠의 장막 뒤에 가려져 있다.

그러나 인내력을 가지고 기다려야 한다. 참지 못해 이내 건물을 나선 관광객은 놀라운 장관을 볼 수 없기 때문이다. 아무런 사전 안내도 없이, 관광객 누군가가 벽에 있는 작은 금속 상자에 용케 돈을 넣으면 천장 가까이 자리 잡은 조명이 켜진다. 이 조명은 무지개 빛깔을 발하는 모자이크를 단 몇 초간만 밝혀 준다. 한 관광객은 자신이 경험한 바를 다음과 같이 말한다. "불이 들어오거든요. 그러면 잠깐 동안, 정말 아주 짧은 순간 눈이 불빛을 다 못 받아들이니까 어른어른하죠. 그러다가 머리 위를 보면 흐릿하고 어두컴컴했던 천장이 점점 별이 가득한 하늘로 바뀌어요. 짙은 청색인 둥근 천장이 희미하게 빛나는 큰 별들로 가득 차 있는데 정말 놀라울 정도로 가깝게 보여요. '우아' 감탄사가 절로 터져 나오죠. 그런데 갑자기 불이 꺼지면 이전보다 더 캄캄해져요."

얼마나 지속될지 알 수 없는 암흑의 순간이 계속해서 찾아오지만, 이 강렬한 빛은 몇 번이고 되풀이해서 내부를 밝

헌다. 빛이 들어오는 매 순간, 그늘 뒤에 가려진 세계가 관광객들에게 잠시 동안 비춰진다. 그런데 그렇게 계속 보고 있노라면 이전에 보이지 않던 것들이 새롭게 눈에 띈다. 샘에서 물을 마시는 사슴도 보이고 과일과 나뭇잎으로 만든 화환도 보인다. 그리고 예수님께서 목자인 자신을 사랑스럽게 바라보는 양들에게 부드럽게 손을 내미시는 모습도 나타난다. 이 모자이크를 본 한 방문객은 "내 평생 가장 숭고한 장면이에요! 당신도 울게 될걸요!"[1]라고 하기도 했다.

라벤나의 여행객들처럼, 사람들은 큰 기대를 가지고 기독교 신앙에 입문한다. 이들은 기독교가 말하는 승리와 구원의 이야기를 들어 알고 있다. 그리고 신앙을 가지면 이 세상을 극복할 수 있는 힘을 갖게 되고 형언할 수도 없는 놀라운 방식으로 하나님을 경험하게 된다고 들었다. 하지만 기독교라는 오래된 건물 내부에 들어오면 사람들은 곧 실망한다. 빛은 어디 있으며 조명은 어디 있는가? 우리 마음은 하나님을 찾는다. 하나님께서 공급하신다는 그 선하심과 아름다움, 그리고 정의와 평화를 구한다. 하지만 하나님은 종종 악한 세계가 드리우는 그늘 뒤에 숨어 있다.

내 걱정거리는 모든 세대가 기독교 신앙에 면역되었다는 점이다. 많은 사람이 거룩한 열망을 가지고 기독교 신앙에 의지한다. 하나님을 알고, 삶 가운데 하나님의 임재를 경험하며, 온유하고 부드러운 목자께서 자신들을 양처럼 보살펴 주시기를 바란다. 하지만 그들은 교회에서 바라는 바를 경험하거나 보지 못한다. 실제로는 하나님과 함께하는 삶이 지닌 아름답고도 매력적인 비전을 한 번도 경험하지 못한 채 교회를 떠나게 될 것이다. 불빛이 그늘 바로 뒤에 존재하는 아름다움을 한 번도 비춰 주지 못한 채 말이다. 대신 이들은 그 그늘을 헤치고 나갈 수도 없고, 영혼의 가장 깊은 소망을 이루어 주지 못하는, 기독교를 가장한 다른 것들만을 접하게 된다.

이들이 신앙을 경험하고도 여전히 실망했다면, 잘못된 결론이기는 하지만 기독교가 실패한 종교라고 여길 것이다. 실제로 G. K. 체스터턴G. K. Chesterton은 말했다. "기독교의 이상을 시도해 보고, 부족하다고 생각한 이는 없다. 기독교의 이상은 어렵다고 생각하기 때문에, 시도하지 않을 뿐이다."[2] 우리 시대에는 아마도 다음과 같이 말하는 것이 더 정확한 표현이 아닐까. 기독교는 제대로 드러나지 못했기 때문에, 아무도 시도하지 않는다고 말이다. 그 결과, 이 시대는 진정한 기독교 메시지에 관심도 없고 면역되어 버렸다.

하지만 기대하지 않고 생각지도 못한 순간, 동전이 떨어져 밝은 빛이 환하게 비치면 우리가 보는 광경은 완전히 탈바꿈한다. 이는 얼핏 보이는 수준에 불과할 수 있다. 그러나 그 순간만이라도 우리가 그늘 뒤에 있는 세계를 볼 수만 있다면, 하나님은 전혀 다른 분으로 다가오실 것이며 우리는 더 많은 것을 열망하게 될 것이다.

자세

그런데 불행하게도 하나님과 관계 맺는 일에 있어서 너무나도 많은 사람이 그림자 아래에서 어두운 존재로, 만족하지 못한 채 그럭저럭 살아간다. 이제 내가 만났던 네 사람을 살펴보겠다. 이들은 모두 자신이 기독교인이라고 생각하고 있었으며, 나름대로 교회물을 상당히 먹은 사람들이었다. 하지만 이들은 모두 서로 다른 방식으로 하나님과 관계를 맺고 있었다.

○

'조엘'이라는 중년의 사내가 있었다. 그는 초면임에도 제 발로 내 사무실에 찾아와서는, 그의 말에 따르자면, "영적인 조언"을 구한다고 밝혔다. 그러고 나서는 자신을 사업에는 어느 정도 성공했지만, 술과 여자와 도박에 약한 기독교인이라고 소개했다. 나를 방문한 이유는 도박 때문이었다. 도박으로 계속 크게 돈을 잃다 보니 사업 전체가 위험하게 된 것이었다.

"조엘 씨, 당신이 당한 문제에 대해서는 유감스럽게 생각합니다." 나는 말했다. "그렇지만 왜 당신이 저를 찾아왔는지 이유를 모르겠군요."

"저는 교회에 다니지 않아요." 조엘이 답했다. "하지만 무엇이 옳고 그른지는 압니다. 제가 잘못한 일 때문에 하나님께서 제 사업에 더 이상 복을 주시지 않으실까 두렵습니다. 하나님과 다시 잘해 보고 싶습니다. 제 동료들과 하나님이 제게 등을 돌리면 살 수 없어요."

○

마크는 매우 박식한 사람이었다. 그는 구할 수 있는 비즈니스 리더십 관련 서적을 모두 섭렵했지만, 사업가는 아니었다. 마크는 사실 목사였다. 우리는 목회자 컨퍼런스에서 만나 점심을 함께했다.

"대부분의 목회자들이 갖고 있는 문제는 말입니다." 마크가 말을 꺼냈다. "자신들은 시장 원리에 영향을 받지 않는다고 생각한다는 점입니다. 목사들은 모든 조직체가 생겨나고 쇠퇴하는 기본적인 원칙들조차 이해하지 못하고 있어요. 신학교에서 그런 내용을 가르치지 않죠."

"저는 이런 목회자 컨퍼런스에서 모든 것을 영적으로 다루려는 걸 참을 수가 없어요." 그는 말했다. "우리는 무언가 더 해 보려는 시도를 하지 않아요. 그저 나쁜 지도자가 될 수밖에 없었다고 변명거리만 늘어놓고 있지요. 월마트 매니저들이 둘러앉아서 명상하고 있는 모습을 본 적이 있습니까? 왜 사람들은 종일 목회자들이 앉아서 기도만 하기 바라는지 모르겠어요. 저는 우리 교회가 다른 교회들처럼 위축되도록 내버려 두지 않을 겁니다."

○

우리 집 근처에는 명망 높은 기독교 학교인 '휘튼 칼리지'가 있다. 리베카는 그 대학교 4학년생이었는데, 졸업을 몇 달 앞두고 진로를 고민하고 있었다. "저는 항상 의과 대학원으로 진학하려고 생각했었죠." 리베카는 말했다. "그리고 합격할 정도 점수는 돼요. 그런데 꼭 그렇게 해야 되는 건지 모르겠어요."

"왜 그러니?" 내가 물었다. "뭐 때문에 망설이는데?"

"하나님께서 그 일을 정말 원하시는 건지 잘 모르겠어요. 그러니까 이 세상에 심장병 전문의가 하나 더 있어야 할 필요가 있나요? 저는 제 삶이 그것보다 더 의미 있으면 좋겠어요. 저는 정말로 뜻있는 일을 하고 싶어요."

"어떤 거 말이니?"

"선교사 같은 거요." 리베카는 대답했다. "아마도 하나님은 제가 하나님을 섬기기 위해서, 의사가 되려는 제 꿈을 포기하기를 원하시지 않을까요? 죽을 때가 다 돼서야 더 뜻있게 살 수 있었을 텐데 후회하고 싶지는 않아요."

○

"제가 뭘 잘못했는지 모르겠어요." 캐런이 눈물을 보이며 말했다. "저는 그저 성경대로 아들을 잘 키우려고 최선으로 노력했을 뿐인데."

십 대인 캐런의 아들은 심각한 우울증에 시달리면서 잘못된 방식으로 이를 해결하고자 했다. 마약에 손을 대면서 문제는 더욱 심각해져 그녀의 아들은 더 파괴적으로 행동하게 되었다.

"이렇게 될 수는 없어요." 그녀의 목소리에는 분노와 고통이 함께 서려 있었다. "저희 집은 항상 하나님을 경외해 왔어요. 저희는 항상 도리를 지키며 살았어요. 저희는 하나님의 방식으로, 성경적 원칙으로 아이를 키웠어요. 저희 집에는 잠언 성경 구절도 달려 있단 말이에요. 마땅히 행할 길을 아이에게 가르치라 그리하면 늙어도 그것을 떠나지 아니하리라. 이렇게 다 했는데, 왜 하나님께서는 저희를 벌하시는 거죠?"

○

조엘, 마크, 리베카, 캐런은 사람들이 하나님과 관계를 맺는 네 가지 방식을 대표한다. 여행객들이 갈라 플라키디아 영묘의 냄새나고 어두침침한 공간에 갇혀 있듯이, 대부분의 사람들은 이 네 가지 잘못된 접근법으로는 궁극적으로 만족할 수 없는 상태에 있다.

하나님께 요구하는 삶

조엘은 방탕한 사업가였지만, 하나님을 이용해 하나님이 자신의 사업에 복 주시길 바랐다. 그는 하나님께 요구하는 삶의 자세를 구체적으로 보여 준다. 이 범주에 있는 사람들은 하나님의 복과 선물을 기대하는 사람들이다. 하지만 하나님 자체에는 특별히 관심이 없다.

하나님과 상관없는 삶

영악한 목회자인 마크는 기도보다 조직 원리에 더 주안점을 둔다. 자신의 삶이나 하나님을 위한 사역에는 별로 관심이 없다. 바로 하나님과 상관없는 삶의 자세다. 증명된 공식이나 예측 가능한 결과를 선호하기 때문에 하나님도 뒷전이고, 이 세상의 신비와 경이로움도 사라진다.

하나님을 위한 삶

리베카는 의학 대학원에 진학하려고 준비하는 학생이다. 그녀의 가장 큰 고민거리는 '어떻게 해야 하나님을 최고로 잘 섬길 수 있을까'라는 문제다. 이 가장 숭고한 종교적 자세는 바로 하나님을 위한 삶이다. 이에 따르면 의미 있는 인생이란 하나님을 위해서 위대한 일을 하는 삶이다.

하나님께 맞추는 삶

"성경에 따라" 아들을 양육하고자 했던 캐런은 마음이 매우 상해 있다. 하나님께서 약속을 지키지 않으셨기 때문이다. 하나님께 맞추는 삶의 자세는 하나님을 원인과 결과라는 간단한 공식에 끼워 넣는다. 하나님의 명령을 지키면 하나님은 우리의 삶, 우리 가족, 우리 국가를 축복하신다. 우리의 주된 역할은 하나님께서 승인하신 일또는 승인하지 않으신 일을 밝혀내고 그 경계 안에서 쉴 새 없이 일하는 것이다.

나는 교회 안팎에서 새로운 사람을 만날 때마다 그 사람이 하나님과 어떻게 관계를 맺고 있는지를 파악하려고 한다. 간단한 질문을 건네면서, 삶과 신앙에 대해 평범한 대화를 나누다 보면, 보통 기본적인 인생관 정도는 충분히 알 수 있다.

- 외국행 비행기 옆 좌석에 앉은 승객 : "저는 하나님에 대해서 그다지 많이 생각하지는 않아요." 분석: 하나님과 상관없는 삶

- 토요일 오전 지역 농산물 직판장에서 만난 사람: "이 자유주의 판사들을 쫓아내야만 하나님께서 우리 나라를 다시 축복하실 겁니다." 분석: 하나님께 맞추는 삶

- 교회 방문자: "저는 매일 아침 일어나서 하나님께 내 지경을 넓혀 달라고 기도합니다. 그러면 하나님은 그렇게 하시죠!" 분석: 하나님께 요구하는 삶

- 성도들에 대해서 다음과 같이 말하는 목회자: "성도들은 자극을 줘야 겨우 전도한다니까." 분석: 하나님을 위한 삶

서구 문화가 점차 세속적으로 변하고 기독교의 영향력이 줄어들면서 사람들은 하나님을 전혀 의식하지 않고 살아간다. 사람들은 하나님의 임재가 어떻게 그들의 삶에 영향을 미칠 수 있는지 생각하지 않는다. 그리고 자신들의 삶에 하나님이 반드시 임재하셔야 한다고 믿지도 않는다. 이들은 어쨌든 하나님께서 존재하신다고만 믿는다. 세속화된 서구 사회에서 많은 사람이 하나님과 상관없는 삶을 살아간다.

하지만 세속화와 하나님을 배제하는 자세만 부각해서는 안 된다. 소위 "새로운 무신론"이 발흥했지만 여전히 21세기에도 종교 때문에 전쟁이 일어난다. 심지어 서구 사회에서도 많은 공동체가 전통적인 종교 가치관을 따르고 있다. 여전히 많은 사람이 종교 의식시각에 따라서 미신으로 볼 수도 있지만을 충실하게 지킨다. 아직도 많은 사람은 하나님께서 원하시는 대로 맞춰서 살아가야 한다고 믿는다. 사실, 문화 갈등이 생겨나는 이유도 많은 경우 하나님께 맞추는 삶을 사는 사람들

이 자신들의 가치관을 하나님과 상관없는 삶을 사는 사람에게 강요하기 때문이다.

이러는 와중에, 점점 더 많은 사람이 빠르게 하나님을 찾고 있다. 하지만 이들은 단지 개인적인 유익과 이익을 구할 뿐이다. 미국에서 또는 세상에서 가장 크다고 하는 상당수 대형 교회들이 하나님께 요구하는 삶의 자세를 토대로 삼고 있다. 이는 기독교 인기 서적들도 마찬가지다. 가정 내에 불화가 끊이지 않고 경제가 불안정해지면서 사람들은 하나님께 나와 그 대변인들에게 해결책을 묻는다. 많은 경우, 사람들은 실질적으로 하나님을 구하는 것이 아니다. 단지 하나님께서 베푸실 초자연적인 도움을 원할 뿐이다. 몇몇 사람들은 이를 소비자 중심 기독교, 번영 복음, 건강과 부(富)의 설교라고 말한다. 명칭이야 어찌 되었든 사람들은 하나님께서 우주적 치료자 또는 신적인 비서가 되어 주시기를 원한다는 점에서는 마찬가지다. 하나님께서는 무엇이나 고쳐 내는 요술 지팡이가 되어 버렸다. 내 친구가 말하는 것처럼 하나님께서는 WD-40/Duct Tape 콤보팩처럼 윤활유인 WD-40과 박스테이프인 Duct Tape를 묶어 파는 상품. 고장 나서 움직이는 것은 테이프로 고정하고, 고장 나서 움직이지 않는 것은 윤활유로 뿌려서 움직이게 함으로써 모든 것을 고칠 수 있다는 광고로 유명하다_역자 주 무엇이든 고칠 수 있는 분이 되었다.

가만 보면 사역을 하는 동료 목사 대부분이 굉장히 활동적으로 신앙생활을 한다. 가난을 퇴치하는 일이든, 교회를 성장시키는 일이든, 정치 참여든 무엇이든지 간에 우리는 하나님과 그의 나라를 위해서 일하며 삶의 목적과 의미를 찾고자 한다. 사람들은 하나님을 위한 삶의 자세를 높게 평가하고, 가장 많은 일을 이룬 자는 가장 높은 위치를 누리며 칭송을 받는다.

이러한 네 가지 삶의 자세를 파악하면 우리는 교회가 하는 일을 이해할 수 있다. 교회가 하는 일이란 대부분 이런 네 가지 자세 중 하나에 맞추어 살고 있는 사람으로 하여금 다른 자세를 갖도록 만드는 것이다. 예를 들어, 종교를 가지지 않고 하나님과 **상관없이** 사는 사람이 있다면, 우리는 그 사람이 점차 하나님의 가치와 명령을 의식하고, 하나님의 통치에 **맞추어** 살아가도록 만들고자 힘쓴다. 우리는 절대 독선적으로나 억지로 강요하지 않는다. 받아들이는 사람은 그렇지 않은 경우가 많지만 말이다. 우리는 단지 하나님께 맞추는 삶이 더욱 보람되고 축복받은 삶이라 믿을 뿐이다.

몇몇 교회는 종교 소비자에 불과한 성도들을 그리스도께 온전히 헌신한 제자들로 변화시키겠다는 분명한 사명을 가지고 있다. 다른 말로 하자면, 단지 하나님께 **요구하기만** 하는 삶을 멈추게 하고 하나님을 위해서 살도록 만들겠다는 것이다. 보통은 성도가 교회 활동에 참여하는지, 헌금을 많이 하는지, 다른 사람들을 잘 섬기는지, 또는 지역 선교 및 해외 선교에 활발히 참여하는지 등의 요소로 이러한 변화 여부를 평가한다. 그래서 자신을 위해서는 덜 일하며, 하나님과 다른 사람들을 위해서는 더 일해야 한다고 확신하게 만들려고 든다. 특별히 하나님께 요구하는 삶에서 하나님을 위한 삶으로 성공적인 변화가 일어난 경우가 있다. 바로 직업을 버리고 "전임 기독교 사역자"가 되는 것이다. 이러한 일은 자주 일어나지는 않지만, 신앙 공동체 내에서는 꽤나 훌륭한 일로 널리 알려진다.

내 믿음의 여정을 생각해 보면 나도 이 네 가지 삶의 자세로 살았던 시절이 있다. 나는 하나님과 상관없이 살기도 했고, 하나님께 맞추며 살기도 했다. 그리고 하나님께 요구하며 살기도 했고, 하나님을 위해서 살기도 했다. 사역을 하던 시절을 떠올려 보면, 나는 주로 사람들이 다른 삶의 자세를 갖도록 변화시키려고 노력했었다는 생각을 하게 된다. 그리고 그 결과도 다양하게 나타났다. 나는 여러 가지 일을 하기도 했다. 설교문도 작성했고 말씀을 선포하기도 했으며, 다양한 프로그램을 만들어 실행하기도 했다. 또 여러 모임을 준비하고 시작하기도 했으며, 예산안을 만들고 실행하기도 했다. 이 모든 일은 하나님과 **상관없이** 살아가는 사람들이 하나님께 맞추어 살게 하며, 하나님께 **요구만** 하면서 살지 않고 하나님을 위해서 살아가도록 확신을 주기 위한 일이었다.

학생들

그런데 나는 몇 년 전부터 이런 일반적인 네 가지 자세 모두를 심각하게 의심하게 됐다. 하나님과 상관없는 삶이 궁극적으로 인간을 만족시킬 수 없다는 점은 알고 있었다. 소비자 중심 기독교가 가진 허구와 하나님께 요구하는 삶이 얼마나 공허한지에 대해서 책을 쓰기도 했다.[3] 하지만 하나님께 맞추는 삶과 하나님을 위한 삶을 자세하게 살펴본 결과, 더 불편한 사실들을 발견하게 되었다. 나는 전통적인 기독교 가르침을 따랐다. 그래서 하나님의 명령을 순종하고, 이 세상에서 하나님의 사역에 헌신하는 일이야말로 우리가 기쁨과 평화를 누리고 삶에 만족하며 무언가를 이룰 수 있는 방법이라고 믿었다. 그리고 그렇게 남들을 가르쳤다. 하지만 10년 정도 사역을 하고 난 뒤에, 나 자신을 살펴보고 내 주위를 둘러본 결과, 그러한 생각이 틀렸다는 것을 깨달았다.

하나님을 위해서 엄청난 일을 한 사람들이 어째서 하나님의 성품은 가장 닮지 않았는지 이해할 수 없었다. 이런 분들은 당연히 언제나 평온하고, 모든 것을 참고, 친절하고, 다른 사람들을 사랑하는 그런 분들이어야 하지 않는가? 그런데 오히려 그런 분들이 더 초조해 하며, 조급해 하고, 무례하고, 공격적이며, 심지어 원한으로 사무쳐 있었다. 물론 모든 경우에 그렇지는 않다. 분명히 독실한 분들도 계신다는 점을 알고 있다. 하지만 그냥 지나치기에는 너무 많은 교회 지도자들이 경건과는 거리가 먼 삶을 살고 있다. 그리고 하나님의 일과 목회에 헌신했다고 하는 나 자신 안에서도 그러한 불편한 성향들을 보게 되었다. 간단히 말해서 하나님을 위한 삶이 내 영혼을 해하고 있었다.

마찬가지로 섬뜩한 상관관계가 존재한다. 즉, 사람이 자신의 신념에 대해서 절대적으로 확신할수록 그 영혼은 천박해진다는 것이다. 나는 불가지론을 옹호하는 것은 아니다. 하지만 하나님께 맞추는 삶을 추구한다고 하면서 진실과 거짓, 의로움과 악함을 완전하게 구별하려는 사람들 중에 겸손하지 않은 분들이 특히 많다. 이상하게도 하나님의 진리에 경건하게 복종하는 모습을 자랑하는 자들이 다른 사람에게는 순종하려고 하지 않는다. 따라서 기독교 공동체 내에서 갈등이 발생하고 서로 미워하게 된다. 이는 너희가 서로 사랑하면 이 세상이 너희를 알게 되리라고 하신 예수님 말씀에 전혀 어울리지 않는다요 13:35.

몇 년 전에 대학생들을 멘토링하기 시작하면서 일반적으로 교회에서 옹호하는 신앙에 대해서 불편한 마음을 갖게 되었다가 참을 수 없는 지경에 이른 것 같다. 학생들은 대부분 매우 지적이었고, 기독교 가정에서 성장한 경우가 많았다. 이들은 기본적으로 교회 활동에 깊이 참여했으며, 외국에서 선교사로 사역하시는 부모님 아래에서 자란 학생도 여럿 있었다. 다른 학생들보다 성경을 잘 알고 있으며 신학, 문학 토론에도 심도 있게 참여하는 학생들이었다. 나는 이 학생들과 정말로 즐거운 시간을 보냈다.

하지만 이 학생들이 그리스도와 어떻게 개인적인 교제를 나누고 있으며, 기도 생활은 어떻게 하는지, 죄를 어떻게 이해하는지, 하나님과 어떻게 관계를 맺고 있는지 등을 살피면서 나는 경악하게 되었다. 몇몇 학생은 내 질문을 아예 이해하지도 못했다. "하나님을 경험한다는 것이 무슨 말입니까?" 한 친구는 이렇게 반문하기도 했다. 다른 학생들도 식사 전이나 잠자기 전에 형식적으로 하는 기도 이외에 따로 기도하는 법을 배워 본 적이 없다고 말했다. 학생들은 대부분 하나님의 임재 가운데 의미 있는 초월을 경험하거나 평화와 기쁨을 누리는 체험을 한 기억이 없었다. 이들은 보통 단 한 가지 잣대, 즉 '얼마나 성적 충동을 잘 억누르는가?'라는 기준으로 신앙이 얼마나 좋은지를 측정하고 있었다.

"예수 그리스도와 인격적인 관계를 맺는다"라는 표현은 이 학생들이 대부분 다니던 기독교 학교를 포함한 많은 복음주의 공동체 내에서 진부하고 상투적인 표현이 되어 버렸다. 하지만 나는 이 학생들이 그리스도와 실제적으로 어떤 관계를 맺고 있는지 알아보고 싶었다. 그래서 내면을 살짝 건드리는 질문도 하고, 학생들이 익숙하지 않은 언어를 사용하면서 이들을 살펴봤다. 그러자 대부분의 학생들은 꿀 먹은 벙어리가 되었다. 많은 사람이 하나님을 단지 신학적으로 존재하는 실체라고 말한다. 이들에게 하나님은 '정'이라고는 찾아볼 수 없는 계산기에 불과하다. 또는 거대 기업에서 일하는 사원이 실제로는 CEO를 한 번도 만나지 못하고 벽에 걸려 있는 초상화에 대해서 말하는 것처럼 이야기한다. 감탄과 존경심은 분명히 있다. 심지어 몸 바쳐 봉사할 헌신도 하려고 한다. 하지만 대개 하나님을 인격적으로 아는 지식은 결여되어 있다.

학생들도 보통 사람들과 마찬가지로 종교적 삶의 네 가지 자세로 나뉜다. 꽤 많은 학생은 하나님을 위한 삶을 살고자 한다. 이 세상에서 하나님을 섬기고 싶다고 이야기하며, 때때로 캠퍼스 내 한 기념비에 새겨 있는 '그리스도와 그의 나라를 위해'라는 교훈을 언급하기도 했다. 그리고 특히 신학적으로 뛰어난 일부 학생들은 하나님의 법과 기대를 명확하게 이해하기 원하며, 하나님께 맞추는 삶을 산다. 하나님을 개인적인 이익을 주고, 관계적인 면에서 도움을 주는 대상으로 생각하는 학생은 소수였다. 물론 배우자를 찾고, "봄까지 반지"a ring by spring: 기독인 대학생들이 졸업하기 전에 약혼하기 원하는 경향을 의미함를 껴야 할 때는 하나님의 도움이 필요하다. 이들은 하나님께 요구하는 삶을 추구한다. 긍정적이라고 할 수 없는 기독교 하위문화에 물든 어린 시절을 보낸 학생들도 있다. 이 학생들은 언제든지 신앙에서 벗어나, 하나님과 상관없는 삶을 살 준비가 되어 있다. 기독교 신앙에 대해서 완전히 면역이 된 이 학생들은 평생 동안 기독교가 제시하는 강렬한 비전을 기다렸지만, 기독교의 어두운 면만 봤던 아이들이다. 이들은 기독교 신앙의 모든 것을 경험했다고 믿기 때문에, 교회를 떠날 준비가 되어 있는 친구들이다. 하지만 그들이 접한 것은 실질적인 능력이 없는 일종의 변형된 신앙이었을 뿐이다.

내가 만났던 다른 모든 부류의 사람들과 비교해 보면, 대학생들은 놀라울 정도로 정직하고 투명하게 자신의 삶을 나누었다. 이들은 답을 찾고 있으며 여전히 자아를 형성하는 중이었다. 학생들은 안전하고 신뢰할 만한 환경이 조성되자 신앙을 따라 살려고 하지만 신앙 때문에 발생하는, 자신들의 마음을 아프게 하는 불만족스러운 점들을 이야기했다. 그들은 어둠 속에서 비틀거리지만 포기하지는 않았다. 학생들은 여전히 불이 켜져 길을 밝히게 되리라는 희망을 가지고 있다. 학생들이 마음을 열었기 때문에 나는 교회에서 사역할 때보다도 더욱 분명하게 문제를 직시할 수 있었다. 나는 이 학생들과 시간을 보내며 이들 중 대다수가 기독교 메시지와 실질적으로 만나지 못했다는 확신을 갖게 되었다. 이들은 하나님께 맞추는, 하나님과 상관없는, 하나님께 요구하는, 하나님을 위한 삶을 살며 젊은 날을 보내고 있었다. 그리고 대부분의 경우 그들이 택한 삶의 자세는 그들이 속한 신앙 공동체 내에서 옹호되는 것이었다. 하지만 학생들 중 어느 누구도 더욱 아름다운 비전은 보지 못했다. 왜냐하면 이 젊은이들에게는 하나님과 함께하는 삶의 가능성이 아직 비추어지지 않았기 때문이다.

의도

"태초에 말씀이 계시니라 이 말씀이 하나님과 함께 계셨으니 이 말씀은 곧 하나님이시니라 그가 태초에 하나님과 함께 계셨고"요 1:1-2. 이 구절은 사도 요한이 만물의 시작을 묘사한 말씀이다. 하나님께서는 시간이나 공간이 존재하기 이전부터 스스로 영원한 교제 가운데 거하셨다. 요한은 "말씀"이신 예수 그리스도가 하나님이시며, 하나님과 함께하는 연합 속에 창조 전부터 존재하셨다고 소개한다.

요한복음을 여는 이 구절은 삼위일체 하나님을 뒷받침하는 성경 말씀 중 하나다. 삼위일체는 영원하신 한 분 하나님께서 삼위성부 하나님, 성자 하나님, 성령 하나님로 존재하심을 말하는 것인데 가장 기초적이면서도 누구나 동의하듯이 가장 이해하기 어려운 기독교 교리다. 하지만 이는 하나님과 함께하는 삶이 시작하는 지점이기도 하다. 삼위일체는 우리가 예배하는 하나님이 관계를 맺으시는 인격적인 분이심을 보여 준다. 하나님은 몇몇 동양 철학이 가르치는 비인격적인 힘이 아니며, 계몽주의 이신론이 주장하는 세계에 무관심한 창조자도 아니다. 기독교의 하나님은 스스로 영원한 교제를 나누면서 존재하는 인격적인 신이다.

이렇게 관계를 맺으시는 하나님의 성품은 하나님의 창조 작업을 통해서 더욱 잘 드러난다. "우리의 형상을 따라 우리의 모양대로 우리가 사람을 만들"창 1:26었다. 하나님은 에덴동산을 만드시고 남자와 여자를 그 안에 두어서 **함께 거니셨**다창 2장. 하나님은 시간이 존재하기 이전부터 스스로 거하셨던 영원한 교제에 인간을 맞아 주셨다. 우리는 하나님의 형상을 따라 만들어졌기 때문에 하나님과 관계를 맺으며 살게 되었다.

에덴동산은 창조주와 피조물이 공통의 목적을 가지고 함께 일하는 환경으로 만들어졌다. 에덴은 하나님의 동산을 전 세계로 확장시키는 베이스캠프로 이해하는 것이 가장 좋다. 아담과 하와는 지구에 보내신 하나님의 대리인이며 대표자들로서 하나님과 함께 일하도록 되어 있었다. 사람은 하나님을 대신해서 지구를 "다스리며" 창조 세계의 모든 곳에서 에덴의 질서와 아름다움, 그리고 풍요로움을 이루어 나가도록 부름 받았다. 이는 성경에 등장하는 가장 첫 계명의 기초가 된다. "땅에 충만하라 땅을 정복하라"창 1:28.

하나님은 본래 하나님과 인간이 함께 살아가며, 함께 다스리기를 원하셨다. 이러한 하나님의 본질적인 의도는 성경의 마지막 장에서도 드러난다. 요한계시록에서 사도 요한이 받은 계시는 역사의 정점을 보여 준다.

> 또 내가 보매 거룩한 성 새 예루살렘이 하나님께로부터 하늘에서 내려오니 …… 내가 들으니 보좌에서 큰 음성이 나서 이르되 보라 하나님의 장막이 사람들과 함께 있으매 하나님이 그들과 함께 계시리니 그들은 하나님의 백성이 되고 하나님은 친히 그들과 함께 계셔서(계 21:2-3)

요한의 계시가 강조하는 바는 창세기의 동산과 마찬가지로 하나님과 인간이 관계를 맺고 연합하며 함께한다는 사실이다. 이는 하나님이 우리를 창조하신 이유일뿐더러, 모든 역사가 진행해 가는 목적지다. 하나님은 첫 남자와 첫 여자가 하나님과 함께 그의 창조 세계를 다스리도록 의도하셨고, 요한계시록에서 이 목적을 재차 확인하셨다.

> 각 족속과 방언과 백성과 나라 가운데에서 사람들을 피로 사서 하나님께 드리시고 그들로 우리 하나님 앞에서 나라와 제사장들을 삼으셨으니 그들이 땅에서 왕 노릇 하리로다(계 5:9-10)

> 다시 밤이 없겠고 등불과 햇빛이 쓸 데 없으니 이는 주 하나님이 그들에게 비치심이라 그들이 세세토록 왕 노릇 하리라(계 22:5)

만약 성경이 연극 대본이었다면, 이 드라마의 첫 장면과 마지막 장면은 모두 자신의 백성과 함께 거하시며 함께 다스리기 원하는 하나님의 소망에 집중되어 있을 것이다. 그 강렬한 욕구야말로 드라마를 처음부터 끝까지 끌고 가는 힘이다. 그렇지만 오늘날 하나님과 친밀한 교제를 누리는 삶을 촉구하는 목소리가 거의 사라졌다. 이는 마치 극장에 늦게 들어가서 첫 장면을 놓치고 마지막 장면이 끝나기 전에 자리를 뜨는 격이다. 그 결과 우리는 이야기를 곡해한다. 이야기의 일부분만을 얘기하면서 전체 이야기를 다루는 것처럼 생각한다. 이러한 경향은 (부분적으로) 우리가 하나님과 함께하는 삶보다 하나님께 맞추는 삶, 하나님과 상관없는 삶, 하나님께 요구하는 삶, 하나님을 위한 삶을 선호하게 된 이유를 설명해 준다. 하지만 성경의 전체 이야기를 잘 이해하지 못했다는 사실 이외에도 잘못된 삶을 추구하게 만드는 이유가 또 있다.

산

첫 장면과 마지막 장면을 포함한 성경의 전체 드라마를 이해하지 못했기 때문에, 우리가 하나님과 함께하는 삶을 기대하지 않게 되었다는 설명은 옳다. 하지만 다른 이유도 분명히 있다. 우리는 현재 에덴동산이나 새 예루살렘에 살고 있지 않다는 점을 명심해야 한다. 우리의 삶과 모든 역사는 이 두 낙원 사이에 존재한다. 창세기와 요한계시록의 모습이 아름다움과 질서, 생명을 주는 풍부함으로 넘쳐나는 세상을 보여 주지만, 우리가 실제로 그것을 경험하기는 어렵다. 우리는 고통으로 대변되는 세계인 에덴 이후의 세계에 살고 있다. 이는 그늘 아래 놓인 어두운 세계다.

모든 인간은 공통적으로 두려움과 고통을 경험하며, 모든 종교는 이러한 조건을 극복하고자 한다. 점차 "모든 종교는 하나로 통한다"라는 문구 아래, 각 종교의 차이점을 없애려는 경향이 성행하고 있다. 이를 시각적으로 보여 주기 위해, 다양한 경로가 있지만 정상에서 모두 만나는 산의 이미지를 많이 사용한다. 이러한 비유에 따르면, 모든 신앙 전통의 출발점이 다르고 길이 다르지만 걱정할 필요는 없다. 왜냐하면 모든 길은 정상에서 만나기 때문이다. 이러한 담론들은 "다른 사람을 사랑하라", "선을 행하라"는 등의 상투적인 표현을 되풀이한다. 그러나 이러한 견해는 각 종교가 가르치는 바와, 각 종교의 문화 그리고 각 종교가 형성되어 온 역사를 무시한다. 게다가 종교를 생겨나게 한 인간의 보편적인 욕구를 심각하게 곡해한다.

삽화에 대한 정보: 책 전반에 걸쳐 각 장의 핵심 개념을 설명하는 간단한 삽화들을 보게 될 것이다. 이 그림들은 펜만 이용해서 내가 직접 그린 것이며, 영적 진리를 시각적인 문화에 익숙한 사람들에게 전할 때 종종 사용해 왔다. 낙

서같이 보이는 그림들이지만 대규모 강연장에서 화이트보드에 그리거나, 친구와 점심을 먹으며 냅킨에 그리거나 할 때 언제나 도움이 됐다. 독자들도 이 방법을 배워서 간단한 방법으로 여러 개념을 설명할 수 있기를 바라는 마음으로 책에 포함시켰다.

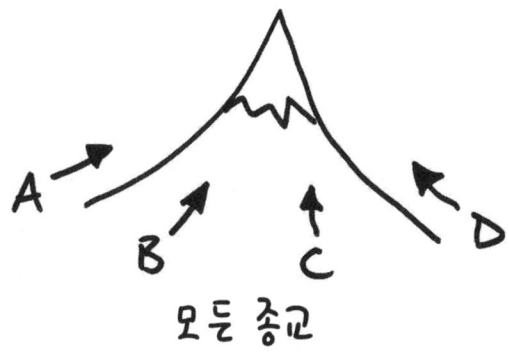

 오히려 정확하게 표현하자면, 산을 거꾸로 뒤집어 산꼭대기가 바닥을 향하게 하고, 종교는 공통적인 한 점에서 시작했다고 하는 것이 옳다. 우리 모두는 혼돈으로 어지럽혀진 세계에 함께 살고 있으며, 우리 앞에 어떤 일이 발생할지 아무도 모른다. 우리는 모두 불의와 악이 종종 승리하는 듯이 보이는, 추하게 더럽혀진 세계에 살고 있다. 또, 우리는 모두 부족함에 시달리는 세계에 살아간다. 우리는 생존에 필요한 것을 손에 넣기 위해 힘겹게 살아야 한다. 가장 거대한 결핍은 삶 그 자체다. 우리 모두 죽음의 그늘 아래에서 살아가고 있기 때문이다. 인간이 공통적으로 경험하는 이러한 실재야말로 에덴 이후 세계의 본질이며, 우리가 두려워하는 이유다. 따라서 사람들은 이러한 두려움을 누그러뜨리기 위해 세계를 통제하고자 힘쓴다. 만약 사람이 예측할 수 없는 힘을 이용하고 통제할 수 있으며, 자연을 정복하고, 환경을 다스릴 수 있다고 해 보자. 그러면 우리는 두려움을 경감할 수 있다. 아니, 적어도 그렇게 한다고 믿을 수 있다.

두려움과 이를 통제하고자 하는 욕구야말로 인간 종교의 근본이다. 이 같은 출발점에서 길은 극적으로 갈라져 나가며, 쪼개지고 다양해져, 마침내는 각자 다른 지점에서 끝나게 된다. 하지만 이 모든 길은 자연의 힘, 때로는 초자연적인 힘을 통제함으로써 고통, 두려움, 죽음을 극복하고자 하는 시도일 뿐이다.

주제가 종교 철학으로 벗어났지만 하나님과 상관없는 삶, 하나님께 맞추는 삶, 하나님께 요구하는 삶, 하나님을 위한 삶이라는 네 가지 자세는 다른 종교의 방법론에도 똑같이

적용될 수 있다. 하나님과 관계를 맺는 이 방식들 모두 통제력을 발휘해서 두려움을 누그러뜨리려는 시도다. 하지만 문제는, 다음 장부터 더 자세히 살펴보겠지만, 모든 방법이 약속한 바를 지키지 못한다는 사실이다. 그 이유를 간단히 말하자면, 통제력을 추구하는 것은 인간 조건에 대한 해결책이 아니라 문제의 일부이기 때문이다. 이 또한 창세기를 연구하면 알 수 있다.

하나님은 인간을 창조하시고 함께 거하며 다스리게 하셨다. 하지만 창세기 3장의 이야기를 보면 우리가 이 계획에 부합해서 살아가기를 내켜 하지 않았다는 점을 보게 된다. 남자와 여자는 하나님과 함께 거하며 세상을 함께 다스리기보다는 하나님과 **따**로 있기를 원했다. 이러한 인간의 특징은 많은 사람이 익히 알고 있는 이야기에서 잘 드러난다. 뱀이 나타나 남자와 여자를 속여 하나님이 먹지 말라고 금한 나무의 열매를 먹게 한 것이다.

> 뱀이 여자에게 이르되 너희가 결코 죽지 아니하리라 너희가 그것을 먹는 날에는 너희 눈이 밝아져 하나님과 같이 되어 선악을 알 줄 하나님이 아심이니라 여자가 그 나무를 본즉 먹음직도 하고 보암직도 하고 지혜롭게 할 만큼 탐스럽기도 한 나무인지라 여자가 그 열매를 따먹고 자기와 함께 있는 남편에게도 주매 그도 먹은지라(창 3:4-6)

이들은 열매가 단지 맛있어 보이며 식욕을 돋우기 때문에 먹은 것이 아니다. 이들은 "하나님과 같이 되어" 보고 싶어 열매를 먹었다. 이는 반역 행위이며, 창조주를 대항한 피조물의 쿠데타였다. 자신의 백성과 지구를 다스리려고 하셨던 하나님과 그의 계획을 인간이 거절했다. 이들은 더 이상 단지 하나님과 함께 사는 것에 만족하지 못했다. 이들은 스스로 하나님이 되려고 했다. 자기 생각대로 통제하기 원했다.

성경과 기독교 전통은 하나님과 상관없이 스스로 통제하려는 인간의 반역 욕구를 죄라고 칭했다. 모든 사람이 그렇듯이, 우리는 본능적으로 스스로를 다스리고 하나님과 상관없는 자세로 살기 원한다. 이야말로 우리가 하나님과 함께 살아가라는 부름에 응답하기 어려운 본질적인 이유다. 그럼에도 대부분의 사람들은 하나님이 중요하고 어떤 식으로든 하나님이 우리 삶에 영향을 미치고 있다는 사실은 지각하고 있다. 단지 하나님을 통제하기만을 원한다고 할지라도 말이다. 하지만 우리는 생명을 주는 하나님과의 연합에 참여하기보다 하나님을 조종하고, 사용하고, 회유하며, 달래는 다른 네 가지 자세에 더 기울게 된다. 에덴동산 이후 하나님과 바르게 관계 맺는 능력은 심각하게 손상을 입었다. 안개 속에서 오작동하는 기체에 탑승한 파일럿처럼, 아무리 진지하게 수고를 기울인다고 하더라도 우리가 뒤집힌 채로 비행하고 있다는 사실을 알 수 없다. 이것이 죄의 영향이다.

죄가 하나님과 관계 맺는 일을 어떻게 왜곡시켰는지, 그리고 인간 종교 내에서 두려움과 통제력이 갖는 역할이 무엇인지 간단하게 살펴보았다. 그렇다면 이 장을 시작하면서 내가 소개했던 네 인물을 다시 살펴보도록 하자. 조엘은 하나님께 요구하는 삶을 살았다. 그는 사업이 망할까봐 두려웠다. 이런 두려움 때문에 그는 "하나님을 자기편으로 다시 돌려놓으려는" 희망을 가지고 내 사무실에 찾아왔다. 조엘은 하나님을 사용해서 자신의 사업 성과를 통제하기 바랐다.

마크는 하나님과 상관없는 삶을 살았다. 마크는 리더십 원칙들과 조직 경영법을 숭상하는 야심 많은 젊은 목사였다. 그는 자신이 세운 교회가 다른 많은 교회처럼 위축되지는 않을까 두려웠다. 기도와 같이 증명되지 않고 확인되지 않은 행동에 시간을 낭비하기보다는 "증명된" 법칙들을 지키면서 사역의 성장을 통제하고자 했다.

리베카는 하나님을 위한 삶을 살았다. 22살 여학생의 가장 큰 두려움은 무의미함이었다. 리베카는 자신이 보기에 덜 의미 있어 보이는 직업에 삶을 "낭비하는" 사람들과는 다르게 의미 있는 삶을 살기 원했다. 그녀는 하나님 나라를 위해서 위대한 일들을 성취해서 자신의 가치를 보장받고 삶의 성과들을 통제하기 원했다.

캐린은 하나님께 맞추는 삶을 살았다. 배려심이 많은 엄마이며, 신실한 신자였던 그녀는 자신의 삶과 가정이 축복을 받지 못할까 두려워했다. 세상의 다양한 위험 요소에서 하나님의 보호를 확실하게 하기 위해서, 그녀는 하나님이 원하시는 바를 구별하기 위해 최선의 노력을 다했고 그대로 살았다. 캐런은 자신의 순종으로 하나님을 통제하기 원했다.

조엘, 마크, 리베카, 캐런 모두 부족한 점이 있었다. 그것은 바로 하나님과 함께하는 삶에 대한 비전이었다. 이들은 모두 엄청난 기대감을 가지고 기독교 신앙에 발을 들여놓았지만 덜 만족스러운 비전에 안주하면서, 더 숭고하고 더 아름다운 비전은 보지 못했다. 아마도 이 이야기들이 남의 이야기처럼 들리지 않을지도 모르겠다. 그들처럼 당신 또한 하나님과 함께하는 삶이 어떤 것인지 아직 이해하지 못했을 수도 있다. 이어지는 장들에서, 우리는 대표적인 이 네 가지 자세를 더욱 자세하게 살펴볼 것이다. 왜 각각의 자세들이 우리의 마음을 끌지만, 우리를 공포에서 벗어나게 하지는 못하는지 알아볼 것이다. 그리고 각 자세들이 어떻게 예수 그리스도의 좋은 소식을 접하지 못하게 만드는지 살펴보겠다. 그렇지만 우리는 또한 상자에 동전을 떨어뜨리기 시작할 것이다. 그렇게 해서 등이 켜지면 새로운 비전을 볼 것이다. 그늘 뒤에 숨어 있는 세계를 살짝 살펴보면서, 우리는 하나님과 어떻게 관계를 맺어야 하는지 다시 상상하게 될 것이다.

2장
하나님께 맞추는 삶

여장 남자

방문이 벌컥 열리는 통에 나는 깜짝 놀라 잠에서 깨었다. 삼촌이 큰 은 접시를 머리에 이고서 방에 들어왔다. 접시에는 물이 차 있었고 꽃과 불붙은 코코넛이 떠 있었다. 또 여자들 한 무리가 삼촌 옆에 둘러서서 노래를 부르며 춤추고 있었다. 적어도 내 눈에는 여자들처럼 보였다. 잠에 덜 깼던 눈이 환한 빛에 조금 익숙해지고, 자세히 보니 무언가 어색한 것을 발견하게 되었다. 이들은 여장 남자들이었다. 어린 나이에 거세를 하고, 여자처럼 옷을 입은 남자들이었던 것이다. 이들은 박수를 치고 종을 흔들며 빙빙 돌고 있었는데, 입고 있던 요란한 사리인도 여성들이 입는 옷가 아침 햇빛에 반짝였다. 나는 이상한 나라에 온 앨리스가 된 기분이었다. 토끼는 어디에 있지? 모자 장수는 어디에 있는 거야? 앨리스의 티 파티tea party

는 어디에서 열리고 있는 거지?

　당시 나는 19살이었다. 사촌 결혼식에 참석하기 위해 인도 뭄바이 친척집에 가 있었다. 매일 새롭고도 다채로운 파티와 축하 행사가 계속됐다. 나는 스스로 외국 문화와 전통에 개방적이며 관용적인 사람이라 생각했었다. 그러나 여장 남자들이 벌이는 기상 의식은 엽기를 넘어선 정도였다. 그들은 내 방을 떠나 다른 방으로 갔다. 도대체 무슨 일이 일어나고 있는 것인지 확인하기 위해 침대에서 일어났다.

　설명을 듣자니 몇몇 힌두 전통에 따르면 거세당한 사람은 하나님과 같이 성별이 없기 때문에 거룩한 존재로 여긴다고 한다. 이들은 무리를 지어 결혼, 출산 등과 같은 중요한 가족 경사를 찾아다니며 축하 행사를 벌인다. 이날도 사촌의 결혼식이 있다는 이야기를 듣고서는 아침 일찍부터 와서 결혼과 가정을 축하하는 행사를 하고 있던 것이다. 삼촌은 가장이었기 때문에 이 축하 행사에서도 중요한 역할이었고 계속 끌려 다녀야 했다.

　이들은 기도와 춤도 마치고 신선한 농작물을 태우는 의식도 끝냈다. 모든 순서가 마쳤는데도, 이들은 문가에 서 있었다. 그리고 집에 들어올 때만큼 기뻐 보이지 않았다. 오히려 삼촌과 말싸움을 벌이고 있었다. 힌디어를 하지 못하기 때문에 나는 다시 무슨 일이 벌어지는지 알 수가 없었다. "왜 저래요?" 옆에 있는 친척에게 물었다.

"돈 때문에 저러고 있지."

"무슨 돈이요?"

"원래 저 사람들은 축하 행사를 하면 으레 돈을 받거든. 그렇게 해서 먹고 사는 거야. 그런데 돈이 충분하지 않은가 보다. 다시 결혼을 저주하겠다고 저런다."

몇 분 동안 실랑이가 계속됐다. 삼촌은 뉴욕에서 홍콩에 이르기까지 전 세계에서 사업을 하시고, 매사에 정확하신 분인데도 점차 짜증이 나시는 것 같았다. 하지만 저주에 대한 공포는 감내하기 어려웠는지 마침내 원하는 대로 돈을 줄 수밖에 없었다. 신들은 만족했고 결혼은 축복을 받았다. 이 여장 남자들은 사라졌고 저주의 위험도 없어졌다. 나는 다시 잠자리에 들 수 있었다.

거래

이 이야기는 그저 인도의 친척집에서 벌어진 기괴한 사건에 불과할 수 있다. 그러나 이는 실제로 사람들이 세계를 어떻게 이해하고 있는지 여실히 보여 주는 사건이다. 사람들은 재난을 피하기 위해 신의 지배 아래에서 살아가야 한다고 생각한다. 몇몇 인류학자나 종교학자는 이런 종류의 단순한 미신을 모든 인간 종교의 근간으로 생각한다. 그리고 모든 종교는 본질적으로 신적 존재를 달래는 일이며, 현재 종교는 단지 접근하는 방법에 있어서 더 정교하고 복잡하게 바뀐 것이라고 말한다. 그렇다면 난해한 신학 논쟁이나 종교 제도의 화려한 외적 요소를 제거한 가장 간단한 형태로 종교를 살펴보자.

고대에 있었음직한 작은 공동체를 떠올려 보자. 사람들은 간단한 주거지를 마련하고 자급자족하면서 살아갔을 것이다. 스스로 어떻게 할 수 없는 거대한 힘이 이들의 생존 문제를 좌지우지했다. 이들은 우리와는 다른 고민을 했다. '동물 떼가 올해에도 예전과 같은 길로 이동할까? 비는 올까? 메뚜기가 농작물을 휩쓸고 가지는 않을까? 열병이 덮치지는 않을까?' 문명의 혜택을 얻은 후대인들이 과학을 통해서 자연의 힘을 설명한 것과는 다르게, 고대인들은 자연적인 힘을 인격화하여 신적인 존재와 결부시켰다. 고대인들은 우주가 어떤 법칙에 따라 움직이는 것이 아니라 신의 의지에 따라 움직인다고 믿었다. 봄이 오는 이유는 지구 자전축이 기울어져 있어서 더 많은 햇빛이 북반구에 도달하기 때문이 아니었다. 봄이 오는 이유는 신이 봄이 오도록 했기 때문이다. 그런데 신들은 변덕이 심하다는 점이 문제였다. 따라서 신이 인간을 갸륵하게 보고 자연 질서를 유지해 주기를 원한다면, 인간 입장에서는 제사도 드리고 의식도 지키며 신께 복종해야만 했다.

그렇기 때문에 종교는 사람들이 세계를 지키고 생존을 유지하기 위한 하나의 방법이 되었다. 인간이 단지 우연에 휘둘리는 수동적인 희생물이 아니라고 믿게끔 미신과 의식 체계가 정교하게 구축되었다. 사람들은 신의 축복과 저주가 마구잡이로 이루어지지 않는다고 확신하게 되었다. 규칙을 따르고 의식이 요구하는 바를 지키면 신을 달랠 수 있다. 그리고 보상으로 축복도 따라온다. 그러나 순종하지 않고 불경한 자들은 처벌을 받는다. 왜 당신이 경작한 땅은 올해 이웃 경작지만큼 수확이 좋지 않았는가? 단지 운이 없어서인가 아니면 농업 기술이 부족해서인가? 하나님께 맞추는 삶의 자세에서 보면 그렇지 않다. 당신이 축복을 받지 못한 이유는 당신이 드린 제사가 이웃들이 드린 제사만큼 신들을 기쁘게 못했기 때문이다. 이러한 시나리오에 따르면 종교는 예측할 수 없는 힘을 이해하고 통제하는 하나의 방법이다. 사람들은 상황을 통제하고 있다는 느낌이 있으면 두려움을 덜 느낀다. 적어도 이것이 그러한 자세의 목적이다.

아직도 태양이 떠오르게 하기 위해서 인신 제사를 드리는 사람은 없다. 하지만, 여전히 우리의 통제력과 이해를 벗어나는 힘들이 많다. '올해에는 사업이 괜찮을까? 아이들은 건강할까? 투자했는데 이익이 좀 있을까? 시카고 컵스가 포스트 시즌에 진출할까?' 고대인들과 마찬가지로 우리는 불확실한 상황을 접해도 우연의 희생물이라고 생각하지 않는다.

우리는 자신의 행동이 주위 세계에 영향을 끼칠 수 있으며 또 끼치고 있다고 믿고 싶어 한다. 내 친척들이 신봉하는 힌두교 같은 다신론이나 비서구권의 종교에서는 의식을 통해서 통제력을 얻고자 한다. 기도를 드리고 제물을 바치는 것은 신의 호의를 얻기 위한 방법이다.

유일한 창조주 하나님을 믿는 유일신교는 약 5,000년 전에 처음 생겨났다. 이는 원시적인 종교 체제들의 의식 체계를 넘어선 것이었다. 유일신교인 유대교, 기독교, 이슬람교는 의식과 도덕을 결합함으로써 하나님의 호의를 얻고, 하나님을 통제하는 방법을 추구했다. 하나님의 의로운 요구에 맞추어 살면 하나님이 너를 축복하고 너의 기도에 응답한다는 것이다. 이렇게 이교적인 미신과 성경적 도덕률이 강력하게 결합했다.

이렇게 하나님께 맞추는 삶의 접근 방법은 인간 역사와 문명에 뿌리 깊고도 넓게 자리 잡고 있다. 하지만 이 자세에도 중대한 결점이 많다. 아마도 가장 큰 문제는 반역을 저지르려는 인간의 성향을 강화한다는 점이다. 우리는 이미 에덴 이야기에서 이를 목격한 바가 있다. 기억을 더듬어 보자. 에덴에서 남자와 여자는 하나님과 함께 다스리는 것에 만족하지 않고 하나님과 같이 되어서 모든 것을 통제하고자 했다. 하나님께 맞추는 삶에는 역설적인 면이 있다. 인간이 엄격하게 의식을 지키고 도덕률에 철저하게 맞추어 살아가고자 하면 할수록 오히려 하나님을 통제하려고 한다는 것이다. 에덴의 반역 행위는 끝없이 계속 일어난다. 우리는 순종하는 동시에 하나님께 채무를 지운다. 우리가 예배도 드렸고 착한 행위도 했으니 그 대가로 하나님을 우리 뜻대로 부리려 한다.

미식축구팀 버팔로 빌스Buffalo Bills의 와이드 리시버인 스티브 존슨의 예를 들어 보자. 2010년 11월 28일 라이벌인 피츠버그 스틸러스Pittsburgh Steelers와 경기를 했다. 존슨이 연장 시간에 엔드 존end zone에서 패스를 놓치면서, 팀은 경기에 졌다. 경기가 끝난 후, 존슨은 트위터에 하나님이 경기를 지게 했다는 글을 올리며 하나님을 비난했다. 존슨은 다음과 같이 썼다. "나는 항상 당신을 찬양하는데! 당신은 나를 이렇게 대하겠다? 이 일로 내가 무엇인가를 배우기 원한다고 하겠지? 어떻게? 난 결코 잊지 않을 거야! 절대!"[1]

존슨이 올린 글 배후에 있는 신학은 하나님께 맞추는 삶의 자세를 실감나게 보여 준다. 미식축구 선수는 하나님을 예배했다"나는 항상 당신을 찬양하는데". 그리고 그 대가로 경기장에서 하나님의 도움을 구했다. 하지만 하나님의 도움이 없자 하나님께서 약속을 깨뜨렸다고 비난한다. 스티브 존슨과 많은 사람에게 종교는 신의 호의를 사서 예측할 수 없는 사건들—그에게는 미식축구 게임—을 통제하고자 하는 방법일 뿐이다. 그런데 주의할 점이 있다. 이러한 관계에서는 실질적으로 피조물인 스티브 존슨이 창조주인 하나님보다 더 높은 위치에 있다는 사실이다!

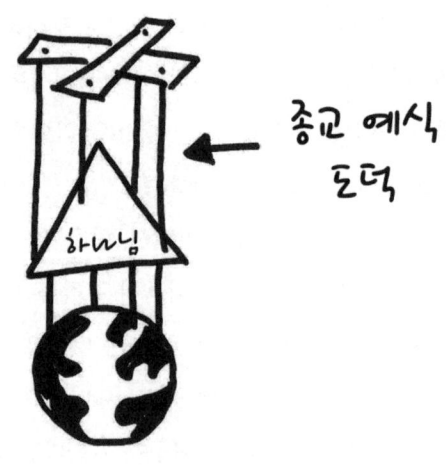

처음에는 하나님께 맞추는 삶의 자세가 놀라울 정도로 매력적이다. 우리의 고통은 사라지며 신적인 축복을 받게 된다고 약속한다. 그러나 실은 한 입만 베어 먹어 봐도 속았다는 사실을 알게 된다. 하나님께 맞추는 삶은 절대로 창조주와 올바른 관계를 세우는 방법이 될 수 없다. 이는 실제로는 하나님과 인간의 바른 관계를 전복시키고자 하는 시도이기 때문이다. 우리는 스스로 독실하고, 종교적이며 겸손하고 심지어 도덕적인 하나님의 자녀라고 생각할지 모른다. 하지만 사실 우리는 유다와 같다. 주님께 입 맞추며 주님을 배신한다.

덧붙여 말하자면, 스티브 존슨이 연장전 패배를 통해서 배운 것처럼 하나님께 맞추는 삶의 방식은 실패하게 되어 있다. 인간은 하나님을 최대한 많이 통제하기 원하지만, 하나님은 절대로 그렇게 해 주시지 않는다는 사실을 역사가 증명한다. 기도를 드리고 예식을 행해서 좋은 결과를 냈다고 하는 모든 경우에 있어서도, 신실한 사람이 그렇게 잘되지 못하는 경우가 꼭 있기 마련이다. 키케로가 들려주는 이야기를 들어 보자. 옛날에 디아고라스라는 신을 믿지 않는 그리스인이 있었다. 누군가 디아고라스에게 신앙을 전하면서, 신실한 예배자가 기도를 드리는 그림들과 후에 그가 난파선에서 구조되는 그림 등을 보여 주었다. 하지만 디아고라스는 납득하지 못한 채 반문했다. "그러면 기도하고도 물에 빠져 죽은 사람들 그림은 어디 있습니까?"[2] 물론 그런 그림은 없다. 죽은 사람은 하나님이 신실하지 않았다는 이야기를 할 수조차 없으니 말이다. 오직 예배를 드려서 원하는 결과를 얻었다는 이야기만을 선택하고 침묵 논법 argument from silence 으로 하나님께 맞추는 삶을 정당화하는 경우가 많다.

오늘날 기독교 공동체에서도 여전히 똑같은 일이 반복되고 있다. 기독교인들은 하나님의 명령을 따르고, 하나님을 예배하며, 교회에 헌금을 많이 하고, 도덕적으로 절제하면 하나님이 그들의 삶을 축복한다고 듣는다. 그렇게 해서 성공을 거둔 사람들의 이야기를 전하며 이런 관점을 정당화한다. 이 메시지는 특히 청소년들에게 강력하게 먹힌다. 언젠가 십 대 청소년이 많이 모인 집회에 갈 기회가 있었다. 어느 유명한 기독교 리더가 나와 혼전 순결의 미덕을 극찬하고 있었다. 이 설교자는 혼전 순결을 지키면 점수가 잘 나오고 운동도 더 잘할 수 있다는 것부터 시작해서 결혼 후에는 끝내주는 성생활까지 할 수 있다고 약속하고 있었다. 그리고 이 모든 복은 하나님이 우리의 순종을 축복하신다는 확신과 함께 임하는 것이라고 했다. "TLW" True love waits, '진정한 사랑은 기다립니다'라는 뜻으로 혼전순결 운동 명칭. 같은 이름으로 악세사리 등 다양한 물품을 판매한다_역자 주 덕분에 결혼 생활이 얼마나 축복 받았는지를 나누는 간증 시간도 있었다. 물론 혼전 순결을 지켰지만 이혼한 신자들의 이야기는 없었다.

청년들이 이 계약 관계를 지키려고 끝까지 노력했는데 하나님이 이 계약을 파기하신 것처럼 느끼게 되면 어떻게 되겠는가? 하루 24시간 매일 기도했는데 엔드 존에서 공을 놓치면 어떻게 되겠는가? 결혼 생활이 행복하지 않고, 아이비리그 대학에 갈 정도의 점수를 받지 못하면, 인생이 계획대로 진행되지 않으면 어떻게 되겠는가? 텍사스에서 목회를 하는 맷 챈들러Matt Chandler 목사는 이런 경향 때문에 "교회 공동화de-churched" 현상[3]이 생겨난다고 말한다. 기독교 공동체에서 자라난 젊은이들은 주로 하나님께 맞추는 신앙관을 배운다. 그리고 하나님이 도덕률과 의식을 지켜 하나님을 통제하려는 시도를 불가피하게 거절할 때, 이들은 냉소적으로 변해 교회를 떠나며, 많은 경우 신앙까지 같이 버린다. 하나님과의 거래는 일방적인 사기 행각으로 드러난다.

십자군

1장에서 인간은 보편적으로 공포와 고통을 경험하며 종교는 이를 극복하고자 하는 노력의 방편임을 살펴보았다. 하나님께 맞추는 삶 또한 예외는 아니다. 이러한 형태의 종교는 인간이 신적인 영역을 통제할 수 있으며 이 위험하고도 예측할 수 없는 우주를 어느 정도는 예측할 수 있다고 주장한다. 그렇게 해서 두려움을 어느 정도 누그러뜨리고자 한다. 적어도 하나님께 맞추는 삶의 자세는 그렇게 애써 해 보려고 한다. 하지만 하나님께 맞추는 삶은 두려움을 줄이는 것이 아니며, 실제로는 세상을 더욱 위험하고 두려운 장소로 만들어 버릴 수도 있다.

고대인들은 신들이 자연 현상과 시간을 다스리는 능력이 있다고 여기면서 우발적이고 무질서하게 보이는 우주를 이해하고자 힘썼다. 태양은 열과 에너지를 방출하는 거대한 구면체로서 수소와 헬륨으로 이루어져 있다. 사람들은 태양 내에서 발생하는 열핵융합 반응을 통제할 수 없으며 그에 대해서 가타부타 할 수도 없다. 하지만 태양의 신이 있다면 문제는 달라진다. 우주가 불변의 법칙이 아닌 인격적인 존재들에 의해서 움직인다면, 인간이 개입해서 조정할 수 있는 부분이 생긴다.

하지만, 이러한 접근법은 공포를 없애는 것이 아니라 단순히 공포의 대상을 이동시킬 뿐이다. 물론 자연재해나, 질병, 죽음과 같은 일들이 모두 우연히 생겨난다고 믿어봤자 위안이 되지는 않는다. 하지만 복수에 불타는 신이 고통과 불행을 내린다는 생각은 더욱 두렵지 않은가. 이 세상에서 규칙을 잘 지키며 재앙을 피하는 일도 충분히 어려운데, 거기다가 하나님의 노여움을 살까봐 두려워해야 한다니? 하나님께 맞추는 삶은 두려움의 문제를 해결해 주지 못한다. 아니, 오히려 인간이 피조물뿐만이 아니라 그것을 만드신 창조자 하나님을 두려워하게 만든다.

하나님의 도덕 규칙이 나쁘다는 말이 아니다. 구약과 신약 모두 살펴봐도 하나님이 계명을 주신 이유는 분명하다. 바로 우리가 더 행복하고 안전하게 살아가기를 원하시기 때문이다. 하나님께서는 우리에게 순종하라고 하시며 그래야 "네가 잘될 것이다(네 생명이 길고 복을 누리리라)"신 5:16라고 하신다. 하나님의 규칙은 우리가 이 세상을 잘 헤쳐 나가도록 돕도록 만들어졌다. 하지만 도덕률이 도덕주의로 변질되면 우리의 두려움은 사라지지 않고 오히려 악화된다.

하나님께 맞추는 삶의 자세가 개인을 넘어 한 공동체를 좌지우지하게 되면 더욱 파괴적인 결과를 낳는다. 하나님의 규칙에 순종하는지 여부에 따라 축복과 재앙이 결정된다면, 종교 지도자들은 모든 사람이 동일하게 규칙을 지키도록 해야만 하는 막대한 임무를 지게 된다. 그러면 신앙은 교리주의로 변질된다. 즉 사람들에게 엄격한 도덕성을 강요하며, 제재를 가하고, 법칙을 지키도록 요구한다. 성직자들은 신성한 경찰, 즉 문화 십자군의 역할을 맡아 아무도 전능자의 뜻을 거스르지 못하게 할 것이다. 개인이 잘못하면 공동체가 위험에 빠질 수 있기 때문이다.

때로 이는 온건한 방식으로 표출되기도 한다. 20세기 초반, 미국 근본주의자들은 카드 게임, 춤, 영화 관람을 금지했다. 만약 이를 어기면 "세속적인" 사람으로 비난을 받고 배척

당했다. 하지만 공동체에 엄격한 종교적 기대치를 강요하는 행위는 언제든지 위험한 형태로 쉽게 변모할 수 있다. 2011년 3월, 가자의 팔레스타인 자치구는 보수적 이슬람 교리에 따라 법률을 공포했다. 남자가 여자 미용실에서 일할 수 없다는 골자인데, 그 조문에 따르면 "이를 어기는 자는 징역형에 처한다." 미용실에서 일하는 남자들은 지속적으로 공격을 받아 왔다.[5)]

몇몇 이슬람 문화권에서는 종교 법칙을 가차 없이 적용해서 여성이 간통을 저지르면 돌로 죽이고, 또 여성의 얼굴을 가리고 다니게 하며, 운전도 금지하고 있다. 하지만 이를 비난하는 서구인들도 추악한 역사를 가지고 있다는 사실을 기억해야 한다. 마녀로 의심되는 여자들을 처형시키고, 이단자들을 화형 시킨 일이 그리 오래 전 일은 아니다. 물론 서구 사회들이 점차 세속화되면서 점차 종교적인 법률을 시민들에게 강요하는 행위를 꺼리게 되었다. 이러한 현상은 미국 건국과 시민 권력과 종교 권력을 구분한 권리장전權利章典에서 두드러지게 드러난다.

세속 사회가 들어서면서 하나님 명령에 순종하는 일은 개인적인 양심의 문제로 변모했다. 따라서 전통적인 종교 신봉자들을 진퇴양난에 빠지게 되었다. 이들은 여전히 하나님의 명령에 순종하는지 그렇지 않은지에 따라 하나님이 복도 내려 주시고 저주도 내려 주신다고 믿는다. 하지만 자신들의 종교적 신념을 모든 공동체가 갖도록 강요할 수는 없게 되었다. 따라서 이들은 정치와 문화 매체를 이용해서 자신들의 가치관을 대중에게 각인시키며 문화적 십자군이 되려 한다. 그 끔찍한 사례는 2001년 있었던 9/11 사태로서, 하나님께 맞추는 삶의 접근법이 자유 사회가 허용하는 범위를 벗어나면 얼마나 위험하게 변할 수 있는지를 보여 주었다.

테러가 일어나기 3년 전, 알카에다 리더는 파트와이슬람 법적 칙령를 내려 "가장 거룩한 땅"인 아라비아 반도에 주둔하는 미군을 강력하게 비난했다. 미국이 하나님의 뜻을 거스르고 있다고 굳게 믿은 알카에다의 선언은 다음과 같다.

> 알라의 명령에 의거하여 우리는 모든 모슬렘에게 다음 파트와를 내린다. 미국인과 그들의 동맹 세력은 시민이나 군인을 가리지 않고 죽인다. 이는 모든 모슬렘이 실천해야 하는 의무이다……[6]

삼 년이 지나도 미국이 사우디아라비아에서 병력을 철수하지 않자, 열아홉 명의 젊은이들은 대형 여객기를 납치했다. 비행기는 테러범들이 조종하는 유도 미사일이 되었고, 맨해튼, 워싱턴, 펜실베이니아에서 3천 명이 넘는 미국인이 목숨을 잃었다. 테러리스트들은 하나님의 명령에 순종하였고 보상을 얻게 되리라 믿었다.

그렇지만 단지 테러리스트만이 하나님께 맞추는 삶의 자

세가 미치는 비극적인 영향력을 드러낸 것이 아니었다. 이 공격 직후, 한 저명한 미국 기독교 지도자는 다음과 같이 선언했다.

> 저는 이교도, 낙태 찬성론자, 페미니스트, 게이, 레즈비언과 같이 전통적인 가치와 맞지 않는 삶을 추구하는 자들, 그리고 미국자유인권협회(ACLU), People For the American Way 등과 같은 단체들, 이들 모두가 미국을 세속화하고 있다고 믿습니다. 저는 이들 얼굴을 손가락으로 가리키고 "당신들이 이러한 일을 일으켰다"고 분명히 말할 수 있습니다.[7]

그는 더 나아가 성경을 인용해 가며 자신의 주장을 정당화했다. 그리고 미국이 점차 부도덕해지면서 하나님께서 보호의 손을 거두셨다고 믿는다고 했다.

슬프게도 하나님께 맞추는 삶이 기독교 신앙의 정수라고 믿으면 이런 판단을 내리기 일쑤다. 허리케인 카트리나가 2005년 멕시코 만(灣) 연안을 강타했을 때나, 2010년 아이티에서 끔찍한 지진이 발생했을 때, 다른 교회 지도자들도 비슷한 대답을 했다. 아마도 이러한 논리에 따르면 (물론 미식축구팀 피츠버그 스틸러스가 마지막 패스를 놓친 것을 포함해서) 테러리스트의 공격이나 자연재해를 피하는 방법은 한 가지뿐이다. 도덕적으로 살면서, 기도 생활을 충실히 하며,

전통적인 가정관을 고수하고, 예배를 자주 드려서 전능자의 보호를 받는 것이다.

9/11과 같은 사태를 하나님의 심판으로 해석한 기독교계의 언행은 공공연한 무신론자인 크리스토퍼 히친스(Christopher Hitchens)와 같은 종교 비평가들에게 두둑한 탄환을 쥐어 준 격이었다. 히친스는 월간지 〈베니티 페어〉Vanity Fair의 칼럼니스트이며 베스트셀러인 《신은 위대하지 않다》God is Not Great: How Religion Poisons Everything를 저술한 유명한 무신론자다. 이 책에서 그는 종교가 두려움을 경감시키기는커녕, 우리 세계에 두려움을 증가시키고 있다는 주장을 설득력 있게 펼친다. 하지만 히친스가 종교를 비평하는 내용을 살펴보면, 그는 종교를 가지고 있다고 주장하는 사람들이 주로 취하는 하나님께 맞추는 삶의 자세를 비난하고 있음을 알 수 있다.

히친스는 신실한 가톨릭 신자인 전 영국 총리 토니 블레어Tony Blair와 종교의 미덕에 관해 토론을 벌인다. "전쟁이나 인간사에서 한쪽 편을 드는 신을 예배하고, 우리의 고통과 죄책감에 호소하는 것이 세상을 위해서 좋은 일입니까? 세상을 위해서 과연 좋은 일입니까?" 히친스는 질문을 던진다.

블레어 전 총리는 종교 때문에 많은 사람이 선행을 하고 자선 행위를 한다는 사실을 들어 이에 대응했다. 블레어는 북 아일랜드의 평화 협정을 예로 들었다. 히친스는 다음처럼 말하며, 득달같이 달려들었다.

블레어 전 총리께서 최근에 북 아일랜드 종교 분열을 중재하는 자리에 참석했다는 것은 참 감동적인 이야기입니다만, 종교 분열이 왜 생긴 것입니까? 내 고국인 영국에서는 400년 이상, 사람들은 단지 다른 종류의 기독교를 믿는다는 이유만으로 서로 상대편의 아이들을 죽였습니다.

히친스는 더 나아가 중동에서는 종교가 평화를 방해하고 있다고 주장한다. 종교 때문에 많은 나라에서 여성들이 억압받고 있으며, 국민의 90퍼센트가 기독교인이라고 하는 르완다에서도 1994년 대학살의 참극이 일어났다.

히친스와 블레어의 토론을 지켜 본 관객들은 지지하는 쪽에 투표를 했다. 그 결과, 68퍼센트가 종교가 세상에 긍정적인 영향을 미치기보다는 파괴적으로 작용한다고 대답했다.[8]

크리스토퍼 히친스는 여러 증거들을 들이대며 전통적인 종교들이 폭력, 편견, 억압을 초래하여 이 세상에 두려움과 고통이 더 생겨나게 되었다고 주장한다. 그와 논쟁을 벌여 이기기는 어려워 보인다. (하지만 3장에서 히친스가 내세우는 무신론의 해결책조차 똑같이 문제가 있다는 사실을 살펴볼 것이다.) 만약 두려움을 줄이고 예측 불가능한 세계를 좀 더 통제하기 위한 방법으로 하나님께 맞추는 삶을 고려한다면, 그 방법은 완전히 실패한 것으로 증명됐다. 인간은 두려움에 사로잡혀 통제력을 얻기 위해 몸부림치며 하나님을 어떻게든 연결시키려고 한다. 하지만 우리를 괴롭히는 두려움을 극복하고 통제력을 얻기 위한 고통에서 인류를 해방시킬 수 있는 길은 없다.

멍에

몇몇 사람들은 기절초풍할지 모르겠지만, 어떻게 보면 크리스토퍼 히친스는 예수님과 상당히 비슷하다. 예수님께서도 히친스처럼 종종 당시 종교 체제가 만들어 내는 해악과 위선을 신랄하게 비판하셨다. 우리가 다 알고 있듯이 2,000년 전, 유대 문화는 하나님께 맞추는 삶의 자세가 장악하고 있었다. 당시의 보편적인 신앙은 간단한 공식으로 정리될 수 있다. 즉, 하나님께서는 의인을 축복하고 악인을 저주한다는 공식이다. 가르침을 받은 대로 하나님의 명령을 순종하면 질병은 사라지고, 부유하게 되며, 하나님과 사람들에게서 사랑을 받는다. 이 공식은 물론 반대로도 작용한다. 물질적 축복을 받은 사람들은 의인이며 고통 받는 자들은 죄인이다.

사람들이 하나님께 맞추는 삶의 공식에 따라 살고 있다는 사실은 요한복음 9장에서 예수님께서 한 맹인을 만나셨을 때 극명하게 드러난다. 예수님을 따르던 자들이 묻는다. "랍비여 이 사람이 맹인으로 난 것이 누구의 죄로 인함이니

이까 자기니이까 그의 부모니이까?" 이들이 보기에, 눈이 멀었다는 것은 하나님의 저주이며 불순종에 따른 대가였다. 따라서 그 사람은 하나님의 심판을 받은 것이다. 하지만 예수님은 이들의 견해를 바로 논박하셨다. "이 사람이나 그 부모의 죄로 인한 것이 아니라 그에게서 하나님이 하시는 일을 나타내고자 하심이라"요 9:2-3. 그리고 예수님은 맹인의 눈을 고쳐 주셨다.

다른 말씀을 보면, 예수님을 따르던 자들이 어떠한 생각을 하고 있었는지 엿볼 수 있다. 매우 부유한 사람이 예수님을 찾아왔지만 자신의 소유를 버리고 예수를 따르라는 말씀에 순종하지 못하고 떠나갔다. 그러자 예수님은 말씀하셨다. "재물이 있는 자는 하나님의 나라에 들어가기가 얼마나 어려운지 낙타가 바늘귀로 들어가는 것이 부자가 하나님의 나라에 들어가는 것보다 쉬우니라"눅 18:24-25. 사람들은 이 말씀을 듣고 놀랐다. 당시 사람들은 보통 부유한 사람—건강한 사람, 재산이 많은 사람, 평안한 사람—은 의롭고 헌신했기 때문에 하나님께 축복을 받았다고 믿었기 때문이다. 부유함은 하나님께서 삶을 축복하셨다는 실제적인 증거였다. 그렇지만 예수님은 정반대의 이야기를 선포하셨다. 부유함이 반드시 하나님의 축복이 아니며 오히려 하나님께 나가지 못하게 한다는 것이었다.

기회가 있을 때마다 예수님은 당시 문화에 만연하던 하나님께 맞추는 삶의 자세를 부정하셨다. 불순종한다고 해서 기계적으로 재앙이 임하는 것도 아니며, 규칙을 따른다고 해서 물질의 축복을 받고 고난이 사라지는 것을 보장하지 않는다는 것이었다. 그중에서도 예수님이 가장 신랄한 비판을 아끼지 않은 사람들은 부패한 체제에서 득을 보고 그를 공고화하는 종교 지도자들이었다.

마태복음 23장에서 예수님은 마침내 지도자들을 강하게 비판하셨다. 예수님은 가장 큰 죄목으로 두 가지를 지목하셨다. 첫째, 이들은 "무거운 짐을 묶어 사람의 어깨에 지웠다"마 23:4. 하나님께 맞추는 삶의 가치관은 행동, 즉 의식이나 도덕적 행위를 통해서 하나님을 달래는 데 중점을 둔다. 인습적인 종교와 그 지도자들은 종종 복잡하고 추종자들이 지키기 힘든 필요조건 목록을 만들어 낸다. 예수님은 이를 "무거운 짐"이라고 비난하셨다. 현재에도 억압적인 이슬람 정권과 기독교 근본주의자들은 모든 사람이 규칙을 지키면서 신적인 요구에 맞게 살아가야 한다고 주장한다. 하지만 하나님은 자신의 백성이 그렇게 살아가기 원하시지 않는다. 이는 우리를 두려움과 죄악에서 자유롭게 하지 못한다.

예수님은 고대 이스라엘에서 유대교 신자들이 지켜야 했던 조건들을 "멍에"라고 하신다. 다른 선생들은 사람들 어깨에 무거운 짐을 더 얹을 뿐이었지만 예수님은 다르셨다. 예수님은 말씀하셨다. "수고하고 무거운 짐 진 자들아 다 내게로 오라 내가 너희를 쉬게 하리라 나는 마음이 온유하고 겸손하니 나의 멍에를 메고 내게 배우라 그리하면 너희 마음이 쉼을 얻으리니 이는 내 멍에는 쉽고 내 짐은 가벼움이라 하시니라"마 11:28-30.

예수님이 말씀하신 두 번째 죄목은 위선이었다. 기억하라. 하나님께 맞추는 삶의 자세는 외적 행동에 집착한다. 바로 종교 의식을 지키고 계명을 지키는 것이다. 하나님과 이렇게 관계를 맺다 보면 외적이고 눈에 보이는 행동에만 중심을 두게 된다. 당신은 제사를 드렸는가? 당신은 예배에 참여했는가? 당신은 올바른 음식을 먹고 올바른 의복을 갖추었는가? 하지만 하나님께 맞추는 삶은 사람의 내면을 살피지는 못한다. 행동이 외적인 조건에 부합한다고 하더라도 그 내면은 얼마든지 분노, 욕심, 교만, 육욕, 거짓 등으로 가득 차 있을 수 있다.

예수님은 이스라엘 종교 지도자들 마음속에 이러한 죄악이 가득함을 보셨다. 예수님도 이들의 외적 행위가 의로워 보이기는 한다고 인정하셨다. "너희가 박하와 회향과 근채의 십일조는 드리되 ……." 하지만 이들의 내면에서는 진실로 중요한 것을 놓치고 있었다. 바로 이들은 "율법의 더 중한 바 정의와 긍휼과 믿음은 버린 것이다"마 23:23. 이들의 삶은 하나님께 맞추는 삶이 갖는 전형적인 문제를 보여 준다. 즉, 표면적으로는 모든 것이 좋아 보이지만 조금만 안을 들어다보면, 그

악취에 코를 막을 수밖에 없다.

이것이 위선의 정확한 정의다. 바로 외적 모습이 내적 상태와 일치하지 않는 것이다. 예수님은 하나님께 맞추는 삶을 옹호하는 자들의 모습을 묘사하시면서, 더욱 마음에 와 닿는 비유를 드셨다. 우선, 예수님은 이들이 더러운 그릇 같다고 말씀하신다. 이들은 잔과 대접의 겉은 깨끗이 하되 그 안에는 탐욕과 방탕으로 가득한 자들이다마 23:25. 그리고 최종적으로 예수님은 이들을 "회칠한 무덤"이라고 하셨다. 겉으로는 아름답게 보이지만 "그 안에는 죽은 사람의 뼈와 모든 더러운 것이 가득하다"마 23:27.

하나님은 그의 백성이 무덤이나 더러운 잔과 같이 살기를 원하시지 않는다. 예수님은 다른 삶을 가르치셨다. 이미 보았듯이 예수님은 우리가 져야 할 "멍에"가 무겁지 않다고 하셨다. 예수님은 사람들이 고된 종교 의식을 지키며, 도덕적으로 실수하면 하나님이 분노하시지는 않을까 끊임없이 두려워하며 살아가기를 원하지 않으셨다. 그리고 어느 정도 수준의 종교성을 지닌 사람만이 하나님께 나갈 수 있다고 가르치시지도 않았다. 사실, 예수님은 하나님께 맞추는 삶의 가치들과 완전히 상반되는 가치들을 보여 주셨다. 그것은 바로 무조건적인 환대다.

예수님은 부정하다고 여겨지는 사람들을 포함해서 모든 자들과 함께하기를 원하셨다. 예수님은 항상 하나님의 "문제아 명단"에 기록되어 있을 만한 사람들과 자주 어울리셨고 창녀와 강도들과도 함께 식사하셨다. 종교 지도자들은 수없이 예수님과 제자들에게 다음과 같이 물었다. "너희가 어찌하여 세리와 죄인과 함께 먹고 마시느냐"눅 5:30. 이들은 예수님과 같은 훌륭한 랍비이며 선지자인 인물이 왜 스스로를 타락시키면서까지 불한당들과 어울려 놀면서 하나님의 분노를 사려 하는지 도저히 이해할 수 없었다. 게다가 예수님은 고통 받는 자들에게 사랑과 연민을 보여 주기 위해 종교 관습과 의식을 으레 어기기까지 했다. 종교 지도자들은 외적으로 순종해야 한다고만 했다. 하지만 예수님은 사람들이 하나님과의 관계로 다시 나올 수 있도록 해 주셨다. 예수님은 단지 희생의 의미만을 새롭게 하신 것이 아니었다. 예수님은 사랑과 연민도 새롭게 하셨다.

하나님께 맞추는 삶의 자세는 우리를 파탄 상태로 몰아넣는다는 사실을 예수님은 자신의 말씀과 행동으로 분명하게 보이셨다. 하나님께 맞추는 삶으로는 두려움에서 자유로워질 수도 없고 하나님과 다시 관계를 맺을 수도 없다. 오히려 대부분의 경우, 사람들에게 죄의식과 두려움, 공허한 종교 행위의 짐을 더할 뿐이다. 예수님이 종교 지도자들을 꾸짖으시면서 인용한 이사야 선지자의 말씀으로 하나님께 맞추는 삶이 지니는 문제를 정리해야겠다. "이 백성이 입으로는 나를 가까이 하며 입술로는 나를 공경하나 그들의 마음은 내게서 멀리 떠났나니 그들이 나를 경외함은 사람의 계명으로 가르침을 받았을 뿐이라"사 29:13; 마 15:8-9.

3장
하나님과 상관없는 삶

꿈

지난 장에서 우리는 전통적인 종교, 즉 하나님께 맞추는 삶이 결국은 우리를 공포에서 해방시키지 못한다는 점을 살펴보았다. 이러한 삶의 자세는 더욱 심각한 문제를 야기한다. 즉, 하나님께 모든 것을 맞추고, 하나님의 명령이라고 생각하는 일은 목숨을 걸고 지키는 이들이 엄청난 해를 끼친다는 것이다. 이들은 공포감과 죄책감을 조성하고 때로는 폭력까지 사용하여 자신들이 메고 있는 무거운 멍에를 다른 사람들도 메게 한다. 이 때문에 무신론자인 크리스토퍼 히친스는 하나님을 믿는 신앙이 없다면 오히려 세상이 더욱 평화롭고 공평하게 되리라고 말한다. 그리고 이렇게 말하는 사람은 히친스뿐만이 아니다.

1971년 존 레넌John Lennon은 "이매진"Imagine이라는 노래를 발표했다. 그 가사를 살펴보면 레넌은 스스로를 "몽상가"로 지칭하며 종교와 국가가 사라진 세상을 그린다. 종교와 국가가 사라지면 "죽거나 죽일 이유가 없어진다"라고 노래한다. 천국, 지옥, 하나님에 대한 관념들이 사라지면 "모든 사람이 평화롭게 살아가는 모습을 상상"할 수 있다고 노래한다.

이 노래는 즉각적으로 엄청난 성공을 거두었다. 존 레넌이 작사 작곡하고 비틀스가 연주한 아름다운 곡도 많았지만, 사람들은 레넌의 가장 유명한 노래로 "이매진"을 기억한다. 심지어 롤링스톤스Rolling Stones도 이 노래를 시대를 초월한 위대한 500대 노래 중 세 번째로 평가했다.[1]

"이매진"이 우리 문화에 깊은 영향력을 미칠 수 있었던 이유는 여러 가지가 있다. 우선 아름다운 멜로디와 담백한 목소리를 떠올릴 수 있다. 그렇지만 전 세계가 요동칠 때 이 노래가 발매되었다는 점을 고려해야 한다. 베트남 전쟁, 민권 운동, 냉전과 같은 거대한 이슈들이 있었고, 존 케네디와 마틴 루터 킹 주니어 그리고 로버트 케네디 등이 암살당했다. 이 모든 사건들은 젊은 이상주의자들 위에 어두운 그림자처럼 드리워 있었다. 그리고 1980년, 존 레넌조차 비극적으로 살해당하자, 더 많은 사람이 그의 꿈에 귀 기울이게 되었다.

2010년 10월, 레넌의 팬들이 존 레넌 탄생 70주년 기념 행사를 열었다. 사람들은 그가 살해당한 장소에서 멀지 않은 곳에 운집했다. 이들은 존 레넌의 노래를 부르며, 종교가 없고 평화로운 세상을 꿈꿨던 그를 기억했다. 그리고 그의 팬들은 뉴욕 센트럴 파크에 있는 레넌의 기념물 앞에 모여들었다. 지면에 모자이크로 거대한 원형 무늬를 만들어 놓은 것인데 그 가운데에는 단 한 단어가 적혀 있다. 그 단어는 바로 "IMAGINE"이다.

레넌의 팬들이 연합과 평화가 넘치는 종교 없는 세계의 꿈을 꾸고 있을 때, 미국 내 가장 큰 무신론 단체는 로스앤젤레스에서 회의를 열고 있었다. 하지만 회의장은 얄궂게도 연합과 평화가 아닌 분열과 갈등이 넘쳐났다. 그 단체는 '세속 인문학을 위한 협의회'Council for Secular Humanism인데, 기독교인, 유대인, 모슬렘을 조롱하기 위해 만들어졌다. 이들은 모여서 신앙은 "허튼소리", "미신"이며 신앙인들은 "무지"하고 "어리석다"고 비웃는다.[2]

하지만 〈로스앤젤레스 타임스〉가 관심을 보인 것은 무신론 운동 내에 존재하는 두 파벌 사이에 터져 나온 갈등이었다. 한 편은 "새로운 무신론자"들로서 종교를 믿는 사람들과 공공연히 대결해야 한다고 주장을 한다. 종교와 공존을 도모하기보다는 허위에 불과한 종교를 제거해 버려야 한다고 주장한다. 크리스토퍼 히친스는 새로운 무신론 진영의 가장 두드러지는 지도자격 인물이다.

반면에 "타협파"가 있다. 이들은 중도적인 무신론자들로서 종교인들과 직접적으로 대립하는 것은 옳지 않다고 믿는 사람들이다. 사실 이들은 종교인들, 종교 기관과 협력하여 공통적으로 관심이 있는 문제들을 함께 해결하고자 한다.

"종교가 없는" 지도자들의 회의는 분명히 이성과 사려 깊은 대화가 넘치는 이상적인 모습은 아니었다. 〈로스앤젤레스 타임스〉는 이 회의에 긴장감이 넘쳤으며, 두 파벌 사이의 논쟁이 너무 심각해서 "육박전 직전"[3)]에 이르렀다고 기술했다. 아마도 하나님과 종교를 버려도 평화를 보장하지는 않는 모양이다.

많은 사람이 분열을 일으키는 사상들, 특히 가장 문제가 되는 종교를 제거하고 화목한 미래를 추구하면 세상의 문제들이 사라지리라 믿고 싶어 한다. 이야말로 존 레넌이 "이매진"에서 노래한 내용이며 하나님과 상관없는 삶의 태도를 가장 적절하게 정의한 것이다. 즉, 하나님 없이 살아가며, 종교가 강요하는 두려운 미신들로부터 자유로운 인간상이다. 하지만 이러한 견해는 두 가지 중요한 사항, 즉 인간의 본성과 그 역사를 간과하고 있다.

바츨라프 하벨Václav Havel은 전前 체코 공화국 대통령으로서 공산주의에 저항했다는 죄목으로 1970, 1980년대를 감옥에서 보낸 인물이다. 그가 마침내 사면되어 대통령으로 선출되었을 때, 많은 사람이 놀랄 수밖에 없었다. 하벨이 너무나 쉽게 정적들을 용서했기 때문이다. 몇몇 사람들은 그의 태도를 비판하였고, 그가 너무 약한 것이 아닌가 오해하기도 했다. 그러나 하벨은 체코 국민에게 다음을 상기시켰다. "'우리'와 '그들' 중 누가 악하고 누가 선하다고 분명하게 선을 그을 수 없습니다. 그 선은 각 사람의 마음에 그어질 뿐입니다."[4]

지난 장에서 봤듯이, 사람들은 신의 명령이라고 하면 어떠한 끔찍한 일이라도 할 수 있다. 하지만 종교적 동기를 제거한다고 해도 인간이 악을 저지를 수 있는 가능성은 조금도 감소하지 않는다. 하벨이 말했듯이, 악은 외적으로 형성된 힘이거나 종교적 교리의 산물이 아니기 때문이다. 사람들 마음마다 악이 흘러난다. 따라서 우리가 종교를 말살한다 해도 갈등을 일으키는 몇몇 조건을 없앨 뿐이며, 인간은 서로 싸우고 죽여야 하는 다른 이유를 찾아내고야 말 것이다. 인간이 악에 종노릇한다는 사실은 종교에서뿐만 아니라 세속 사회에서도 확연히 드러난다. 이러한 사실은 더럽혀진 인간 본성과 역사가 뼈저리게 증명한다.

20세기 가장 억압적인 정치 체제는 무엇이었는가. 바로 무신론적 철학에 기초한 정치 체제였다. 정확한 숫자는 알 수 없지만 스탈린 당시 소비에트 연방에서 죽어 나간 사람이 약 2천만 명이 넘는다고 한다. 마오쩌둥이 문화 혁명을 일으켜 6천5백만 명이 죽음에 이르렀다. 크메르 루즈는 불과 수십 년 전에 거의 한 세대에 달하는 2백만 명을 학살했다. 북한도 압제가 계속되어 지금까지 2백만 명이 넘는 사람들이 처형당했다.[5]

하나님께 맞추는 삶을 비판하는 내용은 많은 부분 옳다. 하지만 하나님과 상관없는 삶도 나을 것은 없다. 세속적인 인문주의가 두려움을 없애 주고 평화를 증진하며, 이에 따라 세계를 더욱 공정하고 낙원같이 만들리라는 어떠한 증거도 없다. 무신론자를 옹호하는 사람들은 아마도 종교가 사라진 아름다운 세계를 꿈꾸겠지만, 그들이 제시하는 해결책은 프라이팬에서 벗어나 불구덩이로 들어가라는 것에 불과하다.

사과

나는 무신론에 대항해서 철학적 또는 문화적 반론을 펼치려고 하는 것이 아니다. 근래 몇 년간 여러 사람이 "새로운 무신론"에 대처하며 그러한 작업을 해 왔기 때문에 나까지 동참할 필요는 없다고 본다. 대신에 나는 신앙인이라고 하면서, 또 교회에도 출석하지만 무신론자들과 마찬가지로 하나님과 상관없는 삶을 살고 있는 신도들에게 관심이 있다. 이러한 말이 다소 이상하게 들릴지도 모르겠다. 하지만 무신론을 초래한 것과 동일한 문화적, 역사적, 철학적 사조에 기초해서 신앙을 이해하고 있는 기독교인이 많다. 결과적으로 이들은 하나님을 그다지 필요로 하지도 않고 하나님을 받아들일 여유도 없는 신앙생활을 하게 된다.

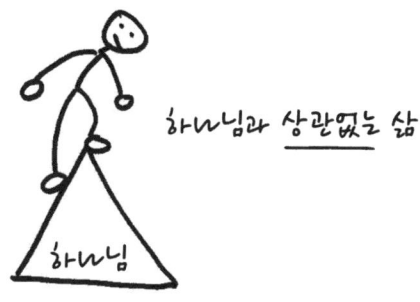

하나님과 상관없는 삶의 자세라는 현대적 양식이 생겨난 이유를 따져 보면, 별로 관계없어 보이는 1666년 사건까지 거슬러 오르게 된다. 영국 물리학자인 아이작 뉴턴 경Sir Issac Newton은 정원에 앉아서 우주의 힘을 깊이 생각하고 있었다. 그러던 중 사과가 나무에서 떨어지는 장면을 목격한다. 뉴턴은 궁금해졌다. 사과는 왜 항상 아래로 떨어지는 것일까? 왜 옆으로 날아가거나 위로 솟구치지 않는가?

떨어지는 사과가 뉴턴의 호기심을 자극했고 중력의 법칙을 발견하게 되었다. 결국 물리학, 수학, 천문학에 걸친 뉴턴의 연구는 계몽 운동이라는 과학 사상의 혁명을 불러일으켰다.

계몽 운동은 본질적으로 인간이 우주를 바라보는 방식을 혁신하고 인간과 우주의 관계를 변혁하면서 근대적 사고 체계를 낳았다. 뉴턴의 사과가 우주라고 상상해 보자. 계몽 운동 이전 사람들은 우주의 껍질을 벗겨 내고, 과육을 쪼개면 하나님의 의지가 그 가운데 있을 것이라고 믿었다. 2장에서 살펴보았듯이, 전통 종교가 말하는 하나님께 맞추는 삶의 관점에서 보자면 우주는 신들이나 하나님의 신비로운 의지에 의해서 유지된다. 따라서 인간은 세계를 다스리는 하나님을 통제함으로써 두려움을 경감하려고 한다. 바로 의식을 지키고 도덕적으로 살아서 하나님을 마음대로 조종하려 하는 방식이다.

하지만 과학 혁명이 일어나고 계몽주의적 사고방식이 득세하면서 인간은 우주를 전혀 다르게 이해하게 되었다. 이제는 사과를 쪼개서 그 중심을 보면 하나님의 의지가 아니라 자연법칙이 있다고 주장하게 된 것이다. 이제 우주를 움직이는 힘은 변덕스러운 신들이 아니라 예측이 가능하고 합리적인 법칙들이다. 새로운 우주관이 등장하면서 인간이 살아가는 곳에 대한 이해도 완전히 변화되었다. 환경을 통제하고 두려움을 완화시키려는 희망은 여전하지만, 더 이상 하나님을 달랠 필요는 없어졌다. 새로운 견해에 따르면, 우주는 기계와 같다. 따라서 우리는 기계가 어떻게 작동하는지를 이해하고 그 원칙에 따라 기계를 조종하기만 하면 된다. 인간은 수학적, 과학적 방법을 동원하여 행성의 움직임에서 생명의 기원에 이르기까지 모든 것을 아우르는 불변의 법칙을 발견할 수 있게 된 것이다.

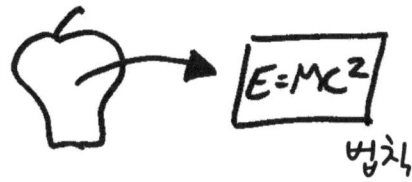

　사실, 새로운 우주관이 갖는 파급 효과가 실질적으로는 나타나는 데 수백 년이 걸렸다. 그리고 여전히 저개발 지역에서는 그 영향력이 미미하다. 하지만 대부분의 현대 문화권에서 계몽주의적 세계관은 전통주의적 세계관을 확실히 몰아냈다. 예를 들어, 계몽 시대 이전에 병든 사람들은 기도를 받기 위해 교회로 향했다. 이들은 의식을 거행하고 제물을 드려 하나님이 자비를 베풀어 주시기를 구했다. 하지만 오늘날 아픈 사람들은 약을 사려고 약국으로 향한다. 과학이 발전하면서 우리는 왜 아픈지 이유도 알고, 건강을 회복시킬 수 있는 화학 물질도 생산하게 되었다. 물론 여전히 두려움은 남아 있기 때문에 사람들은 환경을 통제하고자 한다. 하지만 이제 사람들은 미신보다는 과학에 더 의지한다.

　계몽주의 이후, 문화는 하나님을 원래 계시던 자리에서 밀어냈다. 신앙과 종교는 주변으로 몰려난 채 과학이 (아직은) 설명하거나 통제하지 못하는 분야에서나 그 명맥을 유지하고 있다. 어떤 이들은 우주에 대한 새로운 이해를 기반으로 하나님을 주변으로 몰아내는 것에 그치지 않고 하나님을 완전히 제거하기에 이르렀다. 사람들은 크리스토퍼 히친스나 리처드 도킨스Richard Dawkins와 같이 강력한 무신론자들의 주장에 더 많은 관심을 보이며 이들의 책을 많이 구매한다. 그렇지만 놀랍게도 미국인 절대 다수는 여전히 하나님을 믿고 있다. 2008년 평신도 연구 기관이라는 단체에서 조사한 결과에 따르면, 미국인 중 무신론자의 비율은 단 1.6퍼센트에 불과하다.[6]

여전히 많은 사람이 하나님을 믿는다. 하지만 대부분의 사람들이 하나님을 이해하는 내용이나 하나님과 관계 맺는 방식은 계몽주의의 영향을 심각하게 받아 변질됐다. 사실 최근 사회학 연구에 따르면, 대부분의 미국은 전통적이거나 성경적인 관점에서 하나님을 생각하지 않는다. 대신 대부분은 의식하지도 못한 채, 일종의 이신론을 따르고 있다. 이신론이란 무신론과는 다르게 하나님이 존재하시고 우주를 창조하셨다는 것을 사실로 받아들이지만 이제는 하나님이 멀리 떨어져 계시며 일상적인 삶의 문제에는 상대적으로 개입하지 않는다고 믿는 신조다. 시계 장인의 비유로 이신론을 설명하는 경우가 많다. 하나님은 우주를 창조하시고 필요한 모든 톱니바퀴와 스프링을 (자연법칙을) 제자리에 넣어 두셨다. 그리고 자리를 비우시기 전에 태엽을 감아 두셨다. 이제 우주는 하나님이 직접적으로 관여하지 않아도, 자동적으로 움직인다.

무신론이든 이신론이든 간에 실질적으로 내포하는 바는 마찬가지다. 하나님은 개인의 일상적인 삶에는 더 이상 관여하지 않으신다는 점이다. 그리고 인간이 경험할 수밖에 없는 두려움과 불확실성에 대한 해답도 같다. 바로 통제력을 추구하라는 것이다. 하나님께 맞추는 삶은 종교를 통해서, 의식과 도덕 행위를 통해서, 하나님을 조종하며 세상을 통제하라고 한다. 하나님과 상관없는 삶은 이러한 자세를 비이성적인 미신이라고 치부한다. 대신에 세계가 작동하는 원리를 발견하여 바로 실천하면 된다고 주장한다. 하나님과 상관없는 삶은 하나님이라는 대리인을 해고해 버리고 삶을 직접 통제할 수 있게 해 준다.

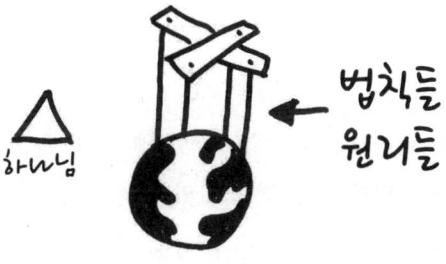

소위 "문화 전쟁"이라고 알려진 싸움 중 대부분은 하나님께 맞추는 세계관 진영과 하나님과 상관없는 세계관 진영의 대립으로 설명할 수 있다. 예를 들어, 십 대에게 안전한 성관계와 콘돔 사용법을 교육하면 성행위로 전염되는 병을 감소

시킬 수 있다는 연구 결과가 나와 있다. 그러나 많은 공동체는 종교적 신념에 따라 금욕만을 가르쳐야 한다고 말한다. "절대 금욕"abstinence only 프로그램에도 불구하고 십 대 학생 중 성경험 비율이 감소하지 않았다는 증거에도 불구하고 말이다.[7] 과학적 세계관을 지닌 사람들하나님과 상관없는 삶과 종교적 세계관을 지닌 사람들하나님께 맞추는 삶은 공립학교 성교육 과정을 놓고 종종 전쟁을 벌인다. 한 측은 경험적 증거를 강조하고 다른 측은 성경에 기초한 도덕을 강조한다.

또, 최근 정부 건물에 십계명을 배치하는 문제를 놓고 미국 전역에서 일어났던 논란을 생각해 보자. 세속적인 사고방식하나님과 상관없는 삶에 따르면 정부는 자연법칙에 따라 움직일 뿐이다. 하지만 종교적 신념하나님께 맞추는 삶에 따르면 법은 신성한 계시에 기초한 것이다. 성도덕, 학교 내 기도, 결혼의 정의, 또는 무엇이 예술인가? 등등 문젯거리는 한이 없다. 다만, 세계를 바라보는 방식과 그 세계에서 하나님의 역할을 전혀 다르게 이해하는 두 견해가 있을 뿐이다. 그리고 각자 견해에 따라 누구라도 예측할 수 있을 정도로 의견은 나뉜다.

하지만 계몽주의적 세계관은 스스로를 종교적이라고 생각하는 사람들에게도 큰 영향력을 끼치고 있다. 전통적인 성性 가치관과 법의식을 옹호하기 위해서 문화 전쟁의 최전선에 나선 기독교인들이 있다. 그렇지만 이들도 하나님과 상관없는 삶의 자세로 살아가며 교회를 운영하고 있을 수 있다. 인정하기는 싫지만, 세속주의자, 이신론자 심지어 무신론자와 마찬가지로 많은 종류의 보편적인 현대 기독교 내에서도 하나님이 계실 자리가 없다.

시계공

몇 년 전, 〈리더십 저널〉에서 같이 일하는 동료가 미국에서 상당히 영향력 있는 목회자 한 분을 인터뷰했다. 세계적으로 많은 교회 지도자들이 그 교회의 프로그램들과 방법론을 도입했다. 인터뷰 중 다음과 같은 질문이 있었다. "목사님의 리더십 중에 특별히 영적이라고 하실 만한 것으로는 무엇이 있을까요?"

목사님은 대답했다. "글쎄요, 특별히 영적이랄 것은 없습니다. 저는 종종 '당신네 교회는 기업 같다'는 비판을 듣는데 그러면 저는 반문하죠, '네, 당신 말이 맞습니다. 그런데 왜 그게 나쁜가요?' 원리는 원리일 뿐입니다. 게다가 하나님이 모든 원리를 만드시지 않으셨습니까."[8]

이 목사님의 답변은 우리가 이해하는 하나님, 우리가 생각하는 믿음이 계몽주의적 사고에 얼마나 잠식당해 있는지를 보여 준다. "원리는 원리일 뿐입니다. 게다가 하나님이 모든 원리를 만드시지 않으셨습니까." 이러한 의식 뒤에 숨어 있는 세계관은 이신론자들의 세계관과 동일하다. 즉, 하나님이 어느 정도는 우리가 알 수 있는 불변의 법칙을 가지고 우주를 창조하셨다는 것이다. 그러한 법칙 중에는 중력 법칙도 있고 열역학 법칙도 있으며 수학 법칙도 있다. 하지만 현대인들은 이 법칙 목록을 리더십, 관계성, 사업과 같은 삶의 영역까지 확대해 나간다. 모든 일을 순조롭게 해 나가기 위해서, 우리는 이러한 법칙들을 발견하고 적용 가능한 원리들로 변화시킬 책무가 있다. 이러한 견해에 따르면 하나님은 규칙을 만드신 분이며, 원리를 창조하신 분이며 시계공이다.

하지만 이들이 주장하는 세계에는 심각한 문제가 있다. 바로 그들이 바른 원칙에 따라 살고 있지 않다는 점이다. 이는 마치 디젤 트럭에 연료 대신 과일 주스를 넣고서 운전하려는 격이다. 당연히 차는 움직이지 않는다. 과학자들, 정치 지도자 또는 오프라 윈프리Oprah Winfrey가 말하는 삶의 원칙대로 살기보다는 하나님의 원칙에 맞추어 살아야 한다. 결국, 모든 것을 만드신 창조자는 무엇이 가장 좋은지 아시기 때문이다. 그렇지 않은가?

기독교인들이 하나님을 어떻게 이해하고 있는지 알게 되었다면 많은 기독교인이 성경을 어떻게 여기고 있는지도 알 수 있다. 이들은 성경을 삶에 대한 거룩한 교훈을 담고 있는 지침서로 생각한다. 그래서 모든 어려움과 딜레마에 적용되는 원칙을 찾아낼 수 있는 자료로 생각한다. 나는 기독교 지도

자들이 바이블BIBLE이란 "지구를 떠나기 전에 알아야 할 기초적 지침"Basic Instructions Before Leaving Earth이라고 우스갯소리하는 것을 들은 적이 있다. 어떤 이들은 성경이란 인간을 위한 "사용자 지침서"라고 하기도 했다. 성경에 대한 그럴싸한 비유라며 재미있다고 웃는 사람이 있을지 모르겠다. 하지만 그 배경에는 매우 비기독교적인 하나님 이해가 자리 잡고 있으며, 이는 계몽주의적 사상에 입각한 (역설적이게도) 비성경적인 견해라는 점을 알아야 한다.

성경이 단지 인생에 대한 신성한 원리들을 담고 있는 기록물에 불과하다면, 하나님과 그 말씀에 대한 우리의 태도는 근본적으로 바뀔 것이다. 그렇다면 성경은 더 이상 우리가 하나님을 알고, 하나님과의 관계를 풍요롭게 하는 매개체가 아니다. 단지, 현실적인 원칙들을 담은 책으로서, 세계와 삶을 통제하는 수단일 뿐이다. 이는 단연코 기독교가 아니다. 단지 기독교적 이신론에 불과하다. 다른 말로 하자면, 우리는 실질적으로 하나님과 관계 맺을 필요를 느끼지 못한다. 단지 성경만 있으면 되기 때문이다. 수리 지침서가 있는데, 돈을 들여서까지 수리공을 부를 필요가 있겠는가?

성경을 굉장히 높게 평가하는 기독교 전통에 따르면, 마치 내가 성경의 중요성을 폄하하는 것처럼 들릴지도 모른다. 하지만 그렇지 않다. 성경은 하나님의 영감을 받은 하나님의 말씀으로, 우리의 신앙과 삶의 권위가 된다. 성경으로 우리는 하나님이 누구신지 알 수 있다. 이보다 더 큰 선물이 어디 있겠는가? 그리고 성경은 삶과 신앙과 관련해서 유용하고도 적절한 원칙들을 많이 담고 있다. 하지만 하나님 말씀의 중요성을 찬양하고, 그 유용함을 드높이려는 의도에서, 우리는 뜻하지 않게 성경의 목적에 완전히 어긋나는 일을 할 수도 있다. 성경을 하나님이 스스로를 드러내시는 계시의 책이 아니라 단지 우리 삶을 위한 거룩한 원칙을 드러내는 책으로 격하해 버리는 것이다. 그리고 이러한 교묘한 덫에 걸려든 희생자는 우리뿐만이 아니었다.

예수님 당시 종교 지도자들은 성경 전문가들이었다. 이들은 '히브리어 성경 전체'구약를 암송하는 사람들이었다. 또한 모든 계명을 세밀히 조사해서 모든 원칙을 만들어 냈고, 성경이 담고 있는 모든 가르침을 정확하게 분석했다. 그러나 그렇게 성경을 통달했어도, 하나님, 즉 하나님의 아들이 그들 앞에 서 있었을 때, 이들은 실제로 하나님을 알거나 깨닫지 못했다. 예수님은 이들에게 말씀하신다. "너희가 성경에서 영생을 얻는 줄 생각하고 성경을 연구하거니와 이 성경이 곧 내게 대하여 증언하는 것이니라 그러나 너희가 영생을 얻기 위하여 내게 오기를 원하지 아니하는도다"요 5:39-40.

이는 하나님과 상관없는 삶의 자세가 초래하는 가장 치명적인 결점이다. 신앙을 원칙이나 신성한 법칙 또는 적용할 수 있는 가르침 정도로 축소해 버리는 것이다. 경건한 결혼을 위한 다섯 가지 단계, 하나님의 방법으로 아이를 기르는 법, 리더십의 성경적 법칙, 하나님 나라 원칙으로 재정을 관리하는 법처럼 말이다. 하지만 이러한 원칙들을 발견하고 적용하는 데 실질적으로 하나님과의 관계가 꼭 필요하지는 않다. 오히려 기독교인이 되는 일은 단순하다. 세상적인 가치관을 성경에서 취한 가치관으로 새롭게 바꾸기만 하면 된다. 그러나 세상의 무신론자들이나 이신론자들과 마찬가지로, 기독교 이신론자들은 하나님과는 전혀 상관없는 원칙을 새로 발견해서 실천한다. 인간은 여전히 삶을 통제하면서 하나님을 멀리 배제시켜 버린다. 사람들은 삶에 유익한 교훈을 주신 하나님을 찬양하고, 감사하며, 예배하기도 한다. 하지만 하나님은 부재중인 시계공일 뿐이며 하나님이 지금 우리 삶에 개입하실지 안 하실지는 우리가 정하는 일이다.

하나님과 상관없는 삶의 자세는 확실히 부유하고 전문직 종사자를 가진 공동체에서 더 인기가 있다. 이들은 규격화된 해답이나 자립적인 해결책에 익숙한 사람들로서, 그들의 교육 수준이나 재력을 고려할 때, 스스로 삶을 통제하는 데 익숙하다는 사실을 알 수 있다. 거대한 출판 산업 또한 이들이 그런 환상을 계속 갖도록 한다. 대부분의 베스트셀러나 자기계발서는 모든 문제를 극복하는 원칙이 책에 담겨 있다고 주장한다. 또 누구든지 과학적으로 증명된 방법을 따르면, 살을 빼거나 화원에서 채소를 기를 수 있다고 한다. 따라서 사람들은 심지어 삶의 신비한 영역에도 과학적 정확성을 적용하려고 든다. 《성공하는 사람들의 7가지 습관》을 읽고 삶에 잘 적용하면 성공할 수 있다. 또, 《1-2-3 마법: 효과적인 아이 양육 방법》1 2 3 magic effective discipline for children을 보면 제멋대로인 아이들을 길들일 수 있다. 동네 서점에서 책을 살펴보기만 해도 우리에게 매우 큰 위안이 된다. 삶이 무작위로 제시하는 어떤 문제에도 해답이 있다는 사실을 알면, 우리는 무언가 통제할 수 있다는 느낌을 받는다. 즉, 공포가 가라앉는다. 그리고 설사 서점에서 해답을 발견하지 못해도 괜찮다. 길을 내려가면 있는 약국에서 약을 사면 해결될 일이다.

우리는 모든 일을 통제하는 데 익숙하다. 그래서 똑같은 기대를 안고 종교 생활을 한다. 성경을 볼 때도 실질적 문제에 대한 해결책을 찾기 위해 혈안이다. 이러한 경향은 설교에서도 찾아볼 수 있는데 목사님들은 주로 실제적인 적용에 초점을 맞추어 설교한다. 70억 불이 넘는 기독교 출판 시장도 마찬가지다. 로리 베스 존스Laurie Beth Jones가 쓴 책 《최고경영자 예수》가 거둔 엄청난 성공을 생각해 보라. 저자는 신약 성경을 철저히 연구한 결과, 예수님이 어떻게 그렇게 효과적으로 리더십을 발휘하실 수 있었는지를 해독해 냈다. 존스는 그리스도의 경영 스타일을 다음 세 가지 핵심 가치로 정리했다. 바로 자아 극복, 행동, 인간관계 형성이다. 그녀는 이를 예수님의 "오메가 경영 스타일"이라고 명명했다. 그리고 사업, 정부, 종교 등 지도력이 필요한 어느 분야에도 이 법칙을 적용할 수 있으며, 동일한 효과가 보장된다고 단언한다. "이러한 영적 법칙을 실천하는 사람들은 반드시 성공할 수밖에 없다. 사실, 영적 원리를 연구하고 적용하면 성공은 반드시 보장된다."[9]

예수님처럼 사람들을 경영하라고 강변하는 《최고경영자 예수》라는 책은 실질적으로는 예수님과 상관없다고 봐도 무방하다. 예수님은 1-2-3 마법처럼 간단한 일련의 원칙들로 대체되었다. 기독교의 가르침을 따르는 다른 분야에서도 이와 동일한 경향이 많이 나타난다. 요새는 '기독교적' 결혼, '기독교적' 사업, 그리고 심지어 '기독교적' 국가를 이루는 것도 가능하다. 실제로 그리스도는 어디에도 존재하지 않지만 말이다. 이러한 원리들이 성경에서 도출된 것이라는 점은 사실이다. 따라서 우리는 이들이 기독교적이며, 그것을 따르는 우리도 기독교인이라고 의심 없이 믿는다.

하나님과 상관없는 삶의 자세는 삶에서 효과적으로 작용하는 원리들을 강조하기 때문에 매력적으로 느껴질 수도 있다. 하나님과 실제로 관계를 맺는 일은 예측할 수도 없고 통제할 수도 없기 때문이다. 관계란, 인간관계든지 하나님과의 관계든지, 골치 아프며 시간이 소요되고, 종종 전혀 통제할 수 없는 것이다. 하지만 원리들은 이해 가능하며 임상적으로 확인된 것들이다. 이제 우리는 2005년 목회자를 대상으로 실시한 조사 결과를 이해할 수 있지 않을까 싶다. 목회자들에게 사역에서 가장 우선순위가 무엇인가라는 질문을 던졌다. 그 중 우선순위가 기도라고 응답한 목회자는 오직 3퍼센트에 불과했다.[10] 어차피 시계가 내 손에 있는데 시계를 만든 사람과 귀찮게 관계를 유지할 이유가 있겠는가?

지팡이

계몽 시대가 도래하면서 하나님과 상관없는 삶의 자세를 지지하는 새로운 과학적, 철학적 근거들이 쏟아져 나왔다. 하지만 본질적으로 새로운 것은 전혀 없었다. 인간이 에덴동산에서 일으킨 반란은 이미 근본적으로 하나님을 몰아내고 스스로 주도권을 갖고자 하는 시도였다. 그리고 똑같은 경향이 성경 전반에 걸쳐 나타난다. 때때로 인간의 오만한 자부심은 하나님과 상관없이 살아가려는 열망을 불태게 한다. 하지만 그에 못지않게 공포 때문에 하나님과 상관없이 살고자 하는 열망을 갖는 자들이 생기기도 한다. 민수기 20장에 나오는 모세 이야기를 살펴보자.

이스라엘 사람들은 4세기 동안 이집트에서 노예 생활을 했다. 하나님은 이들이 노예로 사는 것을 보셨고, 울부짖는 소리를 들으셨다. 그래서 살인자에서 목자로 변모한 여든 먹은 노인 모세를 보내어 자신의 백성을 바로의 압제에서 구원하고자 하셨다. 극적인 구조 작업 내내 하나님은 정기적으로 모세의 지팡이를 들어 자신의 능력을 보여 주셨다. 지팡이는 바로의 마법사 앞에서 뱀이 되었다. 또 모세가 지팡이를 들어 올릴 때 이집트에 전염병이 생기기도 했다. 이 지팡이가 나일 강을 칠 때, 강은 피로 변했다. 또한 우리 모두 알다시피 모세가 이 지팡이를 들어 올릴 때, 바다가 갈라지고 땅이 굳어져 이스라엘 사람들이 이집트를 탈출할 수 있었다.

그러나 이집트를 떠나는 내용은 전체 이야기의 극히 일부분일 뿐이다. 시내 광야의 척박한 환경에서 사람들은 여러 가지 난관에 부딪혔지만, 물이 부족한 것도 결코 쉬운 일은 아니었다. 어느 때에는 하나님이 모세에게 그의 지팡이로 반석을 치라고 말씀하셨다. 모세는 이에 순종하였고 깨끗한 물이 기적적으로 솟아나왔다출 17:1-7. 매우 유사한 장면이 민수기 20장에 다시 나타난다. 사람들은 모세가 자신들을 음식도 없고 물도 없는 "나쁜 곳"으로 인도해 왔다며 분노한다. 그리고 이집트에서 살았던 시절이 더 좋았노라고 불평한다.

예전에 했던 대로, 모세는 하나님께 도움을 청한다. 하나님은 사면초가에 몰린 지도자에게 다음과 같이 명령하신다. "그들의 목전에서 너희는 반석에게 명령하여 물을 내라 하라 네가 그 반석이 물을 내게 하여 회중과 그들의 짐승에게 마시게 할지니라"민 20:8. 그러나 모세가 하나님과 대화를 하고 사람들을 반석 앞으로 모으는 와중에 문제가 있었던 모양이다. 모세는 하나님의 말씀대로 반석에게 명령하는 대신 지팡이로 반석을 쳤다. 하나님께 순종하지 않았다. 도대체 왜 그랬던 것일까?

이 장면을 다시 살펴보자. 모세는 말 그대로 진퇴양난에 빠졌었다. 만약 그가 문제를 해결하지 못하면 굶주리고 목이 타 분노한 무리가 당장이라도 폭동을 일으킬 기세였다. 목이 달아나게 생겼다. 모세는 자신이 기댈 수 있는 확실한 해결책이 필요했다. 반드시 물을 공급할 수 있는 그러한 방법 말이다. 그래서 모세는 과거에 항상 효과가 있던 무언가를 찾게 되었다. 그것은 바로 지팡이였다. 두려움, 그리고 원하는 결과를 반드시 이끌어 내야 한다는 필요 때문에 모세는 하나님과의 교감을 무시하고 증명된 방식을 의지했다. 시계를 만든 사람보다 시계를 더 믿게 된 것이다.

모세는 사람을 두려워한 나머지 하나님에 대한 신앙을 잠시 잃었고 비싼 대가를 치러야 했다. 하나님은 모세가 이스라엘에게 약속하신 땅, 모세가 평생 기다렸던 바로 그 약속된 땅에 들어가지 못하게 하셨다. 대신 모세는 그 땅이 보이는 곳에서 죽었다.

므리바 광야에서 실패한 모세의 이야기는 하나님과 상관없는 삶의 문제점을 잘 보여 준다. 첫째, 이런 자세는 하나님과의 관계를 추구하기보다는 신뢰할 만한 규칙들을 찾는 데 더 집중한다. 따라서 하나님을 축소하고 제한해서 항상 같은 결과를 내는 공식으로 만들어 버린다. 하나님이 과거에 하셨던 방식대로 미래에도 변함없이 하시리라 가정한다. 그리고 하나님이 일하시는 원칙을 발견하면 원하는 결과를 낼 수 있다고 믿는다. "하나님은 언제나 ……하신다", "하나님은 절대 ……하시지 않는다", "하나님은 오직 ……하신다." 경솔하게도 기독교인들은 이러한 문구를 법칙인양 말한다. 하나님이 일하시는 방법을 알았다거나, 아니면 적어도 하나님이 이 세상을 움직이시는 방법을 알았다고 한다. 그러고는 하나님 자신보다 "하나님의 원칙"을 신뢰한다. 이것은 모세의 비극적인 사건에서 배우는 중대한 오류다.

기독교인은 하나님이 만드신 공식을 따르며 살아가야 한다고 여기는 견해가 있다. 특히 모세와 같이 하나님의 백성을 이끌고 영적인 양식을 공급해야 하는 교회 지도자들 사이에서 이런 풍조가 만연하다. 목회 컨퍼런스를 찾아가 보고, 목회 자료들을 살펴보면 다들 결과를 보장한다고 약속하며 효과가 증명되었다고 주장한다. 2009년에 있었던 한 어린이 사역 관련 행사를 예로 들어 보자. 이 행사를 홍보하는 문구에는 각종 미사여구가 난무한다. "꿈을 꾸십시오. 모든 가능한 것들을 상상하십시오. 그 가능성들을 실현해 줄 방법이 여기 있습니다. …… 사역의 성공을 보장하는 최적화된 계획을 만나시게 될 것입니다.[11]

이런 메시지와 어투는 목회자를 대상으로 하는 상품 홍보물에 흔히 등장한다. 아마도 목회자들 세계에서, 특히 부유한 성도를 대상으로 하는 목회자들 사이에서 가장 남용되는 단어가 있다면 바로 "효과적이다"라는 말일 것이다. 모든 사람이 교회 성장, 제자 훈련, 예배, 선교 등을 위한 가장 효과적인 원리를 찾겠다고 난리다. 효과를 추구하다 보니 어쩔 수 없이 목회자들은 세미나를 찾아 가고 책을 구입하게 된다.[12]

하지만 주권자이신 하나님, 불가사의한 하나님을 믿으라고 하는 목회자들이 효과라는 가치를 그렇게 높게 평가하는 세태는 기이하기만 하다. 효과를 보장하기 위해서는 모든 변수와 구성 요소를 통제해야 한다. 그러나 실제로 우리가 모든 결과를 통제하고 있다면 하나님께 남는 것은 무엇일까? 언젠가 한 친구가 이렇게 물었다. "하나님의 영이 너희 교회를 떠나신다고 해도 누가 알아챌 수가 있나?" 다르게 풀어 보겠다. 모든 일이 인간이 납득할 만한 인과 관계대로만 일어난다면 왜 하나님이 필요한가?

통제하고 싶어 하는 욕구는 끝이 없다. 따라서 우리는 하나님과 상관없는 삶을 매력적이라고 느낀다. 그리고 통제하고자 하는 욕구는 필연적으로 두려움과 연관되어 있다. 모세는 분노한 이스라엘 사람들을 두려워했고 이미 증명된 지팡이의 효력에 의지해서 상황을 통제하고자 했다. 교회 지도자들도 마찬가지다. 그들은 회중과 교단 지도자들을 두려워한다. 그것도 아니면 그저 자신이 무가치하게 여겨지는 것을 두려워하는지도 모르겠다. 그렇기 때문에 효과적인 결과를 보장하는 어떤 것이라도 의지하게 된다. 또한, 우리는 가족이 놀라울 정도로 빠르게 해체되고 경제가 불안한 세상에서 살고 있다. 이 세계는 두려운 것 투성이다. 따라서 사람들은 이러한 어려움을 뚫고 자신을 인도해 줄 신적인 원리를 찾게 된다.

하나님과 상관없는 삶의 자세는 우리가 무언가를 통제하고 있으며 자율적으로 살아간다는 느낌을 준다. 그러나 그에 따른 대가는 어마어마하다. 하나님과 상관없는 삶의 자세는 하나님을 가장자리로 밀어내거나, 아니면 아예 하나님을 지워 버려 우리가 삶을 통제할 수 있게 한다. 하나님의 역할은 우리에게 원리를 주시는 것으로 끝난다. 즉, 시계공이 우리에게 삶의 설명서를 이미 주었기 때문에 이제부터 삶은 전적으로 인간의 책임이다. 하나님의 원리를 지키는 일도, 그에 따른 결과도 우리의 어깨에 지워졌다. 그러므로 결과가 기대한 바와 다를 때에도 아무도 비난할 수 없다. 버팔로 빌스의 와이드 리시버 스티브 존슨처럼 공을 떨어뜨려도, 하나님께 화가 나서 트위터도 할 수 없다. 젊은 피터 파커스파이더맨으로 알려져 있다에게 삼촌인 벤이 말했듯이 "거대한 힘에는 거대한 책임이 따른다."

하나님과 상관없는 삶의 자세가 초래하는 두 번째 치명적인 결점이 있다. 바로, 우리가 지고 있는 두려움이라는 짐은 결코 사라지지 않는다는 점이다. 물론, 하나님과 상관없는 삶의 자세는 우리에게 증명된 (심지어 신성할 정도로 위대한) 공식이 있다고 장담한다. 그리고 우리가 그러한 공식을 따라 삶을 완전히 통제할 수 있게 되면 공포는 사라진다고 주장한다. 하지만 실제로는 오히려 전혀 의도하지 않은 결과들에 대해서도 어느 정도 책임감을 지워 우리를 더 괴롭게 할 뿐이다. 하나님과 상관없는 삶의 자세를 따르면, 모든 변수를 조정하고 세밀하게 통제해야만 정해진 원칙대로 살고 있다고 확신할 수 있다. 따라서 우리는 모든 조건을 충족했는지, 또한 정해진 원칙대로 살고 있는지 안절부절못한다. 그 결과 두려움은 더욱 강력해진다.

이런 모습은 역시나 교회 지도자들의 모습에서 실감나게 볼 수 있다. 한 조사에 따르면, 매달 1,500명에 달하는 미국 목회자가 사역을 그만둔다.[13] 이러한 추세를 조사한 카운슬러들에 따르면, 많은 목회자가 교회 출석 인원을 늘려서 "목회자로서의 지도력을 증명해야 한다는 지독한 강박 관념"을 더 이상 견딜 수 없는 상태라고 한다. 즉, 한 사람의 지도력에 따라 교회의 수적 증감이 직접적인 결과로 나타난다고 믿는다는 것인데, 이는 오직 하나님과 상관없는 삶에서나 가능한 견해다. 여기에는 하나님의 오묘하심이나 신비로운 역사 같은 이야기는 낄 자리가 없다. 교회 성장은 바른 공식을 실행할 수 있느냐의 문제다. 따라서 교회가 성장하지 않으면,

목회자는 잘못된 원칙을 사용하는 비효율적인 지도자다. 하나님과 상관없는 삶의 자세는 매달 수건을 던지며 사임하는 1,500명에 달하는 목회자들이 가진 두려움을 없애 주거나 그들의 짐을 가볍게 해 주지 못했다.

그렇다면 성공한 사람들은 어떻다는 것인가? 인생과 사업 또는 목회에서 하나님의 원칙을 다 지켰고 그 결과도 훌륭했던 사람들은 무엇인가? 분명 이들은 자신들의 삶으로 그 원칙들이 기독교인의 삶을 지도하는 힘이 될 수 있다는 사실을 증명했다. 여기서 하나님과 상관없는 삶의 접근법이 지니는 세 번째 결점이 드러난다. 즉, 성공이란 하나님의 부르심에 따라 신실하게 살았는지 여부와 관계없이, 단지 얼마나 실제적인 결과를 이루었는지에 따라 결정될 뿐이라는 생각이다. 위의 연구 조사를 통해 삶, 사업, 목회에 있어서 어떠한 원칙들이 효과가 있었는지는 밝혀낼 수 있을 것이다. 하지만, 이 연구는 그러한 원칙들이 바른 것인지를 판단할 수 있도록 고안되지는 않았다. 우리는 많은 부분, 하나님도 우리만큼이나 효율성을 가치 있게 여기시리라고 믿는다. 그렇기 때문에 당연히 하나님도 우리가 가장 효과적인 원리대로 살아가기 원하신다고 결론 내린다. 더불어 불행하게도 기도할 필요도, 영적인 분별을 할 필요도 느끼지 못한다. 그리고 실용주의적 윤리관에 입각해서 하나님이 적극적으로 개입하시는 것도 원하지 않게 된다.

므리바 광야의 모세 이야기를 하면서 중요한 부분을 빠뜨리고 지나갔다. 모세는 하나님의 말씀에 불순종했다. 반석에 대고 말하지 않고 지팡이로 반석을 친 것이다. 그리고 불경한 행위에 대해서 대가를 치르게 되었다. 모세는 효율적이었는가? 물론이다! 모세가 반석을 두 차례 치자 "물이 많이 솟아나오므로"민 20:11라고 기록되어 있다. 하나님은 모세 때문이 아니라 모세가 불순종했음에도 불구하고 기적을 일으키신 것처럼 보인다. 물론 모세를 위해서 기적을 허락하신 것은 아니지만 인간적인 입장에서, 모세는 어느 모로 보나 성공했다. 모세의 사역은 굉장히 효과적이었다. 만약 우리 시대에 살았더라면 모세는 "바위에서 물을 내는 3단계 효과적 원칙"에 대해 책을 쓰고 강의를 하러 다녔을 것이다. 그러나 모든 사람이 모세를 칭찬한다고 해도 의미는 없다. 하나님은 이를 전혀 대단하다고 생각하지 않으시기 때문이다.

하나님과 상관없는 삶은 하나님과의 관계를 적당한 원리들로 대체한다. 그러나 살아가면서 겪는 모든 문제와 그 결과에 대해 궁극적인 책임을 져야 하기 때문에 두려움이 경감되지는 않는다. 그리고 모든 일이 계획한 대로 되었다고 할지라도 결국에 우리는 하나님이 원하시는 테두리에서 벗어나 하나님과 소외된 상태로 있을 것이다.

결론적으로 무신론, 이신론, 그리고 심지어 "기독교적" 원칙에 의거한 삶도 인간을 엄습하는 공포와 통제의 쳇바퀴에서 벗어나게 하지 못한다. 포부는 훌륭하며 매력적이다. 평화와 연합의 세계, 공포도 없고 증명된 공식들이 안전을 보장해 주는 그런 세계를 꿈꾸니 말이다. 그러나 이는 실현될 수 없는 꿈이다. 하나님과 상관없는 삶의 자세는 에덴동산에서 일어났던 인간의 반역 행위를 영원히 되풀이하도록 만들기 때문이다. 그렇게 우리는 하나님의 존재를 부인하거나 하나님을 일종의 부차적이고 별 상관없는 요소로 만들어 버린다. 그리고 결국 하나님의 자리를 넘본다. 결과적으로 하나님과 상관없는 삶의 태도는 한 가지로 귀결된다. 바로 하나님 없는 삶이다. 그러나 그것은 삶이라고 할 수 없다.

4장
하나님께 요구하는 삶

잉크 얼룩 심리 테스트

시카고에 위치한 노스 파 칼리지North Park College의 종교학 교수인 스콧 맥나이트Scot McKnight는 '예수'라는 강좌를 열고 매 학기 개강 때마다 테스트를 한다. 우선 이 테스트는 학생들이 예수님을 어떤 사람으로 생각하는지를 묻는다. 예수님은 기분파였나? 예수님은 신경질적이었나? 예수님은 파티를 즐기는 외향적인 인물이었는가 아니면 내성적인 인물이었는가? 이런 종류의 질문 스물네 개를 풀면, 두 번째 테스트가 또 있다. 용어가 살짝 달라지기는 하지만, 이제 학생들은 자신의 성품에 대해 답하게 된다.[1)]

사실, 맥나이트 교수만이 이 테스트를 사용하는 것은 아니며, 다른 교수들도 이 테스트를 임상적으로 검증했다. 그런데 결과는 놀라울 정도로 일관적으로 나타난다. 즉, 모든 사람이 예수님은 자신들과 같다고 생각한다. 덧붙여서 맥나이트는 말한다. "이 테스트는 또한 다음과 같은 사실을 나타낸다. 우리는 점점 더 예수님을 닮아가기 위해 노력한다고 믿지만 실상은 그 정반대다. 즉 우리는 예수님을 우리처럼 만들기 위해 애쓰는 것이다."[2] 맥나이트의 성격 질문지는 프랑스 철학자인 볼테르가 3세기 전에 말했던 바를 확인해 준다. "만약 하나님이 우리를 자신의 이미지로 만드셨다면, 우리는 이미 하나님께 은혜를 갚은 것이다."[3]

예수님 성격 테스트는 헤르만 로르샤흐Hermann Rorschach가 정신 치료의 목적으로 고안한 잉크 얼룩 검사와 매우 유사하다. 심리 치료사는 환자에게 잉크 얼룩을 보여 준 뒤 "무엇이 보입니까?"라고 묻는다. 사실 이 얼룩들은 어떤 형태도 띄지 않기 때문에 환자가 무엇을 "보든지" 간에 그것은 실제로는 환자의 마음에 있는 바를 투영한 것이다. 환자가 "꽃"이 보인다고 한다면 심리 치료사는 환자가 정상이라고 판단할 것이다. 그러나 환자가 "눈구멍에서 피가 떨어지고 있는 해골"이 보인다고 한다면 글쎄, 그 심리 치료사는 정신 병원으로 빨리 전화번호를 눌러야 하지 않을까.

인간이 하나님께 자신의 모습을 부여하는 경향이 있다는 사실을 이해한다면, "하나님은 어떠한 분인가?"라는 질문은 종교적으로 변용된 로르샤흐 테스트라고 할 수 있을 것이다. 우리는 하나님께 우리의 성격, 가치, 선입관을 투영하기 때문이다. 우리는 이러한 경향을 이미 다룬 두 가지 자세에서 살펴보았다. 하나님께 맞추는 삶의 자세는 하나님을 변덕스러운 신적 존재로 이해하기 때문에 축복을 받고 벌을 피하려면 하나님을 달래야만 한다. 하나님과 상관없는 삶의 자세는 반대로 하나님을 이성적이고 추정할 수 있는 분이며, 세상이 돌아가는 법과 원칙을 만들어 낸 시계공으로 여긴다. 이러한 하나님은 분명히 세속주의, 이신론, 무신론을 초래한 후기 계몽주의를 반영한다.

그러나 현대 세계는 근본적으로 고대 미신이나 자연 과학이 지배하는 사회가 아니다. 우리는 과시적 소비 경제가 주도하는 사회에서 살아간다. 마돈나는 다음과 같이 말했다. "우리는 물질적인 세계에 살고 있으며, 나는 물질적인 여자다." 이 말을 풀어 보자면 우리 모두 물질적인 세계에 살고 있으니 우리는 물질적인 여자들이라는 뜻이다. 그렇기 때문에 대부분의 현대인은 하나님이라는 잉크 얼룩을 볼 때 자신들의 소비자 가치관과 정체성을 거룩한 존재에 투영하게 된다. 노스 캐롤라이나 대학University of North Carolina의 사회학자인 크리스천 스미스Christian Smith는 수년간 십 대들의 종교 생활을 연구했다. 그는 많은 사람이 하나님을 "신적인 비서와 치료사의 결합체"[4] 정도로 이해한다고 결론 내렸다. 스미스는 하나님에 대해서 이러한 견해를 가지고 있는 사람들은 "하나님을 영화롭게 하거나 순종을 배우고 다른 사람을 섬기는 데 집중하기보다는 스스로의 행복에 더욱 집중한다"5)라고 결론 내린다. 그렇다면 왜 대부분의 십 대들이 하나님을 비서나 치료 전문가쯤으로 여기는가? 스미스는 그 자녀들의 부모님이 하나님을 그렇게 이해하고 있기 때문이라고 결론 내린다.

스미스의 연구 결과는 맥나이트와 다른 이들이 지속적으로 밝혀 온 바를 확인해 준다. 즉, 사람들은 하나님을 자신의 이미지에 맞게 만든다는 사실이다. 스미스가 미국인을 대상으로 광범위하게 표본 조사한 결과에 따르면 미국인들은 공통적으로 소비자 중심 세계관을 갖고 있기 때문에 소비자 욕구를 만족시켜 주시는 하나님을 믿는다. 만약 상대적으로 부유한 현대인을 대상으로 하나님 잉크 얼룩 테스트를 해 본다면 어떨까? 분명히, 이들은 성경에서 계시된 하나님을 거의 보지 못할 것이다. 심지어 합리적인 과학 또는 미신적인 전통이 말하는 하나님도 보지 못할 것이다. 하나님은 신적인 비서, 우주적 전문 치료사, 또는 자신들이 필요한 상품이나 지혜를 판매하는 거룩한 자동 판매기의 모습으로 나타날 것이다.

　이것이 하나님께 요구하는 삶의 본질이다. 하나님은 우리가 필요하고 바라는 것을 공급하시기 위해서 존재한다. 이미 내 어투가 부정적이기는 하지만, 이러한 견해에도 어느 정도 유익한 점이 있다. 성경은 계속해서 우리가 하나님으로부터 나왔음을 말한다. 하나님은 모든 것에게 생명을 주신다사 42:5. 그리고 하나님은 "빛들의 아버지"이며 그로부터 "온갖 좋은 은사와 온전한 선물이" 내려온다약 1:17. 그리고 예수님은 우리가 필요한 것을 하나님께 구하라고 말하셨다눅 11:11-13. 그러나 하나님께 요구하는 삶의 태도는 하나님과 인간 사이의 관계에서 한 측면만을 지나치게 강조하는 경향이 있다. 이는 하나님의 선물을 받는 것이 우리의 종교 생활의 전부인양 여기게 하며, 바로 이 점에서 문제가 발생한다.

하나님께 요구하는 삶의 가장 극단적인 형태는 바로 '번영 복음'이다(이는 건강과 부의 복음, 또는 말하는 대로 이루어지는 복음으로 알려져 있다). "하나님은 당신이 부자가 되기를 원하시는가?"라는 〈타임〉지 기사를 살펴보자. 텔레비전 설교자인 조이스 마이어Joyce Meyer는 말했다. "하늘나라에 가기까지 비참하고, 가난하고, 파산하고, 추하고, 힘들게 살고 싶은 분이 계십니까? 하나님은 당신에게 좋은 것으로 주시기를 원한다고 믿습니다."6) 아마도 마이어가 이렇게 믿는 이유는 그녀가 좋은 것들을 갖기 원해서가 아닐까 싶다. 마이어가 쓰는 변기통이 23,000달러약 2천5백만 원였다고 한다. 이러한 호화로운 생활 때문에 미국 의회가 그녀를 조사하기에 이르렀다.7) 잉크 얼룩 검사를 해 보자. 누가 나오겠는가?

하나님께 요구하는 삶의 태도가 매력적인 이유는 우리에게 변하라고 요구하지 않기 때문이다. 소비자 지상주의 가치관에 물든 우리가 무엇을 원하든지, 무엇을 찾든지, 어떻게 살든지, 무슨 일을 하든지 상관없다. 우리의 가치관과 삶의 모습을 하나님께 투영시키고 종교 체제에도 반영시키면 된다. 이런 종교에서 하나님은 우리의 욕구를 들어주시기 위해 신적인 능력을 사용하시는 분이다. 이렇게 보면 하나님께 요구하는 삶의 태도는 소비자 지상주의와 다를 바가 없다.

궤도

소비자 문화는 하나님께 요구하는 삶에 계속 연료를 공급하지만 사람들을 항상 소비로 규정할 수 있었던 것은 아니다. 소비자라는 개념도 그들이 사는 상품처럼 만들어진 것에 불과하다. 소비자로 태어나는 사람은 없다. 산업 혁명 시절, 대량 생산이 이루어지면서 이전에는 상상조차 할 수 없을 정도로, 심지어 시장이 필요한 것보다도 훨씬 많은 상품을 만들어 내기 시작했다. 따라서 생산자들은 경제가 잘 돌아가도록 상품에 대한 욕구를 인위적으로 만들어 낼 방법이 필요했다. 광고가 탄생했다.

광고는 점차 자본주의의 선지자가 되어 사람들이 미처 필요를 느끼지 못했던 상품들에 대해서 마음을 열도록 만들었다. 광고는 미묘하게 또는 공공연하게 구매자들에게 안락함과 지위, 성공, 행복 및 심지어 성관계까지 약속하기에 이르렀다. 오늘날 〈뉴욕 타임스〉에 따르면, 각 사람은 매일 욕망을 자극하는 3,500개의 광고에 노출된다고 한다. 로드니 클랩Rodney Clapp은 다음과 같이 썼다. "소비자는 만족하지 못하도록 교육받는다. 사람들은 절대 만족하지 않는다. 적어도 오랜 시간 만족하지 않는다. 소비자는 사람이란 기본적으로 채워지지 않는 욕구가 있으며 상품화된 물건이나 경험만이 이를 달랠 수 있는 존재라고 배운다."[8]

한 세기가 넘도록 상품, 광고, 욕망들이 어지럽게 뒤섞인 문화에 젖어 살다 보니 사람들의 인간관과 세계관 자체가 변형되었다. 과거에 자제심이 부족한 것은 언제나 결점이며 인간답지 못한 특성으로 여겨졌다. 하지만 역사상 처음으로, 이제는 인류가 자제심이 부족해야만 먹고사는 시대가 도래했다. 이제 사람들이 욕구를 억제하고 필요한 상품만 산다면 경제는 무너진다. 이를 막기 위해서, 개인의 욕구를 충족시키는 일은 신성불가침의 영역이 되었다.

2001년 9/11 사건 직후, 미국인들이 들은 이야기는 무엇이었는가? 바로 소비와 여행, 또는 물질주의적인 생활 방식을 계속하라는 메시지였다. 이를 억제하면 "테러리스트들이 이기는 것"이라고 했다. 이전까지 미국 본토에 대한 마지막 공격이었던 1941년 진주만 공습 직후 돌았던 이야기와는 전혀 딴판이었다. 세계 2차 대전 당시, 루즈벨트Roosevelt 대통령은 전쟁을 수행하기 위해 시민들에게는 필요한 여러 물자를 배급제로 돌리겠다고 했다. 전쟁 기간 미국의 최고 가치는 희생이었지, 소비가 아니었다.

이제 세상은 어떻게 변했는가. 2008년 시작한 전 세계 불황을 분석하면서, 경제학자들은 사람들이 마구잡이식으로 빚을 내고 지나치게 소비를 해서 경제가 폭락했다고 보았다. 그러나 정부 지도자들은 시민들에게 소비를 줄이거나 신용카드 빚을 상환하라고 하지 않았다. 그 대신에, 채권을 엄청나게 발행하고 소비를 해서 불경기를 극복하자고 사람들을 부추겼다. 이런 식으로, 미국 정부는 경기 "부양책"을 썼다. 이러한 일련의 사태는 소비자 지상주의가 경제 체제 이상의 그 무엇이라는 점을 확실하게 보여 준다. 소비자 지상주의는 신념 체계다. 소비는 우리의 삶을 규정하고 정부를 규정하며 심지어 우리의 영성을 규정한다.

1955년, 한 경제학자는 말했다. "과도한 대량 생산 경제는 삶을 재정의하기에 이르렀다. 소비는 우리가 살아가는 방법이다. 물건을 사고 사용하는 일은 우리가 지켜야 할 의식이며, 우리는 소비하며 영적인 만족과 자아의 만족을 추구한다."[9] 이런 일들이 실제로 일어나고 있다.

지난 장에서 뉴턴의 사과가 초래한 사태와, 계몽주의가 어떻게 우주를 이해했는지 살펴보았다. 하나님과 상관없는 삶에 따르면, 우주의 중심에는 불변의 자연법칙과 원칙이 있다. 더 고전적인 형태인 하나님께 맞추는 삶의 자세는 그 중심에 신의 변덕스러운 의지가 있다고 믿었다. 하나님께 요구하는 삶의 태도는 우주의 중심에 무엇이 있다고 보겠는가? 하나님께 요구하는 삶의 자세는, 소비자 지상주의 가치에 뿌리를 내리고 있으며 개인적인 욕구 성취에 중점을 두고 있다. 따라서 우주의 껍질을 벗기고 나면 그 중심에는 무엇이 나올 것인가? 바로 당신 자신이다!

소비자 지상주의는 모든 것의 가치가 나에게 얼마나 효용이 있는지의 기준에 따라 결정되는 극도로 자아 중심적인 세계관이다. 나는 모든 일의 중심에 위치하고, 다른 사람들은 내 주위를 돌고 있을 뿐이다. 이렇게 해서 공리주의 윤리가 생겨난다.

우리가 어떻게 쇼핑하는지 떠올려 보자. 우리는 한 상품이 지니고 있는 이야기에 별로 관심이 없다. 있다 해도 미미한 정도다. 어떤 사람이 그것을 만들었는지, 또는 그 상품이 우리에게 오기까지 거쳤을 사람들이 누구인지 생각해 보는가? 우리는 그 상품이 우리의 필요를 위해서 마법처럼 선반에 생겨난 것처럼 행동한다. 그리고 필요가 없어진 상품을 버리고 새로운 것을 사는 일도 너무나 당연하게 여긴다. 더 나아가 사람들은 이와 같은 실용주의적인 태도를 다른 사람들에게도 적용한다. 결혼 생활이 내 욕구와 더 이상 맞지 않으면, 나는 결혼을 끝내고 다른 상대를 찾으면 된다. 교회 공동체가 나의 필요를 더 이상 충족시키지 못한다면, 나는 다른 교회에 출석하면 된다. 그리고 역사상 가장 많은 수인, 약 2,700만 명의 남성 및 여성 그리고 어린이들이 현재 노예 상태에 놓여 있다. 이는 자아 중심적인 사고가 약자들에게 얼마나 비극적인 영향력을 끼치는지 보여 준다.[10] 노예제, 성매매, 유산, 안락사, 대량 학살과 같은 경악스러운 일들은 사람들을 상품으로 보고, 인간의 존재 가치를 내적 가치가 아닌 효용성으로 판단할 때만 나타날 수 있는 일들이다.

하나님께 요구하는 삶의 자세에서는 하나님도 내재적 가치를 갖고 있지 않다. 소비자 지상주의 세계관에서 다른 사물을 바라보는 방식과 마찬가지로, 하나님의 가치는 오직 하나님의 유용성에 의해서만 결정된다. 하나님은 궤도를 따라 우리 주위를 돌고 있다. "최근에 당신이 나에게 해 준 일이 무엇이오?"라는 질문만이 하나님께 요구하는 삶의 자세가 외우는 주문이다. 종교는 목적을 위한 수단이 된다. 우리의 욕구가 광고에서 나왔는지 아니면 다른 고상한 목적에서 나왔는지는 상관없다. 종교는 우리의 욕구를 채워 주는 좀 더 영적인 방법일 뿐이다. 하나님을 주로 전능한 공급자로 여기는 사람들은 분명히 하나님을 일차원적으로 이해한다. 하나님은 공급하고 우리는 받기만 하면 된다. 그렇다고 우리가 하나님으로부터 구하는 것 자체가 모두 이기적이라는 말은 아니다.

첫 장에서 마약 중독자인 아들을 위해 하나님의 도움을 구하는 어머니의 이야기를 나누었다. 아무도 그녀가 구하는 것이 다이아몬드로 장식된 변기를 원하는 텔레비전 설교가가 구하는 것과 동일하다고 볼 사람은 아무도 없을 것이다. 그러나 각자가 무엇을 요구하는지는 우선 제쳐 두고 보자. 다급한 어머니와 탐욕스러운 설교자 모두 하나님을 목적 달성을 위한 수단, 즉 도구로 여기고 있다는 점을 알 수 있다. 이들은 하나님을 사용해서 자신들의 욕구를 이루고자 한다. 이 두 사람을 구분하는 것은 그들이 원하는 대상의 차이일 뿐, 그들이 하나님과 관계 맺는 방식은 같다. 하나님께 무언가를 구하는 일이 잘못은 아니다. 이 점은 분명하다. 하나님도 우리에게 구하라고 말씀하셨다. 그러나 이것이 우리가 하나님과 관계를 맺는 이유의 전부라고 한다면 우리는 자신을 중심에 놓고 하나님이 우리 주위를 돌라고 하는 격이다. 이는 창조자가 창조물에 굴복해야 한다는 주장이다. 우리는 우리의 목적을 달성하기 위해 하나님을 통제한다. 우리는 다시 에덴의 반역을 꾀한다.

문둥이

하나님께 요구하는 삶은 우리가 자아와 그 욕구를 중심에 둔 채 끝없이 죄악 된 본능에 따라 하나님을 조종하고 하나님이 우리의 명령을 따르도록 하는 삶이다. 그러나 인간이 직면할 수밖에 없는 또 다른 딜레마인 두려움의 문제가 있다. 하나님께 요구하는 삶은 과연 이 두려움의 문제를 어떻게 풀어 가는가?

이미 살펴봤듯이 두려움은 인간의 숙명이며, 모든 종교는 인간을 두려움으로부터 구원하려는 시도다. 하지만 소비자 지상주의와 그로 말미암은 하나님께 요구하는 삶의 자세는 이와는 다소 다른 방법을 택한다. 즉, 소비자 지상주의는 우리의 두려움과 고통을 덜어 주기보다는 두려움과 고통에 신경을 쓰지 못하게 한다. 상품화된 물건을 사고 상품화된 경험을 하면서 사람들은 즐거운 상태를 유지한다. 하지만 실제로는 서서히 우리가 살아가는 불쾌한 현실을 느끼지 못하도록 마비시키는 것이다. 큰 반향을 일으켰던 《죽도록 즐기기》 Amusing Ourselves to Death라는 책에서 이러한 현상을 상세하게 다룬다. 저자인 닐 포스트맨Neil Postman은 즐긴다amusement는 말이 글자 그대로 "생각하지muse 않는다a"[11] 또는 산만하게 한다는 의미라고 썼다. 사소한 소유물이나 경험으로 삶을 채우는 것은 삶의 두려움과 고통에서 시선을 돌리도록 만드는 일이다. "내일 죽으리니 먹고 마시자 하는도다"사 22:13; 고전 15:32.

이러한 문화적 가치가 신앙에 주입되면, 하나님도 단지 즐거움을 주는 도구로 축소된다. 하나님 또는 하나님의 교회는 우리에게 고통과 두려움에서 벗어나는 방법을 제공하는 기능을 할 뿐이다. 따라서 우리는 직장이나 집에서 겪는 어려움을 달래기 위해, 예배라는 경험을 추구하게 된다. 교회에서도 프로그램이나 행사를 진행하면서 바쁜 상태를 유지한다. 그리고 삶을 더욱 안락하게 즐길 수 있도록 물질적인 축복을 달라고 기도한다. 대부분의 현대 종교는 인간이 살아가면서 겪는 즐거움과 슬픔, 승리와 패배를 더욱 정확하게, 그리고 더욱 고상한 관점에서 받아들일 수 있게 하는 역할을 하지 못하고 있다. 그저 잘 먹고 잘 살게 해 주며, 여행길을 좀 더 편안히 갈 수 있도록 도와주며, "온 가족이 안전하게 즐길 수 있도록" 고안된 음악과 상품으로 우리를 계속 즐겁게 해 주는 역할만 하면 된다.

그러나 우리의 주의를 돌리는 일이 우리를 구원할 수는 없다. 소비자 지상주의와 하나님께 요구하는 삶은 우리가 두려움과 고통을 느끼지 못하도록 둔감하게 만들 뿐이며 그 원인을 제거하지 못한다. 그래서 결국, 하나님께 요구하는 삶은 이 세상에서 우리가 겪는 고통과 아픔이 구속적인 맥락에서 어떠한 의미가 있는지 설명하지 못한다. C. S. 루이스C. S. Lewis는 중요한 사실을 일깨워 주었다. "즐거움 속에서 하나님은 속삭이신다. 양심 속에서 하나님은 말씀하신다. 그러나 고통 속에서 하나님은 외치신다. 고통은 귀 먹은 세상을 깨우는 확성기다."[12]

본래 하나님이 창조하신 세상에는 두려움과 고통이 존재하지 않았다 하더라도, 하나님은 두려움과 고통을 사용하셔서 우리가 하나님을 다시 찾게 하신다. 이 세상에는 분명히 불편한 현실들이 있다. 그렇지만 이 때문에, 우리는 더 좋은 것을 바라고, 그늘 뒤에 있는 아름다움을 찾게 된다. 하나님께 요구하는 삶의 자세가 조장하는 삶, 욕망을 만족시키고 고통을 피하는 삶에서는 고통의 구속적 목적이 드러나지 않는다. 고통은 단지 회피하고 없애 하는 대상일 뿐이다. 하나님은 우리가 고통당할 때, 메가폰을 들고 외치고 계신지 모른다. 하지만 소비자 지상주의에 물든 우리는 헤드폰을 끼고, 아이팟 볼륨을 올려 버린다. 우리가 살아가는 목적은 더 이상 구원이 아니다. 바로 편안함이다.

의사인 폴 브랜드 박사Dr. Paul Brand는 인도에서 문둥병자를 도우며 평생을 바쳤다. 그는 문둥병의 실질적인 위험은 신체의 신경 말단을 파괴하여 감각을 잃어버리는 것이라는 사실을 처음으로 밝혀낸 의사이기도 하다. 이들은 고통도 느끼지 못한다. 때문에 이를 축복이라고 생각할 수 있겠지만, 종국적으로 이는 치명적인 저주다. 고통이 없기 때문에 문둥병자들은 자신이 상처를 입었는지도 모른다. 그 결과 작은 상처나 작은 가시 때문에 감염이 일어나서 팔다리를 잃거나 심지어 목숨도 위험하게 된다.

이러한 현상과 그 치료법을 정리한 브랜드 박사는 이렇게 말한다. "나는 고통을 주신 하나님께 감사한다. 아무리 생각해도 문둥병 환자들에게 줄 수 있는 가장 귀한 선물은 고통이다." 안락함을 추구하고 고통을 피하려는 태도가 너무 심해지면, 우리는 영적인 문둥병자가 된다. 하나님은 세상과 우리 안에 존재하는 죄와 악의 실재성을 일깨우기 위해서 고통을 사용하시는데, 그것을 느낄 수 없기 때문이다. 브랜드 박사는 계속해서 말한다. "대부분의 사람들은 고통을 적이라고 생각한다. …… 하지만 고통이 없다면, 심장마비, 뇌졸중, 맹장 파열, 위궤양 같은 심각한 질병들이 아무 징후도 없이 갑자기 발병할 것이다. 아프지 않은데 의사를 찾아오는 사람이 있겠는가?"[13]

그 누구도 고통이나 두려움을 즐기지는 않겠지만 고통은 우리의 생존에 있어서 정말 중요하다. 우리는 신체적인 고통을 느끼기 때문에 이 위험한 세상에서 살아갈 수 있다. 영적인 고통은 우리의 영혼을 깨우고, 이 세상 너머에 있는 아름다움, 정의, 자유를 꿈꾸게 한다. 하지만 하나님께 요구하는 삶은 불쾌한 일은 피하고 소비자 지상주의 욕망에 영합해서 살라고 한다. 그러면 우리는 고통과 두려움이 갖는 구속적 목적을 잊고 안락함에 빠져, 진정한 질병에서 구해 주실 수 있는 유일한 분을 잊게 된다. 그 대신, 우리는 그보다 못한 대상을 구한다.

이는 확실히 새로운 유혹은 아니다. 소비자 지상주의에 기초한 자본주의가 확산되기 훨씬 이전에, 하나님은 이미 자신의 백성에게 안락함의 위험에 대해서 경고하셨다. 이집트에서 노예 생활을 하던 이스라엘 백성은 하나님께 구원해 달라고 절규했다. 그들은 하나님을 찾았고 하나님은 그들을 들으셨다. 하지만 백성을 구원하고 난 뒤에 백성이 원했던 대상은 하나님 자신이 아니라 하나님의 선물이었다는 점이 분명해졌다. 하나님은 자신의 백성이 젖과 꿀이 흐르는 땅에서 자유를 누리며 살아가도록 인도하신다. 그러면서도 그들이 편안해질 때 하나님을 잊지 않도록 계속해서 주의를 주신다.

> 내가 오늘 네게 명하는 여호와의 명령과 규례를 지키지 아니하고 네 하나님 여호와를 잊어버리지 않도록 삼갈지어다 네가 먹어서 배부르고 아름다운 집을 짓고 거주하게 되며 또 네 소와 양이 번성하며 네 은금이 증식되며 네 소유가 다 풍부하게 될 때에 네 마음이 교만하여 네 하나님 여호와를 잊어버릴까 염려하노라 여호와는 너를 애굽 땅 종 되었던 집에서 이끌어 내시고(신 8:11-14)

하나님의 예측은 정확했다. 이스라엘은 평화와 풍요로움을 누릴 때마다 하나님을 계속 떠났다. 사람들은 하나님이 주시는 좋은 선물에 매혹되었고, 안락함을 누리게 되자 하나님을 찾지 않았다. 하나님과의 관계가 물질적인 축복을 구하는 관계로 격하되면서, 이들은 영적인 문둥병자가 되어 갔다. 즉, 조상들이 이집트에서 노예 생활을 하면서 하나님을 찾을 수밖에 없게 했던, 그 삶의 고통과 두려움을 더 이상 느끼지 못하게 되었다. 하나님은 이들의 탐욕과 성실하지 못한 마음을 보시고 이사야 선지자를 통해 말씀하신다. "이 백성이 입으로는 나를 가까이 하며 입술로는 나를 공경하나 그들의 마음은 내게서 멀리 떠났나니"사 29:13.

나쁜 놈

드라마 같은 이야기를 들려주겠다. 한 거부의 막내아들이 있었다. 그는 아버지 수하에서는 자신의 뜻을 맘대로 펴지 못한다고 생각한다. 그래서 집을 떠나 라스베가스, 아니면 리비에라나 동남아시아 어디에 위치한 끝내주는 장소에서 자유롭고 멋진 삶을 시작하려고 한다. 하지만 이 자신만만한 젊은이는 아직 사업 수완이 없기 때문에, 아버지의 자금으로 사업을 시작하고자 한다. 그래서 제트기로 집을 떠나기 전, 아버지가 자신을 위해 들어 놓은 신탁 자금을 해약하고, 아버지는 급사한다. 하지만 아들은 개의치 않고 문을 박

차고 성큼성큼 걸어 나온다.

만약 이러한 이야기가 텔레비전에서 방영되었다면 우리는 모두 화면을 보면서 똑같은 말을 중얼거렸을 것이다. "저런 나쁜 놈!"

2천 년 전, 예수님은 한 저녁 식사 자리에서 이와 굉장히 유사한 이야기를 하셨다. 바로 누가복음 15장에 기록되어 있는 탕자의 비유다. 예수님은 아버지가 돌아가시기도 전에 유산을 요구하는 배은망덕한 아들의 이야기를 꺼내신다. 이런 요구는 사실 너무나 불경스럽기 때문에 중죄에 해당된다레 20:9. 그러나 아버지는 아들이 가산의 절반을 챙겨서 먼 나라로 떠나도록 허락한다. 그리고 그곳에서 아들은 성경 말씀처럼 "허랑방탕하여 그 재산을 낭비하였다"눅 15:13. (아마도 이쯤에서 예수님 이야기를 듣고 있던 사람들도 "저런 나쁜 놈"이라고 중얼거렸을 것이다. 사람이라면 시공간을 초월해서 공유하는 감정이 있다!)

예수님은 하나님과 그의 백성의 관계를 설명하기 위해서 탕자 이야기를 하셨다. 아버지를 통해서 하나님의 성품을 보여 주며, 아들을 통해서 우리의 반역을 보여 준다. 아들은 아버지보다 아버지가 줄 수 있는 것에 더 가치를 두는데, 하나님께 요구하는 삶의 자세를 생생하게 드러낸다. 궁극적으로 아들은 단지 자애롭고 부유한 아버지가 자신에게 줄 수 있는 것만을 원했다. 원하던 것을 손에 얻자 아버지와의 관계는 더 이상 필요 없게 되었다. 그래서 그는 걸어 나왔다.

하나님께 요구하는 삶도 전혀 다를 것이 없다. 우리의 모든 초점을 하나님의 축복과 선물을 받는 것에 모은다면 우리는 이 이야기의 오만방자한 젊은 아들과 마찬가지다. 우리는 하나님 자체보다 하나님이 우리에게 해 주실 일들을 더욱 가치 있게 여긴다. 하나님과의 관계를 이루어 나가는 일도 목적을 달성하기 위한 수단으로 여길 뿐이다. 그리고 우리의 입술과 마음으로 하나님을 찬양할 때도 단지 무엇을 얻어 갈 수 있을지를 기대한다. 우리는 종교성이라는 가면을 쓴 나쁜 놈들이 되어 간다.

아마도 나쁜 놈이라고 부르는 것은 너무 평범할 것이다. 우리는 이 단어를 더 종교적인 단어로 쉽게 바꿀 수 있다. 바로 우상 숭배자라는 단어 말이다. 성경 말씀에 따르면, 우상 숭배자란 창조자 한 분만을 위한 자리를 피조물로 대체하고 그것을 숭배하는 자들이다. 우리는 온 마음을 다해 우리 주 하나님을 사랑한다고 말한다. 하지만 우리 마음이 그보다 못한 것들로 가득 차 있다면, 우리는 우상 숭배에 빠진 것이다. 그리고 분명히 말하지만, 하나님보다 못한 것들이라고 반드시 나쁜 것들은 아니다. 팀 켈러Tim Keller는 자신의 책,《가짜 하나님들》Counterfeit Gods에서 우상이란 "궁극적인 것으로 [변한] 좋은 것들"14)이라고 정의 내렸다. 하나님은 이 세상의 여러 놀라운 것들로 우리를 축복하시지만 우리가 하나님보다 그러한 것들을 목적으로 삼고 소망한다면 우리는 하나님께 요구하는 삶의 태도에 빠지게 된다.

예수님은 수도 없이 많이, 놀라울 정도로 완강하게 이러한 태도를 성토하셨다. 예를 들어, 예수님은 "아버지나 어머니를 나보다 더 사랑하는 자는 내게 합당하지 아니하고 아들이나 딸을 나보다 더 사랑하는 자도 내게 합당하지 아니하며"마 10:37라고 가르치셨다. 이 믿을 수 없는 말씀은, 가족과 같이 좋은 가치를 궁극적인 가치로 삼으려는 우리의 성향을 바로 치신다. 이외에도 예수님은 부유함마 6:19-24, 편안한 집눅 9:58, 높은 영예마 6:1-4 등을 구하는 일이 위험하다고 경고하신다. 이 중 나쁜 것은 하나도 없다. 실상은 각각 다 매우 좋은 것들이다. 하지만 예수님은 인간들이 하나님의 좋은 선물들을 얼마나 쉽게 궁극적인 소망으로 왜곡시켜 버리는지를 아셨다. 이것들이 우리 삶에서 예수님만이 계셔야 하는 자리를 차지하게 된다.

그러나 여전히 많은 현대 종교들은 하나님 자신보다는 하나님의 선물에 집중한다. 하나님은 가정을 세우시고 치유하시는 도구이며, 성 문제를 치료하시는 분이며, 정치 문제의 조언자시며, 재정 관리사이기도 하다. 우리는 하나님 손끝에서 가정, 성, 힘, 재산 등의 문제가 해결되기를 바란다. 우리는 실제로 하나님 자신을 원하는가? 하나님으로부터 얻어 낼 것에 시선을 고정하다 보면, 우리는 삶 속에 임하시는 하나님의 임재 가운데 있는 평화를 누리지 못하게 된다.

샌디에이고 주립 대학교San Diego State University 심리학과의 진 트웬지Jean Twenge 교수가 이끄는 연구진은 1938년부터 2007년까지 63,000명이 넘는 청년들의 정신 건강 기록을 분석해 보았다. 조사 결과에 따르면, 1930년 이후부터 정신 질환이 급속하게 증가했으며, 정신 질환 중 대부분은 우울증이었다고 한다. ABC 뉴스 보도 내용을 보자. "연구 결과, 현재 학생들은 수십 년 전에 비해, 더 외롭고 인정받지 못한다고 느끼고 있으며, 정서적으로 지나치게 민감하거나 불안정한 것으로 나타났습니다. …… 이뿐 아니라, 오늘날 십 대 청소년들은 자기애가 더 강하며, 자제심이 부족하고, 대체적으로 걱정이 많고, 우울하며, 삶을 불만족스럽게 여기는 경우가 많은 것으로 드러났습니다."[15]

트웬지 교수와 연구진은 소비자 지상주의가 정신병을 증가시킨 주요 원인이라고 결론 내렸다. "우리 문화는 물질적인 것에 더 집중하게 하지만 관계에는 덜 집중하게 합니다."[16]

종교 내에서도 마찬가지 현상이 일어난다. 우리는 하나님과의 진정한 관계를 진작시키는 일에는 관심을 덜 쏟지만, 하나님의 축복을 누리는 일에는 관심을 더욱 쏟는다. 이야말로 기독교 자료, 기독교 서적, 기독교 방송, 기독교 학교, 목회자들이 어느 때보다도 많은 오늘날, 오히려 가장 많은 사람들이 교회를 떠나는 이유가 아닐까.[17] 아마도 사람들은 자신이 하나님으로부터 진정으로 받기 원하던 바를 하나님 없이 더 쉽게 손에 넣는 방법을 알아낸 것이 아닐까? 아니면 둘째 아들처럼 하나님께 원하던 것을 다 받아 내고는 집을 떠나 다른 나라로 향한 것이 아닐까?

예수님께서 저녁 자리에서 하신 이야기 내용처럼 하나님께 요구하는 삶의 자세는 결국 파산하게 되어 있다. 결국 흥청망청하던 아들은 빈털터리가 되어 돼지 치는 일을 하게 된다. 벨라지오Bellagio 카지노에서 큰손 대접을 받으며 마티니를 마신 적도 있지만 결국에는 허름한 식당에서 설거지나 하게 된 것이다. 이 암담한 상황에서, 아들은 새로운 계획을 궁리해 냈다. 그는 집에 돌아가서 아버지께 사죄하고, 후계자의 권리는 없어졌으니 종으로라도 받아 달라고 해야겠다고 마음먹었다눅 15:14-19. 그렇다면 이 나쁜 놈은 완전히 개과천선한 것인가? 이제는 진심으로 아버지께 감사하게 된 것인가? 아니면 다시 아버지를 이용해 먹으려는 수작인가? 아버지를 원하게 된 건가, 아니면 돼지 치는 일이 하기 싫어 다른 일을 하려는 건가?

자포자기하는 심정이든 아버지께 다시 돌아가고 싶은 심정이든, 어찌 되었든 간에 이유는 중요하지 않다. 예수님은 그 아버지가 아들을 보고서는 아직도 거리가 먼데 "달려가 목을 안고 입을 맞추었다"눅 15:20라고 말씀하신다. 아들을 다시 찾은 기쁨에 아버지 눈에는 아무것도 들어오지 않았다.

그래서 아들이 속죄하고 일자리를 구하기도 전에 아버지는 이미 아들이 돌아온 것을 축하하기 위해 잔치를 벌이라고 명한다눅 15:21-24.

하나님을 바라볼 때, 우리는 아마도 소비자로서의 정체성이 반영된 우리의 모습을 보고 있는 건지도 모른다. 바로 우리가 원하는 바를 재깍 이루어 주시는 신성한 자동 판매기 같은 분으로 말이다. 그러나 기억하자. 하나님은 우리를 자신의 형상대로 창조하신 자녀로 바라보신다. 그리고 우리를 조건 없이, 깊이 사랑하신다.

5장
하나님을 위한 삶

절망의 집

학생들은 그 집을 "H.O.D."—절망의 집House of Despair이라고 불렀다. 그 집 옆을 지나가는 사람이나 운전자들은 가로수가 줄지어 선 도로 곁에 있는 평범한 집으로 생각했을 것이다. 하지만 이 집은 신앙과 삶의 문제로 괴로워하는 대학생들이 고통을 잊기 위해 술을 마시고, 마약을 하고, 성관계를 가지며, 노골적인 대화를 나누는 장소다. 그들이 다니는 기독교 대학에서는 노골적인 대화를 빼고는 이들 행위를 다 금지하고 있다. (역설적이게도 노골적인 대화를 나누는 학생들은 찾아보기 어렵다.)

나는 몇 년 전, 학부생 두 명을 상담하면서 '절망의 집'에 대해 처음 알게 되었다. 이 젊은 학생들은 나와 일대일로 만나면서 자신들이 고민하는 바를 나에게 털어놓았다. 내가 듣기에 학생들이 생각하는 문제는 그 나이 또래들에 비해 특별난 것은 아니었다. 하지만 이 학생들은 캠퍼스에서 자신들만 비밀스럽게 의심을 하고 있는 것 같아 고립감을 느낀다고 말했다. 정도는 다르지만 이들은 모두 부모님과 공동체가 가진 믿음에 의문을 갖고 있었으며, 자신들의 삶에서 하나님의 역할이 무엇인지, 학교 방침은 왜 그런지, 특히 졸업 이후 무슨 일을 해야 하는지 고민하고 있었다. 학생들은 무의미한 삶을 두려워했다.

"이런 얘기를 또 누구한테 하니?" 나는 물었다. "이야기를 잘 들어주실 좋은 교수님들을 많이 알고 있는데."

"예, 그렇죠. 그렇지만 좀 어색하잖아요." 한 학생이 말했다. "교수님들은 바쁘고 면담 시간은 15분밖에 안 되는데 속에 있는 이야기를 하기 어려운 것 같아요."

"대학 상담 센터는 안 가 봤니?" 나는 물었다.

"거기는 항상 예약이 꽉 차 있더라고요. 캠퍼스에서 학생들이 믿고 갈 만한 곳은 거기 하나죠. 그런데 워낙 가려는 애들이 많으니까 상담 못 받는 애들이 많죠."

"그냥 다른 친구들이랑 같은 입장에서 이야기하는 건 어떠니? 이런 생각을 하는 친구들이 많을 텐데?"

"아니요. 기독교 학교에 안 다녀 보셔서 그래요. 캠퍼스에 흐르는 분위기가 뭔가 있다니까요." 그 학생은 자신이 느끼는 공포가 무엇인지 설명하기 시작했다. "휘튼 다니는 애들은 다들 삶을 잘 알고 있는 것 같아요. 걔네들은 하나님도 꿰뚫고 있어요. 그리고 그리스도를 위해서 세상을 바꾸겠다고 해요. 적어도 말은 그렇게 하죠. 그래서 누가 무언가 의문을 품거나, 의심하고 있는 것 같아 보이면 왕따를 해 버려요. 그러니까 겉으로는 모든 일이 괜찮고, 내면 상태도 좋은 것처럼 보이게 하고 다녀야 하죠."

나는 이 학생의 의견에 반론을 제기했다. 학교에 있는 어느 누구도 모든 것을 알고 있지 못하며 "왕따를 당한다"라는 표현도 지나친 말이라고 했다. "그 친구들은 아마도 네가 마음을 열고 속에 있는 이야기를 할까봐 두려워할걸. 마음속 깊은 곳에서는 걔네들도 너와 마찬가지로 두려워하며 의심하고 있기 때문이지." 이 친구가 학교에서 받은 인상은 다소 과장되었을 수 있지만, 다른 친구들도 이야기를 나누면서 똑같은 반응을 보였다.

다른 학생은 이런 이야기를 했다. "중간에 있기가 너무 힘들어요. 주류파가 있죠. 인생이 어떤 건지 다 알고 있다고 믿고, 원칙대로 살아가는 애들이에요. 반대로 지하 세력이 있어요. 중간은 없어요."

"지하 세력"에 속해 있는지 아닌지를 결정해 주는 단 한 가지 행동 기준이 있다. 바로 술이다. 내가 함께 사역하던 학생들이 다니는 여러 기독교 대학에서는 학부생들에게 음주를 금하고 있었다. 학교들은 각기 학생이나 교직원이 준수해야 할 윤리 규칙을 명시하고 있다. 그렇다고 그 규칙이 몇몇 근본주의 기독교 대학들처럼 가혹한 것만은 아니다. 물론 일반 대학에 비해서 다소 규제하는 내용이 많기는 하지만 말이다.

"술을 좋아해서 마시는 건 아니에요." 한 여학생은 이렇게 말했다. "사실, 거의 술을 안 마시죠. 그냥 손에 맥주를 들고만 있는 거예요."

"술도 안 마시면서 왜 굳이 걸릴 위험을 감수하는 거지?" 궁금증이 일었다.

"누가 안전한 애인지 알 수가 있으니까요. 왜냐하면 같이 술을 마시고 있는 친구들은 믿을 수 있거든요. 같이 그 윤리 규칙을 깨고 있으니까요. 다른 일에 있어서도 솔직하다는 표시 같은 거죠. 안전한 애니까 그 앞에서 뭘 속일 필요도 없고요."

"지하 세력" 학생들 여섯 명과 이야기를 나눈 결과, 나는 그 친구들이 교회에서는 그저 반항적인 양아치 정도로 찍혀 있지만 그들의 속내는 훨씬 복잡한 상태라는 사실을 알게 되었다. 이들은 정체성과 신앙 문제로 고민하고 있었으며, 자신들의 걱정을 해소할 수 있는 안전한 장소를 찾고 있었다. 그리고 그 안전한 장소는 바로 '절망의 집'이었다. '절망의 집'에서는 술이 이들의 윤리 규칙이었다. 진실성은 술을 안 마시고 제정신으로 깨어 있는 것보다 중요하기 때문이다. 그렇다고 학생들이 그리스도를 믿는 신앙을 버린 것은 아니었다. 대부분은 예수님을 믿지만 단지 제도화된 기독교가 아닌 생기 넘치는 진짜 기독교를 찾고 있는 친구들이었다. 이마저 포기해 버린 아이들은 보통 마약이나 성관계와 같은 더 강력한 방법으로 고통을 달래고 있었다.

이 학생들과 2년 정도를 지지고 볶고 나니, '절망의 집'을 대체할 수 있는 대안 장소를 마련해야겠다는 결심을 하게 되었다. 다른 이들에게 정죄 받을까봐 걱정할 필요도 없고, 음주 문제로 받아 주느니 안 받아 주느니 할 일도 없이, 서로 이야기를 나누며 각자 생각을 정리할 수 있는 안전한 공간 말이다. 나는 공개적인 대화를 위해 더 정규적으로 학생들을 모으기 시작했다. 나는 누구나 환영이지만, 단지 우리가 나누는 대화에서 도움을 받을 수 있겠다 생각되는 친구들만 초대하라고 당부해 두었다.

모임에는 정직할 것, 관용할 것, 출석할 것, 이 세 가지 규칙이 있을 뿐이었다. 거짓말의 '거'자도 용납되지 않았다. 학생들은 스스로 이야깃거리를 정했다. 주제는 지옥에 대한 교리로부터 배우자를 찾아야 하는 압박감에 이르기까지 다양했다. 나는 보통 토론이 원활하게 이어지도록 가끔 질문을 했을 뿐, 아무런 판단도 하지 않고 듣기만 하려고 노력했다.

어느 날 밤, 학생들이 모여서는 습관적으로 짓는 죄에 대해서 이야기하기로 했다. 누가 물었다. "계속해서 우리를 힘들게 하는 죄가 있다면 어떻게 해야 될까?" 다른 친구가 대답했다. "난 이제 그냥 죄를 그만두려는 시도 자체를 안 하게 됐어." 나는 학생들과 심도 있는 대화를 할 수 있었는데, 일부는 인터넷 포르노, 다른 아이들은 마약 때문에 힘들어한다는 사실을 알게 되었다. 학생들은 성적인 문제나 마약과 같은 문제가 특별히 더 악하다고 생각했다. 그래서인지 분노, 탐욕, 교만, 부정직함 등과 같은 다른 죄악들에 대해서는 별로 개의치 않았다.

"돌아가면서 질문에 대답하는 식으로 시작하면 어떨까 싶은데." 내가 제안했다. "특별히 어떤 죄를 범하고 있는지가 중요한 건 아니고, 단지 우리가 죄 중에 있을 때 하나님이 우리를 어떻게 보신다고 생각하는지를 알면 좋겠어." 학생들은 조용해졌다. 1, 2분이 지나자, 한 친구가 이야기를 나누기 시작했다.

"제 생각에는 하나님이 실망하실 것 같아요. 저는 좋은 집안에서 경건한 부모님 밑에서 자랐어요. 교육도 잘 받았고 거의 모든 걸 누렸죠. 그리고 이제는 대학에 와서, 그리스도를 위해 세상에 좋은 영향력을 미칠 수 있도록 준비되고 있어요. 제 생각에는 제가 죄를 지으면 하나님이 정말 실망하실 것 같아요. '많이 받은 자에게는 많이 요구할 것이요'라는 말씀도 있잖아요. 하나님은 제가 더 잘하기를 기대하실 거예요."

다른 학생이 말을 이어갔다. "저도 똑같이 생각해요. 제가 같은 죄에 계속 빠져 있다면 하나님이 원하시는 일을 어떻게 할 수가 있겠어요?"

또 다른 학생이 자신의 이야기를 나누었다. "제 부모님은 90년대 초반에 기독교 학교에 다니셨는데 그때 부흥이 있었대요. 선교사나 목사님이 되신 졸업생들이 엄청 많대요. 그 분들은 하나님에 대한 열정으로 불타 있었죠. 그런데 저는 여기에 와서 매일 죄에 빠져 있어요. 여기 꼭 있어야만 한다는 생각이 없죠. 저는 알아요. 하나님이 원하는 모습이 아니라는 걸요."

탁자에 둘러앉은 학생들이 모두 이야기를 마치는 데 한 시간이 걸렸다. 몇몇 학생은 단지 눈물만 보였다. 아이들은 다양하게 이야기를 했지만 내용은 비슷했다. 즉, 자신이 어떠한 특정 행위 때문에 계속 번뇌하고 있으며 하나님이 실망하신다는 것이었다. 하나님은 나에게 더 좋은 것을 기대하신다. 그리고 하나님은 우리가 행위를 깨끗하게 하기 전까지는 이 세상에서 자신의 일을 이루시는 데 우리를 사용하실 수 없다는 것이다.

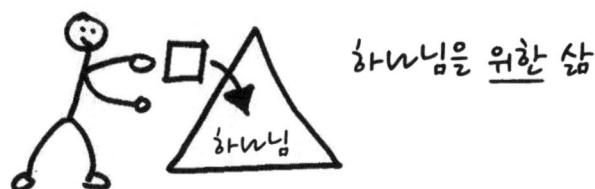

"기독교 가정에서 자란 사람이 몇 명이지?" 내가 묻자, 모든 학생이 손을 들었다. "그러면, 성경 중심적인 교회에서 자란 사람?" 학생들 모두 그대로 손을 들고 있었다. "믿을 수가 없어!" 나는 믿어지지가 않아 고개를 흔들며 소리를 질렀다. "너희들은 다 18년에서 20년이라는 세월을 교회에서 보냈고, 기어 다닐 때부터 성경을 배워 왔어. 게다가 기독교 학교에 다니고 있는데 아무도 정답을 말하지는 못한단 말이지. 우리가 죄악 중에 있어도 하나님은 여전히 우리를 사랑하신다는 그 답을 아무도 하지 못했어."

나는 그렇다고 학생들을 비난하지 않았다. 이들은 신앙 교육을 받으면서, 명시적으로 또는 은연중에 하나님이 우리를 사랑하신다는 사실은 중요하지 않다고 배웠기 때문이다. 이들은 하나님을 위해 얼마나 많은 일을 할 수 있느냐가 중요하다고 배웠다. 그날 밤, 나는 마침내 이들이 '절망의 집'을 찾는 이유를 알게 되었다.

사명

지난 장에서 우리는 하나님께 요구하는 삶의 자세를 자세하게 살펴봤다. 그리고 이 자세가 어떻게 소비자 지상주의의 가치와 부응하는지도 알아봤다. 이에 따르면, 하나님은 우리의 필요와 욕구를 충족시키기 위해 존재하는 자동 판매기에 불과하다. 소비자 지상주의는 우리 문화에 깊숙이 들어와 있기 때문에, 하나님께 요구하는 삶이 오늘날 만연해 있다는 사실은 놀랄 일도 아니다. 이러한 삶의 자세가 득세하면서 교회 지도자들 입장에서도 아연실색할 일들이 끝도 없이 일어난다. 하나님이 내려 주시는 복을 받는 데만 혈안이 된 교회 성도들을 "소비자 기독교인", "게으른 기독교인", 심지어 "비만 기독교인" 등으로 부른다고 한다. 이들은 영적으로 무기력하며 교회 자원을 엄청나게 잡아먹을 뿐이다. 언젠가 한 목사님이 나에게 고충을 털어놓았다. "그런 신도들은 달라고, 또 달라고, 계속 달라고만 해요. 그러다가 이제 그분들에게 무언가를 해 달라고 부탁하는 순간 교회를 떠나버리죠."

보통, 이렇게 무기력증에 빠진, 비만 기독교인들에게 내리는 처방전이 있다. 바로 엄격한 훈련을 반복적으로 하는 것이다. 목회자들은 다양한 방법을 동원해서 사람들이 봉사하고, 참여하고, 무언가 내놓게 만들려고 한다. 하지만 목표는 여전히 똑같다. 즉, 신자들이 하나님께 요구하는 삶의 자세를 버리고 하나님을 위해 사는 삶의 자세를 갖도록 변화시키는 일이다. 사람들은 다양한 방식으로 이 목적을 표현한다. 어떤 교회는 사람들을 "받는 자에서 주는 자로" 변화시킨다고 한다. 다른 교회는 "구경꾼을 참여자로 만들겠다"라고 말한다. 그리고 한 교회 지도자가 "소비자를 종으로 바꾸는 일"이 자신의 목적이라고 이야기하는 것을 듣기도 했다. 때로는 단지 개개인이 아닌 전체 회중에 하나님을 위한 삶의 자세를 적용하기도 한다. 교회 지도자들은 종종 "내적으로 치중하는 교회"보다 "외적으로 치중하는 교회"가 되려고 하는 위험성에 대해서 논의한다. 외적으로 치중하는 교회가 세계 문제에 더 관심을 기울인다면, 내적으로 치중하는 교회는 육아실에 어떤 색의 카펫을 깔아야 하는가 따위의 문제에 집중한다.

하나님을 위한 삶의 자세는 특히 기독교 활동가들 사이에서 두드러지게 나타난다. 복음주의는 그러한 좋은 예다. 더욱 전통적인 복음주의자들은 전도를 중요하게 여겨 왔다. 복음을 말로 선포하고 불신자들이 그리스도를 믿도록 설득하는 일이야말로 우리의 목적이기 때문이다. 목회자와 선교사는 모든 역량을 이 임무에 쏟는 사람으로 여겨지며, 하나님의 사명에 헌신한다는 이유로 특히 존경을 받는다. 이런 공감대가 형성된 공동체 안에서는, 일반적으로 누군가가 직업을 버리고 "전임 기독교 사역자"가 되는 일을 승리라고 생각한다. 이전에는 한 주에 몇 시간 정도만 교회에서 봉사하고 재정적으로 선교 후원하는 역할 정도만 했을 뿐이었다. 하지만 이제는 하나님 나라를 위해서 더욱 실제적으로 일할 수 있다. 논리적으로 따지면 그렇다.

젊은 복음주의자들 사이에는, 전 세계에 하나님의 일을 넓혀 나가야 한다는 생각이 강하다. 그렇기 때문에 교회가 전도의 중요성을 포기하지는 않는 한도에서, 구호 사역과 사회 정의 운동을 중점적으로 벌여야 한다고 주장하는 이들이 있다. 물론 이러한 목표가 옳은 것인가, 지옥 불에서 영혼을 구원하는 일보다 급한 일인가에 대해서는 논란이 많다. 하지만 하나님의 일이 과연 무엇이냐는 문제와는 별개로, 젊은 전통적 복음주의자들은 하나님을 위해 살아야 한다는 점에 모두 동의할 것이다.

여기서 우리는 하나님을 위한 삶의 자세의 중심에 무엇이 있는지 알 수 있다. 우선, 하나님께 맞추는 삶의 자세를 생각해 보자. 이 자세는 이 우주적 사과의 중심에 하나님의 뜻이 놓여 있다고 믿는다. 하나님과 상관없는 삶은 자연법칙과 원리가 그 중심에 있다고 주장한다. 하나님께 요구하는 삶은 자아와 그 요구를 중심에 둔다. 하나님을 위한 삶이 말하는 우주적 사과를 쪼개 보면 그 가운데에는 사명이 있을 것이다. 따라서 이 자세에 따르면 위대한 목표는 모든 사물과 사람을 규정한다. 하나님이 일을 시작하시면 우리는 그것을 이루어 나간다. 개개인은 그 일과 어떤 관계를 맺는지에 따라 존재한다. 개개인은 그 일에 동참하고 있을 수도 있고, 그 일의 대상이 될 수도 있고, 그 일에 방해물일 수도 있으며, 그 일에 도움이 될 수도 있다. 이런저런 방식으로 사람들은 어떻게든 그 일에 관계를 맺고 동참하고 있는 것이다. 만약 이렇게라도 동참하고 있지 않다면, 그는 앞으로 일에 동참해야 하는 비만 기독교인일 뿐이다.

대학생들은 평생 하나님을 위한 삶이라는 찌개 속에서 펄펄 끓여진 상태였다. 이들은 그리스도와 하나님 나라를 위해서 가장 많이 희생하고, 가장 많이 일한 사람이 높이 평가되는 공동체에서 살아왔다. 또 학생들은 하나님을 위해서 세상을 변화시키는 일이 중요하다는 메시지를 반복적으로 들어왔다. 그 결과 이들은 전적으로 자신들이 하나님을 대신해서 어떤 일을 할 수 있는가라는 기준에 따라 스스로를 바라보게 되었다. 자신들의 삶에 죄가 있는지 없는지의 문제조차 자신들이 하나님을 위하여 얼마나 쓸모가 있는가 하는 렌즈를 끼고 바라보게 된 것이다.

또한 수많은 성경 말씀이 하나님을 섬기는 삶을 긍정하며 찬양하고 있기 때문에 이 자세는 더욱 옹호된다. 사도 바울은 이러한 입장을 가장 잘 드러내는 인물이다. 기적적으로 회심한 뒤에, 하나님은 바울을 불러 예수님의 말씀을 유대인 공동체 너머 로마 제국 전체에 전하도록 하셨고 많은 사람이 예수님을 믿게 되었다행 13:1-2. 이 부르심은 바울을 사로잡았고, 그는 평생 신실하고 끈기 있게 이 도시에서 저 도시로 복음을 전하며 살았다. 바울은 좋은 소식을 선포하고, 개종자들을 가르치며, 교회를 개척하고, 지도자를 세워 자신이 다른 곳으로 여행을 떠나기 전에 교회를 이끌도록 했다. 그리고 전도 여행 와중에 맞기도 했고, 투옥되기도 했으며 난파를 당하기도 하는 등 상상할 수 없는 어려움을 겪었다.

그 모든 과정에서 사도 바울은 스스로를 "예수 그리스도의 종"이라고 칭했다. 감옥에 갇혔을 때는 자신을 "그리스도 예수의 일로 너희 이방인을 위하여 갇힌 자"라고 썼다엡 3:1. 바울은 다른 이들이 그리스도를 알게 하는 데 모든 노력을 경주했다. 바울은 말했다. "내가 여러 사람에게 여러 모습이 된 것은 아무쪼록 몇 사람이라도 구원하고자 함이니 내가 복음을 위하여 모든 것을 행함은 복음에 참여하고자 함이라"고전 9:22-23. 바울은 분명히 사명에 동참한 사람이었으며, 그 사명은 그의 평생을 지배했다.

바울과 다른 사도들을 부르셔서 복음을 계속 전하도록 하신 일은 신약 성경을 관통하는 주제다. 차후에 다루도록 하겠지만 하나님의 일은 지금도 변함없이 엄청나게 중요하다. 하지만 많은 기독교 활동가들은 성경 말씀을 볼 때 다른 측면을 간과한다. 결과적으로 그들은 기독교인의 핵심 가치를 일이라고 규정하는 실수를 저지르게 된 것이다. 나를 오해하지는 말기 바란다. 나 또한 더 많은 기독교인이 하나님이 우리를 부르신 선한 일들에 동참하기 원한다. 하지만 바울이 스스로에게나 다른 이들에게 기대했던 삶은 하나님을 위해 사는 삶이 아니었다. 바울은 일평생 하나님의 일에 주력했지만, 하나님의 일이 그의 삶을 규정하는 전부는 아니었다. 바울서신을 주의 깊게 읽다 보면 놀랄 만한 사실이 드러난다. 바울에게는 하나님의 일을 포함한 모든 것을 무색하게 하는 최고의 목적이 있었다는 점이다. 그것은 바로 하나님 자신이다.

감옥에 잡혀서 하나님을 위해 더 많은 일을 할 수 없었을 때조차 사도 바울은 빌립보 교회에 다음과 같이 편지를 썼다. "또한 모든 것을 해로 여김은 내 주 그리스도 예수를 아는 지식이 가장 고상하기 때문이라 내가 그를 위하여 모든 것을 잃어버리고 배설물로 여김은 그리스도를 얻고 그 안에서 발견되려 함이니"빌 3:8-9. 여기에서 바울이 사용하는 언어가 인상적이다. 바울이 "안다"는 말을 쓸 때, 이 말은 누구에 대한 표면적인 지식을 의미하는 것이 아니라 친밀한, 경험적인 지식을 뜻한다. 바울은 다른 그 무엇보다도 그리스도와 나누는 이러한 인격적인 관계를 가치 있게 여겼기 때문에 사슬에 묶여서도 기뻐할 수 있었다.

그리고 바울은 다른 사람들에게 자신의 간절한 소망을 담아 권면할 때에 하나님을 위해서 더 많은 일을 하거나 그리스도와 하나님 나라를 위해서 세상을 변혁하라고 하지 않았다. 이러한 일들도 그 자체로 훌륭하고 중요한 일이기는 하지만 말이다. 대신에 바울은 신자들에게 "조용히 자기 일을 하고 너희 손으로 일하기를 힘쓰라"살전 4:11라고 말한다. 바울이 이러한 말씀을 했다는 사실은 의미심장하다. 사실, 바울이 "조용히" 살았다고 할 수는 없다. 그는 가는 도시마다 소동을 일으켰고 심지어 폭동이 일어나기도 했다. 하지만 그는 자신이 맡은 특수한 사도의 소명이 모든 사람에게 적용되지 않는다는 점을 분명히 알고 있었다. 바울은 에베소서에서 모든 기독교인이 추구해야 할 보편적인 목표를 분명하게 밝혔다. 그리고 이 목표는 엄밀하게 따질 때, 하나님을 위해서 어떤 일을 해야 한다는 내용은 아니었다.

> 이러므로 내가 하늘과 땅에 있는 각 족속에게 이름을 주신 아버지 앞에 무릎을 꿇고 비노니 그의 영광의 풍성함을 따라 그의 성령으로 말미암아 너희 속사람을 능력으로 강건하게 하시오며 믿음으로 말미암아 그리스도께서 너희 마음에 계시게 하시옵고 너희가 사랑 가운데서 뿌리가 박히고 터가 굳어져서 능히 모든 성도와 함께 지식에 넘치는 그리스도의 사랑을 알고 그 너비와 길이와 높이와 깊이가 어떠함을 깨달아 하나님의 모든 충만하신 것으로 너희에게 충만하게 하시기를 구하노라(엡 3:14-19)

다시 한 번 말하지만, 나는 하나님이 세상에서 벌이시는 사역의 중차대함과 그 안에서 우리가 담당한 특수한 사명을 무시하지 않는다. 하지만 우리는 지난 장에서 아무리 좋은 것이라고 하더라도 그것이 궁극적인 것이 되면 우상으로 변한다는 사실을 살펴보았다. 마찬가지로 기독교 활동가들은 하나님이 홀로 차지하셔야 하는 유일한 자리를 하나님의 일이라는 좋은 목적으로 대체하려는 유혹을 느낀다. 역설적인 점은, 사람들로 하여금 하나님께 요구하는 삶의 자세가 갖는 이기적인 면모를 버리게 만들려는 열망을 갖고 노력했다고 해도 그저 하나의 우상을 다른 우상으로 대체하는 일에 지나지 않을 수도 있다는 사실이다. 하나님 자신보다 하나님의 일을 우선시하는 점이 하나님을 위한 삶이 지니는 첫 번째 문제. 역사상 가장 유명한 선교사인 바울은 이러한 실수를 저지르지 않았다. 그는 이방인에게 복음을 전해야 한다는 그의 소명과, 그리스도와의 연합이라는 그의 보물이 같지 않음을 알고 있었다. 사실, 바울 사도도 그리스도와 함께 나누는 교제가 뿌리내리고 영글면서 그리스도를 위해 일할 수 있었다.

이 두 가지를 혼동할 때 나타나는 위험은 매우 실제적이다. 산상 수훈 말미에 예수님께서는 하나님을 위해 큰일을 행했지만 궁극적으로는 예수님 자신을 사모하지 않은 이들에 대해서 두려운 말씀을 하신다. "그날에 많은 사람이 나더러 이르되 주여 주여 우리가 주의 이름으로 선지자 노릇 하며 주의 이름으로 귀신을 쫓아내며 주의 이름으로 많은 권능을 행하지 아니하였나이까 하리니 그때에 내가 그들에게 밝히 말하되 내가 너희를 도무지 알지 못하니 불법을 행하는 자들아 내게서 떠나가라 하리라" 마 7:22-23.

영향력

하나님의 일을 우상으로 만들어 버리는 일은 하나님을 위한 삶의 자세가 초래하는 흔하면서도 심각한 문제다. 왜냐하면 이는 에덴동산의 반역—교묘하게 하나님을 왕좌에서 내리고 우리가 조종할 수 있는 어떤 대상으로 대체하는 일—을 계속해서 저지르는 것이기 때문이다. 그러나 하나님을 위한 삶의 자세는 이러한 근본적인 죄를 넘어서 폐해를 끼친다. 하나님을 위한 삶은 우리가 살펴보았던 다른 자세들과 마찬가지로 우리의 두려움을 없애는 대신 특정한 공포를 증폭시킨다.

학생들은 종종 졸업 뒤에 어떤 일이 자신을 기다리고 있을지 걱정한다. 젊은이라면 누구나 이런 걱정을 한다. 하지만 많은 학생에게는 이러한 걱정이 지나친 나머지 괜찮은 직업을 찾아야 한다는 정도의 문제로 그치지 않는다. 그들은

'세상에 영향을 미쳐야 한다'는 생각에 고착되어, 몇몇 학생은 집착 증세를 보이기까지 한다. 이들은 무의미한 삶을 살까봐 두려워한다. 이들은 훌륭한 일을 이루지 못할까봐 혹은 그런 훌륭한 일들을 충분히 이루지 못할까봐 두려워한다. 이러한 세태 뒤에는 사람들의 가치가 자신들이 달성한 일에 의해 결정된다는 하나님을 위한 삶의 믿음이 있다. 한 번은 한 학생이 나에게 물어 왔다. "내 인생을 가지고 무슨 일을 해야 할까요?" 그 학생이 정말로 알고 싶어 했던 질문은 바로 이것이다. "어떻게 내가 가치 있는 사람이라는 것을 증명할 수 있을까요?"

하나님을 위한 삶은 무가치함에 대한 두려움을 먹고 자라며, 그 위에 기름을 붓는다. 그렇게 생겨난 불은 아마도 세상에 보이기로는 경건한 야망이나, 하나님의 일이 진행되는 것을 보고자 하는 거룩한 소망처럼 여겨질 것이다. 마치 사도 바울의 인생에서 명백하게 드러나는 종류의 추진력처럼 말이다. 그러나 두려움이라는 연료로 만들어 낸 불꽃은 바울이 보여 준 평화, 기쁨 또는 사랑과 같은 모습을 드러내지 못한다. 오히려 끊임없이 자신의 가치를 드러내려고 추구하다 보면 얼마 못 가서 파괴적인 결과를 낳게 된다.

하나님이 우리를 지으신 본질적인 의도는 우리로 하여금 사명을 실천하도록 하시기 위함이었다. 하나님은 인류가 땅을 다스리며 땅을 채우며 땅을 정복하여 하나님의 창조 질서와 그 아름다움을 에덴동산의 범위를 넘어 땅끝까지 충만하게 하라고 부르셨다. 그러나 하나님과 함께 지속적인 연합을 누릴 때에만 이러한 일을 할 수 있다. 자신의 삶이 무가치해질까봐 두려워하는 마음으로는 할 수 없고 하나님이 우리를 사랑하심을 확신할 때 할 수 있는 일이기 때문이다. 하나님께 반역하여 하나님과의 교제가 깨지고 나서도 인간은 하나님이 맡기신 사명 즉, 땅을 정복하고 다스리라는 부르심을 인지할 수 있었다. 하지만 하나님 없이, 그분의 임재와 사랑에 힘입지 않고 이 소망을 추구한 결과, 생명을 주는 선한 의도로 시작된 일도 왜곡되고 파괴적인 방향으로 치닫게 되고 말았다. 그리고 하나님의 사랑받는 자녀로서 가치를 찾기보다는 우리가 좇는 사역에서 가치를 찾게 되었다.

때로 무가치함을 극도로 두려워하는 사람들이 가장 큰일을 이루기도 한다. 그들은 자신이 이룬 훌륭한 업적 때문에 높이 평가받고 인정받는다. 하지만 그 업적이 그들의 두려움을 완화시켜 주는 것은 다음 목표를 성취할 때까지 아주 잠깐 동안에 지나지 않는다. 게다가 그들의 추진력에는 어두운 면이 있다. 고든 맥도널드Gordon MacDonald는 이것을 "사명지상주의"missionalism라고 명명했다. 사명지상주의란 "자기 삶의 가치는 굉장한 목표를 성취함으로써 결정된다고 믿는 믿음"이다. 그는 말한다.

사명지상주의는 아주 서서히 시작되는데, 대개는 리더의 태도에서 일차적으로 나타나기 시작한다. 그리고 오래지 않아 사명이 시간, 관계, 건강, 영적 깊이, 윤리, 믿음의 확신 등 거의 모든 분야를 통제하기 시작한다. 이 상태가 더 진전되면, 사명지상주의는 문제를 해결하기 위해서라면 필요한 것은 무엇이든 할 수 있다는 데까지 나아가게 된다. 이것이 반복되면, 최악의 경우 결과가 항상 수단을 정당화시키게 된다. 그래서 가정도 등한시하고, 건강도 희생되며, 도덕적 진실성도 흔들리고, 하나님과의 관계 또한 제한적이게 된다.[1]

학생들을 지켜본 결과, 나는 그들이 사명지상주의의 초기 증상을 보이고 있음을 알 수 있었다. 이 바이러스는 그들이 유년기일 때 침투하여, 좋은 의도를 가진 교회와 단체들 및 학교라는 제반 환경을 통해 배양된다. 광범위한 복음주의 하위문화도 이 바이러스를 성장시키는 데 한몫 한다. 이런 학생들의 경우, 고등학교 졸업이 다가오면, 심리적 압박이 극에 달한다. 사회에 첫발을 내딛는 그들에게 졸업이란, 업적을 통해 자신의 가치를 증명해 보여야 하는 첫 시험 무대가 되기 때문이다.

영화 제작자 필 비셔Phil Vischer는 가족용 크리스천 비디오 시리즈 "베지 테일"Veggie Tales, '밥'이라는 토마토와 '래리'라는 오이 및 각종 야채와 과일들을 컴퓨터 작업으로 생성한 크리스천 성품 교육 애니메이션으로, 우리나라에서는 EBS에서 '야채 극장'이라는 제목으로 방영되었다_역자 주을 연달아 성공시킨 인물이다. 그는 하나님을 위한 삶을 추구하는 환경에서 자라났다. 그의 삶은 무가치한 존재가 되는 두려움이 어떻게 해서 젊은이들에게 주입되는지를 보여 준다. 비셔에 따르면, 그가 자라난 공동체에서 영웅으로 칭송받은 이들은 진취적이고 건설적이며 하나님 나라의 확장을 위해 막대한 공헌을 하는, 소위 "기독교계의 록펠러" 같은 사람들이었다고 한다. 그들은 대규모 사역을 추진하거나 세계를 변하게 하는 혁명적인 성과를 거둔 인물들이었다. 그런 사람들을 보며 자란 비셔는 영향력이 전부라고 결론 내리게 되었다. 그는 "하나님은 우리가 미치는 영향력을 작게 하려고 부르시지 않으셨다! 당신은 얼마나 많은 아동을 유년 주일 학교로 인도했는가? 당신이 구원한 영혼은 몇 명인가? 교회 규모는 어느 정도인가? 얼마나 많은 사람이 당신의 노력으로 천국에 있겠는가? 당신! 영향력을 발휘하라!"라고 썼다.[2]

하지만 2003년도에 사업이 부도나면서, 비셔는 자신이 의심 없이 물려받아 젊은 시절 내내 좇았던 하나님을 위한 삶이라는 가치관이 과연 타당한지 의문을 제기하게 된다.

> 성경을 파고들수록, 나는 그동안 속고 있었다는 것을 깨닫게 되었다. 나는 복음과 프로테스탄티즘의 윤리와 아메리칸 드림을 혼합한 아주 위험한 칵테일을 마시며 자랐다. …… 이제 와 돌이켜

보니, 그때 내가 따르던 구세주는 벤저민 프랭클린(Ben Franklin), 헨리 포드(Henry Ford)와 예수님을 동량으로 섞은 것이었다. 나의 영원한 가치는 내가 무엇을 성취할 수 있나에 달려 있었다.[3]

영화 제작자로서 위기를 맞은 비셔는 삶에 쉼표를 찍고, 하나님에 대한 자신의 자세를 다시 점검했다. 그러나 비셔와 달리, 사람들은 하나님을 위한 삶에서 파생되는 지속적인 불만을 그보다 훨씬 늦게 체감하는 편이다. 30대 후반의 한 목사는 이렇게 고백했다. "교회는 성장하고, 어딜 가든 신명나는 일들뿐이다. 하지만 개인적으로 내가 하고 있는 일들이 점차 불만족스럽게 여겨진다. 나는 불안하고 고단하다. 이 상태로 얼마나 오래 버틸 수 있을지 의문이다. 어째서 나는 하나님과의 교감이 왜 이토록 제한적일까? 결혼 생활에 대해서도 어째서 이토록 죄책감이 드는 걸까? 재미가 사라진 게 언제부터였을까?"[4]

이런 고민을 하는 목회자는 그 한 사람뿐만이 아니다. 갈등과 극도의 피로, 도덕적 실패 때문에 매달 1,500명에 달하는 목회자가 목회 현장을 떠나고 있음을 입증하는 연구 결과가 있다고 이미 말했다.[5] 하나님을 위한 삶의 자세에 기초한 사역이 실제로는 이런저런 중독적인 행동을 유발한다는 것을 보여 주는 연구 결과들도 있다. 일부 목회자들은 자신이 가치 있고 중요하다고 느끼게 해 주는 칭찬을 더 이상 받지 못하면, 거기에서 오는 고통을 무마시키기 위해 은밀한 쾌락을 추구하기도 한다.

데이브 존슨Dave Johnson은 미네소타 주 미니애폴리스Minneapolis, Minnesota 근처에 있는 열린문 교회의 담임 목사다. 그가 1980년에 이곳으로 임직되어 왔을 때, 이 교회는 아주 작은 교회였다. 그러나 12년 동안 그가 열심으로 헌신한 결과, 주목할 만한 대형 교회로 성장했다. 하지만, 그 시절에 대해 존슨은 이렇게 회고한다. "당시 저는 공허 그 자체였습니다. 아마 제가 탈진으로 쓰러지지 않았더라면, 사임했을 겁니다. 그때 저희 교회가 그 도시에서 가장 빨리 성장하는 열 교회 가운데 하나로 선정되어, 어떤 단체로부터 상패를 받았던 일이 기억나는군요. 그런 외적인 성장과 달리, 교회 내적으로는 엉망진창이었습니다. 제 삶 또한 말이 아니었고요."

당시 존슨은 영혼을 건강하게 유지하는 일과 성공적인 목회는 상호 배타적이라고 믿게 되었다. 하나님을 섬기는 삶은 희생을 요구했다. 가정도, 건강도 당연히 희생해야 했다. 하지만 목회에서는 가시적인 성공을 거두어도 영혼은 공허해지는 괴리감을 감당할 수 없었다. 결국, 존슨은 몇몇 교회 중직들과 함께 "숲 속으로 가서 그 상패를 나무에 걸어 놓고는 소총으로 쏴서 벌집을 만들어 버렸죠. 그 상패가 상징하는 바가 혐오스러웠습니다"[6]라고 회고했다.

교회 지도자들이 그리스도인의 삶을 이렇게 이해하고 행

동한다면, 그들이 느끼는 부담감과 두려움은 필연적으로 평신도에게 파급될 수밖에 없다. 담임 목사가 자신의 가치를 자기 사역이 미치는 영향력 여부에 따라 결정된다고 인식한다면, 그 목사가 양육하는 성도들은 가장 중요한 것이 무엇이라고 배우겠는가? 그런 어른들을 보며 자라는 새로운 세대 역시 자신의 가치는 자신의 업적과 비례한다고 당연하게 믿지 않겠는가? 이런 악순환이 충분히 지속되면, 하나님을 위해 업적을 세우는 삶이 가치 있는 삶이라는 암묵적 합의가 확립되어 아무도 의문을 제기할 수 없게 된다. 그 결과, 목회자들은 매달 1,500명꼴로 탈진해 버리며, 젊은이들은 근심·걱정으로 혼란스럽다. 교회 내에서도 이혼율은 꾸준히 상승하고, 가족은 와해된다. 하지만 아무도 멈춰서 이것이 진정 하나님이 의도하신 그리스도인의 삶인지 의문을 제기하지 않는 것 같다. 바울이 감옥에 갇혀 하나님을 위해 아무런 가시적인 성과를 내지 못하고 있을 때에도 기쁨에 가득 찰 수 있었던 비결이 무엇이었는지 아무도 묻지 않는다. 아니, 적어도 아무도 큰 목소리로 대놓고 묻지 않는다. 그런 질문 자체가 하나님의 일을 지체할 수 있기 때문에 감히 물을 엄두를 내지 못한다. 기억하라. 사역은 계속되어야 한다. **당신! 영향력을 발휘하라!**

나쁜 놈(2부)

앞에서 하나님께 요구하는 삶의 자세를 검토하며, 우리는 탕자의 비유를 살펴보았다눅 15:11-32. 기억하는가? 둘째 아들은 아버지와의 관계를 등한시하고, 아버지 재산에만 관심을 보였다. 그는 아버지에게서 받은 유산을 챙겨 고향을 떠났고, 방탕한 생활을 하며 그 많은 돈을 다 탕진하고 말았다. 결국, 무일푼이 된 그는 궁여지책으로 외딴 시골에서 돼지 치는 일을 한다. 그는 고향으로 돌아가 아버지께 용서를 구하고, 머슴으로 써 달라고 간청하기로 결심한다. 하지만 놀랍게도 고향으로 돌아갔을 때, 아버지는 기뻐 어쩔 줄 몰라 하며 아들을 품에 꼭 안아 주었다.

하지만 이것은 이 이야기의 일부에 지나지 않는다. 그 아버지에게는 이렇게 제멋대로인 둘째 아들과는 판이하게 다른 큰 아들이 있었다. 첫째는 아버지가 하라는 대로 다 하는 믿음직스럽고 순종적인 아들이었다. 그런데 망나니 같은 동생이 유산을 다 탕진하고 돌아왔는데도 아버지가 환영의 잔치를 열었다는 소식을 듣고는 분개했다. 사실 큰 아들은 집에서 음악 소리와 사람들 춤추는 소리가 들리자 발을 돌렸다. 축하 잔치에 동참하는 대신, 들로 나가 자신을 동정하는 혼자만의 쓸쓸한 잔치를 연다.

아버지는 큰 아들이 오지 않자, 나가서 그를 찾는다. 그리고 잔치에 같이 가자고 달랜다. 하지만 아들은 격노하여 소리친다. "내가 여러 해 아버지를 섬겨 명을 어김이 없거늘 내게는 염소 새끼라도 주어 나와 내 벗으로 즐기게 하신 일이 없더니 아버지의 살림을 창녀들과 함께 삼켜 버린 이 아들이 돌아오매 이를 위하여 살진 송아지를 잡으셨나이다" 눅 15:29-30.

많은 사람이 이 비유를 처음 들으면, 큰 아들을 동정한다. 큰 아들이 분노하는 것은 너무나 당연해 보인다. 어째서 망나니에다 제멋대로인 둘째에게는 잔치를 열어 주면서, 착하고 순종적인 큰 아들에게는 아무것도 해 주지 않는단 말인가? 그런데 이 두 아들은 지금까지 우리가 살펴본 두 자세를 대변한다. 욕심 많은 둘째는 하나님께 요구하는 삶의 핵심적인 특성을 묘사하고 있으며, 충직한 큰 아들은 하나님을 위한 삶을 예시한다. 하지만 비유를 들려주신 예수님은 첫째 아들을 칭찬하지 않으셨다. 예수님이 이 비유를 들려주신 실질적인 이유는 어째서 두 아들 모두 잃어버린 바 되었는지를 보여 주기 위해서였다. 즉, 하나님과 관계 맺음에 있어, 이 두 가지 방식 모두 핵심을 놓치고 있다는 말씀이다. 그것이 무엇인지 살펴보기 위해, 첫째 아들의 말을 주의 깊게 분석해 볼 필요가 있다. 그 속에서 다소 충격적인 표현들을 발견할 수 있기 때문이다.

우선, 큰 아들이 자신의 가치를 어디에 두고 있는지 주목해 보자. "내가 여러 해 아버지를 섬겨 명을 어김이 없거늘."

큰 아들은 아버지를 위해 살았다. 그리고 자신의 섬김에 상응하는 대가를 기대했다. 결국, 그도 둘째 아들과 다를 바가 없다. 두 아들 모두 아버지와의 관계에는 관심이 없었다. 대신 아버지한테서 무엇을 얻을 수 있을까에만 관심을 두었다. 둘째 아들은 자기가 원하는 것을 적나라하게 말하고 받아 간 반면, 좀 더 인내심 강하고 자기 훈련이 잘 된 큰 아들은 자기가 원하는 것을 얻기 위해 열심히 일하는 쪽을 택했다. 이 둘이 택한 방법은 극과 극으로 달랐다. 그러나 이들은 같은 대상을 원했다. 그리고 유감스럽게도, 그 대상은 아버지가 아니었다. 이 둘은 그저 아버지를 **이용**하려 했을 뿐이다. 둘 다 어리석은 나쁜 놈이었다. 다만 차이가 있다면, 큰 아들은 사회적으로 좀 더 용인될 수 있는 변종이라는 것뿐이다.

예수님은 바리새인들과 서기관들 앞에서 이 비유를 들려주셨다. 그들은 매우 헌신적인 종교 지도자들이었으며, 하나님을 섬기는 삶에서 자신들의 가치를 인정받고자 했다. 그렇다면, 예수님은 하나님을 섬기는 삶, 혹은 신실하게 순종하는 삶이 잘못되었다고 말하시는가? 절대로 그렇지 않다. 문제는 우리가 자신의 가치를 섬김과 순종에서 찾으려고 하는 데 있다. 바리새인들이 그랬듯이 큰 아들은 순종했기 때문에 자기가 의로운 사람이라고 느꼈다. 그러나 자기는 의롭다는 이 독선적인 거만함 때문에 자기보다 덜 가치 있다고 여겨지는 사람들을 향해 쓴 감정과 적개심과 분노를 갖게 되었다.

예수님은 큰 아들의 순종을 평가절하지도, 둘째 아들의 비도덕성을 지지하지도 않는다. 그보다는, 하나님께 요구하는 삶과 하나님을 위한 삶의 자세 모두 하나님이 그분의 백성에게 진정으로 바라시는 바를 정확히 잡아내지 못하고 있음을 보여 주려 하신다. 하나님을 기쁘시게 한다고 믿는 일에 삶을 송두리째 쏟아붓는 것은 그리스도인다운 삶의 본질이 아니다. 그렇게 한다고 해서 두려움이 사라지지도 않고, 죄의 속박에서 풀려나지도 않는다. 그렇다면, 하나님은 어디에 가장 큰 관심을 두고 계실까? 답은 아버지가 큰 아들에게 보인 반응에서 찾을 수 있다. "얘 너는 항상 나와 함께 있으니 내 것이 다 네 것이로되 이 네 동생은 죽었다가 살아났으며 내가 잃었다가 얻었기로 우리가 즐거워하고 기뻐하는 것이 마땅하다"눅 15:31-32.

아버지를 기쁘게 한 것은 큰 아들의 섬김이 아니라, 그가 아버지와 함께한다는 사실이었다. 아들과 함께하는 것, 그것만이 아버지가 가장 바라는 바였다. 아버지는 재산이 얼마며, 두 아들 중 누가 더 많은 재산을 소유할지에 대해서는 전혀 관심이 없었다. 두 아들은 아버지의 재산에 혈안이 되어 있었어도, 아버지는 두 아들에게 시선이 고정되어 있었다. 이야말로 두 아들 모두 이해하지 못한 점이다. 하나님께 요구하는 삶과 하나님을 위한 삶 모두 간과하고 있는 것 역시 이 부분이다. 하나님이 선물을 주신다면, 그것은 축복이다. 그리고 그분의 일을 하는 것은 중요하다. 하지만 선물도, 사역도, 하나님이 받아야 할 관심과 집중을 대신 차지해서는 안 된다.

우리는 종종 둘째 아들처럼, 하나님께로부터 무얼 받는가에 근거하여 자신의 정체성을 확립한다. 또는 큰 아들처럼, 하나님을 섬기면서 자신의 가치를 발견한다. 신앙 공동체들은 둘째 아들 같은 성도를 큰 아들 같은 성도로 변화시키고자 많은 노력을 기울인다. 하지만 그런 시도는 헛수고로 끝날 뿐이다. 아버지가 가장 중요하게 생각하는 것은 둘째 아들의 불순종이나 큰 아들의 순종이 아니라, 자기 아들들과 함께하는 것이기 때문이다. 이것은 우리 하나님 아버지도 마찬가지다. 하나님 마음의 중심에는 그분의 자녀들과 함께하고픈 갈망이 자리 잡고 있다. 우리가 이 사실을 깨달아야만, 에덴동산에서의 반역을 되돌리고 잃어버린 것을 회복할 수 있다.

6장
하나님과 함께하는 삶

유카타스트로피Eucatastrophe

그렇다면 과연 "하나님과 함께하는 삶은 어떤 것인가?" 내가 다섯 가지 자세를 다룰 때마다 가장 많이 듣는 질문이다. 다른 네 가지 자세는 상대적으로 쉽게 이해할 수 있다. 왜냐하면 우리에게 친숙하기 때문이다. 그 자세들은 대부분 우리가 경험했거나 접했던 종교 형태들과 일치한다. 그러나 슬프게도 하나님과 함께하는 삶은 그렇게 쉽게 접할 수 없기 때문에 그 실체를 형상화하기는 매우 어렵다.

1장에서 우리는 이탈리아 라벤나에 있는 고대 갈라 플라키디아 묘를 살펴보았다. 그런데 묘가 작기 때문에 몰려 들어간 관광객들은 어깨를 부딪칠 정도로 비좁게 서야 한다. 시각이 힘을 잃으면 후각이 예민해지는 법. 이 고대의 무덤은 정말 고대 무덤의 냄새를 풍긴다. 여기에다가 누군가 지나치게 뿌려 댄 향수 냄새와 종종 땀 냄새가 뒤범벅되면 참기 힘들 정도로 불쾌한 후각적 경험을 하게 된다. 출구 쪽에 가까이 선 관광객들은 단 몇 분이 지나지 않아 상쾌한 공기와 볕을 따라 탈출하고 싶은 마음이 간절해진다.

많은 사람이 교회와 기독교에 대해서 똑같이 느낀다. 이들은 큰 기대를 하고 와서 실망한 채 떠난다. 또는 이들은 여전히 기독교인이라고 생각하지만 그리스도께서 의도하신 것과는 다른 모습으로 하나님을 바라보고 있을지도 모른다. 이런 사람들과 하나님과 함께하는 삶의 경이로움과 아름다움을 논하기는 극히 어렵다. 왜냐하면 그들에게는 그러한 삶을 설명하기 위해 참조할 만한 경험이 전혀 없기 때문이다. 이들은 하나님과 함께하는 삶이 도대체 어떤 것인지 상상조차 할 수 없다. 그러한 삶은 이 어두운 세상이 드리운 그늘 아래 가려져 있기 때문이다. 17세기 수사였던 로렌스 형제Brother Lawrence가 본인이 하나님과 나누었던 깊은 교제에 대해서 말했듯이, "이러한 삶은 그것을 실천하고 경험한 사람만 이해할 수 있다."[1]

그러나 여전히 희망은 있다. 우리는 어두움에 영원토록 갇혀 있지는 않을 것이다. 갈라 플라키디아에서도 인내를 가지고 기다린 사람들은 뜻밖의 기쁨을 맛본다. 동전이 기부함에 떨어지면 환한 조명이 작동한다. 단지 몇 초에 불과하지만 갑자기 천국이 나타난다. 순식간에 모자이크는 베일을 벗고 드러나 모든 사람이 보게 된다. 선한 목자 그리스도가 에메랄드와 사파이어가 펼쳐진 낙원의 보좌에 앉아 계신다. 보이지 않던 소용돌이치는 무지갯빛의 별들이 갑자기 드러난다. 악취를 풍기던 관광객들은 잠시 다른 세계의 황홀함에 넋을 잃게 된다.

라벤나의 모자이크 천장처럼, 하나님과 함께하는 삶은 상상 저편에 머물러 있지만 반드시 드러나야 한다. 현재 우리는 그림자 뒤에 가린 아름다움을 상상조차 하지 못한다. 따라서 우리가 볼 수 있으려면 우리를 초월하는 한 빛이 반드시 나타나야 한다. 그리고 이야말로 정확히 하나님이 육체를 띠고 우리 안에 거하셨을 때 일어났던 일이다.

예수 그리스도의 강림은 기독교가 다른 종교와 구별되는 점이다. 우리는 그리스도께서 참으로 임마누엘이시기에 하나님이 우리와 함께하신다고 믿는다. 또한 그리스도 안에서 하나님이 기꺼이 온전하게 거하신다고 믿는다. 즉, 그리스도는 보이지 않는 하나님의 형상이다. 그리고 예수님이 오심으로, 하나님과 관계를 맺는 전혀 다른 한 방법이 나타났다. 그 전까지 우리는 공포와 통제라는 기본 구조의 변형하나님께 맞추는, 하나님과 상관없는, 하나님께 요구하는, 하나님을 위한 삶에 불과한 여러 종교들의 어두움 속에서 넘어지기 일쑤였다. 하지만 그리스도를 통해 불이 밝혀져, 우리는 완전히 다른 꿈인 하나님과 함께하는 삶을 향해 관심을 갖게 된다.

소설 《반지의 제왕》의 저자인 J. R. R. 톨킨 J.R.R.Tolkien은 종종 자신의 소설에서 유카타스트로피 eucatastrophe라는 이야기 기법을 사용했다. 재앙 catastrophe이 예측하지 못한 악을 의미한다면 톨킨은 기대치 못한 선의 등장을 나타내기 위해 "좋은"을 의미하는 그리스 접두어 'eu'를 덧붙여 새로운 용어를 만든 것이다. 톨킨의 정의에 따르면 유카타스트로피란 "이야기가 급작스럽게 행복하게 변하는 것으로서 독자에게 눈물이 날 정도로 엄청난 기쁨을 주는 기법"이다. 이러한 효과가 가능한 이유는 "진실을 순간적으로 맛봄"으로써 우리가 "탈골되었던 팔 다리가 갑자기 맞추어지듯 순간적인 안도감을 느낄 수 있기 때문이다."[2] 톨킨의 작품에서는 모든 소망이 사라진 것 같은 순간에 반복적으로 유카타스트로피가 나타난다. 독수리가 갑자기 하늘에서 급강하해서 구조를 한다던가, 로한의 기병들이 전쟁터에 때마침 도착한다던가, 백발의 간달프가 동틀 녘에 나타난다던가 하는 식으로 말이다.

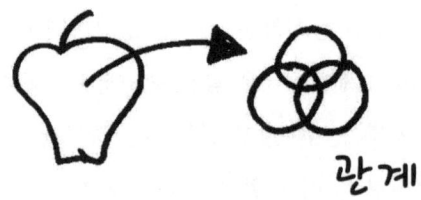

톨킨의 말을 빌리자면 예수 그리스도의 오심은 '유카타스트로피'다. 예수님은 빛이셨고 우리에게 순간적으로 진리를 비추셨다. 하나님과 관계 맺기 위해 인간이 고안해 낸 방식들은 모두 만족스럽지 않았고 결국은 정상적이지 않은 것으로 밝혀졌다. 그렇지만 그리스도 안에서 모든 것이 제자리에 맞아 들어갔고 기쁨이 생겨났다. 또한 예수님이 오시면서 이전에는 우리 시야에 가려져 있던 우주에 관한 진리에 빛을 비추셨다. 우리가 살펴본 네 가지 자세 모두 다른 방식으로 우주를 이해한다. 하나님께 맞추는 삶은 세계가 변덕스러운 하나님의 뜻에 따라 움직인다고 생각한다. 하나님과 상관없는 삶의 자세는 불변의 자연법칙을 그 핵심으로 본다. 하나님께 요구하는 삶은 세계가 자아와 그 욕구 둘레를 돌고 있다고 여긴다. 하나님을 위한 삶은 거룩한 사명을 모든 것의 중심으로 바라본다.

그러나 예수님의 신성과 성육신을 말하는 요한복음을 여는 첫 구절을 보면 우주를 바라보는 전혀 다른 관점이 제시된다. "태초에 말씀이 계시니라 이 말씀이 하나님과 함께 계셨으니 이 말씀은 곧 하나님이시니라 그가 태초에 하나님과 함께 계셨고"요 1:1-2. 이는 기독교 신앙이 지니는 본질적인 모순이다. 말씀이신 예수님이 모든 것 이전에 존재하셨고 하나님과 함께 계셨으며 하나님이셨다. 이 구절과 다른 많은 구절에서 삼위일체 교리가 나왔다. 한 분 하나님은 영원히 성부,

성자, 성령 세 위격으로 존재하신다. 삼위일체를 더 자세하게 알아보는 일은 이 책의 범위를 넘어서는 일이지만[3] 우주를 바라보는 기독교적 관점을 이해하려면 기본적인 삼위일체 교리는 필수적으로 알아야 한다.

    시간과 공간에 대한 물질적, 형이상학적인 이해를 벗겨 내고 우주의 본질적인 핵심으로 파고들어가 본다고 하자. 그렇다면 우리는 그 중심에서 무엇과 맞닥뜨릴 것인가? 하나님의 뜻이나 자연법칙, 개인적인 소망, 또는 지구적 사명을 만나지는 않을 것이다. 대신 우리는 자신 스스로와 영원한 **관계**를 맺으며 존재하시는 하나님을 보게 될 것이다. 이러한 인식은 우리의 세계관과 하나님의 천지 창조 이유에 대한 우리의 이해를 완전히 바꾸어 놓는다. 나는 케빈 드영 Kevin DeYoung의 설명 방식이 아주 맘에 든다. "성경적인 삼위일체에 따르면, 하나님이 창조 활동을 하신 이유는 무엇인가? 하나님이 인간에게 사랑받으실 필요가 있기 때문인가? 그렇지 않다. 단지, 완전한 상호 관계와 기쁨 가운데 거하시는 성부, 성자, 성령 하나님 사이에 언제나 존재하는 완전한 사랑이 넘쳐흘러 나갔을 뿐이다."[4]

    하나님과 함께하는 삶의 자세는 관계가 우주의 중심이라는 생각에 기반을 두고 있다. 바로 성부, 성자, 성령 하나님이 서로 함께하시는 관계다. 그렇기 때문에 하나님이 훼손된 인간과의 관계를 복원하시기 위해 그의 아들을 보내 우리와 함께 거하게 하셨다는 사실은 전혀 놀라운 일이 아니다. 자신의 창조물을 복원하려는 하나님의 계획은 우리가 지켜야 하는 규칙이나 의식들을 나열한 것도 아니며하나님께 맞추는 삶, 유용한 원칙들을 잘 따르는 것도 아니다하나님과 상관없는 삶. 또한 하나님이 우리가 원하는 것을 모두 들어주는 도깨비방망이를 주신 것도 아니며하나님께 요구하는 삶 우리가 달성해야만 하는 일 목록을 주시지도 않았다하나님을 위한 삶. 하나님은 단지 우리와 함께하시려고 스스로 오셔서, 태초에 에덴에서 하셨던 것처럼 우리와 함께 다시 걷기를 원하셨다. 예수님은 우리와 함께 이 무너진 세계에 계시면서 다른 방식으로 빛을 전하시기 위해 우리의 암울한 모습을 입고 오셨다. 예수님의 오심이야말로 선이 갑자기 영광스럽게 닥친 사건이다.

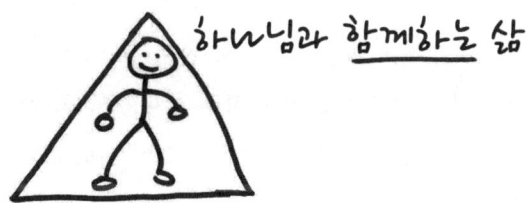

이 장에서 우리는 예수님이 보여 주신 하나님과 관계 맺는 법을 살펴보고 그것이 우리가 다루었던 다른 자세들과 어떻게 근본적으로 다른지 생각해 보겠다. 그리고 마지막 세 장

에서는 하나님과 함께하는 삶이 어떻게 진정한 믿음, 소망, 사랑을 알게 하는지 보도록 하겠다.

보물

　시작하기 전에 하나님과 함께하는 삶의 자세가 다른 네 가지 자세들과는 어떻게 다른지 이해해야 한다. 하나님께 맞추는, 하나님과 상관없는, 하나님께 요구하는, 하나님을 위한 삶은 각기 하나님을 다른 목적을 이루기 위한 도구로 여긴다. 하나님은 목적을 이루기 위한 방안일 뿐이다. 예를 들면, 하나님께 요구하는 삶에서 하나님은 단지 우리의 물질적인 욕구를 채워 주시는 분일 뿐이다. 하나님과 상관없는 삶에서는 하나님이 단지 법칙과 원칙을 제공하는 분이다. 하나님께 맞추는 삶에서는 순종을 통해 하나님을 조종해서 축복을 주시고 재앙을 그치게 하려 한다. 그리고 하나님을 위한 삶에서는 삶의 방향과 목적을 정하기 위해 하나님과 하나님의 일을 사용할 뿐이다.
　그러나 하나님과 함께하는 삶은 하나님을 사용해서 다른 목적을 이루려고 하지 않는다는 점에서 이들과 다르다. 이 자세의 목적은 단지 하나님이다. 하나님은 우리가 사용하는 방법이나 소비하는 상품이 되기를 멈추신다. 단지 하나님 자체가 우리의 모든 희망이 된다. 그러나 우리가 하나님을 진정으로 바랄 수 있으려면, 반드시 하나님이 어떤 분이신지를 분명하게 이해해야 한다. 대부분의 사람들이 다른 네 가지 자세로 이끌리는 이유는 이들이 하나님이 어떤 분이신지에 대한 확실한 비전이 없기 때문이다. 따라서 그보다 못한 무언가에 안주하게 된다.

나의 6살이 된 어린 아들 아이작은 심각한 설탕 중독자다. 내가 이를 깨닫게 된 계기가 있다. 아들이 막 걸음마를 하던 때, 마이너 리그 야구 경기장에 갔다. 그런데 아이가 케이크 가판대 옆 바닥에 떨어져 있는 설탕 가루를 보고 하는 짓이 가관이었다. 아들 녀석은 냉큼 무릎을 꿇더니 콘크리트 바닥을 핥기 시작했다. 그때 아이 엄마가 심장 마비에 걸지 않은 것이 다행이다. 이렇게 당에 미칠 정도로 집착하는 아들에게 "우리 '크렘 브륄레'차가운 커스터드 크림 위에 설탕을 뿌려 토치로 그을린 프랑스식 디저트 먹으러 갈까?"라고 했다면 단번에 거절했을 것이다. '크렘 브륄레'라는 말은 아이가 생각하기에는 맛없는 채소나 별로 먹고 싶지 않은 어른들이나 먹는 음식이라는 인상을 주기 때문이다. 그렇지만 만약 내가 다르게 이야기했다면 아들 녀석도 당연히 다르게 반응했을 것이다. "우리, 바닐라 푸딩에다가 설탕으로 덮은 다음에 용접기로 구워 버린 엄청 맛있는 거 먹을까?"

위험하기 때문에 금지된 활활 타오르는 불꽃과 엄청나게

많은 설탕의 개념이 결합되면, 어떤 꼬마 아이도 거부할 수 없을 것이다. 또 단지 말로 표현하는 것에 그치지 않고 그 디저트를 실제로 보여 준다면 게임은 끝난 것이다. 나는 아마 당장 뛰쳐나가려는 아이를 의자에 묶어 놓아야 할 것이다.

단어, 관념, 심지어 이미지조차 어떤 의미를 지니려면 우리가 그에 상응하는 이해의 틀을 가지고 있어야 한다. 하나님과 관계를 맺는 문제는 의미론의 차원을 훨씬 넘어서는 것이다. 그렇지만 경험상 사람들은 하나님에 대해서 듣거나 생각할 때, 온전하지 않거나 종종 완전히 잘못된 방식으로 하나님이 어떠한 분이신지를 이해하고 있다. 결과적으로 이들은 하나님을 열망하지 않는다. 이들은 하나님을 기껏해야 원하는 대상을 갖기 위한 유용한 도구쯤으로 여기고 만다. 그러나 이들의 상상력을 확대하고 수정할 수 있다면, 그들이 비교할 수 없는 아름다움을 볼 수만 있다면, 무조건적인 사랑을 깨닫고, 빛나는 영광을 인지하고, 순전한 선함을 경험하게 된다면, 하나님이 그저 우리를 용납하시는 신적 존재이거나 우리가 사용하는 도구 그 이상이라는 점을 깨닫게 된다. 다른 말로 하자면, 하나님은 우리의 보물을 지켜 주시는 방법이기를 멈추시고 우리의 보물 자체가 되실 것이다.

이것이 에덴에서 뱀이 저지른 가장 큰 속임수였다. 뱀은 교활한 질문으로 하나님에 대한 인간의 비전을 흐려 버렸다. 뱀 때문에 남자와 여자는 하나님의 선하심과 사랑을 의심하게 되었다. 그리고 그 거짓말 때문에 하나님에 대한 비전은 왜곡되고 가려졌으며 인간은 그보다 못한 것에 안주하게 되었다.

예수님의 제자인 마가가 기록한 이야기를 살펴보자. 마가복음 5장을 보면 "더러운 귀신" 들린 남자가 물가로 나와 예수님을 만났다. 아무도 그를 제어할 수 없었기 때문에 이 사람은 마을에서 쫓겨나 있었다. 고랑과 쇠사슬도 그를 제어할 수 없었다. 그는 밤낮으로 늘 소리 지르며 자기의 몸을 해하고 있었다. 그를 불쌍히 여기신 예수님은 이 남자를 치료해 주셨다. 무슨 일이 있었는지 들은 마을 사람들은 스스로 확인하기 위해 물가로 나왔다. "예수께 이르러 그 귀신 들렸던 자가 …… 옷을 입고 정신이 온전하여 앉은 것을 보고 두려워하더라 …… 그들이 예수께 그 지방에서 떠나시기를 간구하더라 예수께서 배에 오르실 때에 귀신 들렸던 사람이 함께 있기를 간구하였으나"막 5:15, 17-18.

이 이야기에서 사람들이 예수님께 여러 가지로 반응했다는 사실이 의미심장하다. 마을 사람들은 예수님의 힘을 보고 예수님을 두려워했다. '이런 힘을 가진 사람이라면 엄청난 손해를 끼칠 수도 있다. 예수는 우리 마을을 차지하고 우리 가족을 노예로 만들어서 우리 재산을 빼앗아 갈지도 모른다. 이렇게 힘센 사람이 그런 일을 하지 말라는 법이 있나?' 그렇기 때문에 이들은 예수님께 떠나시기를 간구했다. 그러나 고침 받은 남자는 예수님의 능력 이상의 것을 경험했다. 즉, 예수님의 선하심을 본 것이다. 고침 받은 사람은 예수님을 전혀 다르게 바라봤기 때문에 다른 반응을 보였다. 그는 예수님과 함께하기 원했다.

이와 같은 일은 오늘날에도 똑같이 일어난다. 하나님에 대해서 불완전하거나 더럽혀진 비전을 가진 사람들은 하나님을 단지 사용하거나 잊어버릴 뿐이다. 그렇지만 하나님을 완전하고 분명하게 바라보고 그 황홀한 아름다움을 체험한다면, 우리는 하나님과 함께하는 것 이외의 것을 구하지 않을 것이다. 하나님과 하나님의 성품에 대한 분명한 비전은 우리 안에서 생겨나는 것이 아니라, "보이지 아니하는 하나님의 형상"골 1:15이신 예수님 안에서 선물로 받는다. 그리고 예수님은 자신을 따르는 자들에게 이 점을 반복해서 분명히 말씀하셨다. 예수님은 종종 자신과 함께하기 위해서는 재산이나 다른 관계들, 직업조차도 기꺼이 버릴 수 있는지 물으셨다. 이렇듯 어렵고 때로는 공격적이기까지 한 질문을 던지시면서, 예수님은 누가 진정으로 예수님을 따르려 하는 자인지 아니면 단지 예수님이 자신들을 위해서 해 줄 수 있는 일에만 관심 있는 자들인지를 구별하셨다. 예수님께 마을을 떠나 달라고 간청했던 마을 사람들처럼 여전히 많은 사람이 예수님의 가치를 제대로 알아보지 못한다.

그렇지만 예수님의 진정한 가치를 본 사람들은 예수님께 더욱 가까이 나가기 위해 앞다투어 나아왔다. 특히 사회에서 잊히고 소외된 사람들이 대부분이었다. 이들은 세리, 창녀, 죄인들로서 당시 보편적인 가치관에 따르면 하나님께 나갈 수 없는 자들이었다. 이 바람직하지 못한 인간 군상들은 예수님을 따라 어디든지 떼를 지어 다녔다. 그리고 마침내 하나님과 관계를 맺기 위해서는 자신들의 자세만을 따라야 한다고 주장하며 미천한 대중을 배제했던 종교 지도자들의 분노를 사기에 이르렀다.

예수님은 하늘나라를 자신의 임재와 동일하게 여기셨고, 그 가치를 비슷한 용어로 표현하셨다. 예수님은 말씀하셨다.

> 천국은 마치 밭에 감추인 보화와 같으니 사람이 이를 발견한 후 숨겨 두고 기뻐하며 돌아가서 자기의 소유를 다 팔아 그 밭을 사느니라 또 천국은 마치 좋은 진주를 구하는 장사와 같으니 극히 값진 진주 하나를 발견하매 가서 자기의 소유를 다 팔아 그 진주를 사느니라 (마 13:44-46)

나는 사람들이 어떠한 자세를 지니고 살아가는지 알기 위해서 종종 사용하는 진단용 질문들이 있다. '당신의 보물은 무엇입니까? 당신이 어떤 목적과 바람을 가지고 살아가십니까? 당신이 가진 모든 것을 포기해서라도 얻기 원하는 것은 무엇입니까?' 이 질문을 던지고 받은 답변들이 얼마나 다양한지 짐작할 수 있을 것이다. 그러나 때로 어떤 사람들은 이 질문을 받으면 눈빛이 또렷해진다. 마치, 내 뒤에 있는 누군가 또는 무언가 바라보는 것처럼 말이다. 그리고 그들은 희미하게 미소를 지으며 말한다. "답은 그리스도입니다. 예수님은 나의 보배입니다." 이 사람은 하나님과 함께하는 삶의 가장 본질적인 기초를 깨달은 사람이다.

그렇지만 유감스럽게도 많은 교회나 목회자는 이를 잘 이해하지 못하고 있다. 우리가 예배하고 설교하며 프로그램을 돌리는 주된 목적이 무엇인가? 바로 숨 막히게 아름다운 예수 그리스도를 뚜렷이 보여 주는 일이어야 한다. 하나님이 누구시고 어떤 분이신지를 와서 볼 수만 있다면 당연히 하나님을 가장 귀한 보배로 여기게 된다. 그러나 많은 곳에서 그리스도를 바라보는 일은 종종 부차적인 아름다움에 가려져 있다. 사회적 가치를 조금 변형하거나 교회의 사명에 집중하는 일이 더 부각된다. 그래서 사람들은 교회에 잘 정착하지 못하고 실망하고 불만족스러운 상태로 떠나게 된다. 그러면 우리는 그것을 보며 당혹스러워 머리를 긁적일 뿐이다. "우리 교인들은 전도하는 걸 왜 그렇게 힘들어 하는지 모르겠어. 억지 춘향이라니까." 어느 목회자가 나에게 한 말이다. 아마도 그 교인들에게 시급한 일은 그리스도가 실제로 어떤 분이신지를 분명하게 보는 일이었으리라. 그 목회자도 보지 못했으리라 생각되지만.

재결합

하나님과 함께하는 삶은 우선 하나님을 다른 무엇보다도 귀하게 여기는 삶을 의미한다. 예수님 안에서 하나님이 드러날 때, 우리는 하나님을 보배처럼 여기게 된다. 그러나 이는 우리가 원하는 질문인 "하나님과 함께하는 삶이란 과연 어떠한 것인가?"에 대한 완전한 대답은 아니다. 하나님에 대한 비전을 가지면 하나님을 가장 귀한 보배로 여길 수는 있겠지만 그렇다고 그것이 하나님과 함께하는 삶은 아니다. 이 그림을 완성하려면 두 가지 요소가 더 필요하다.

막 운전면허증을 딴 젊은이가 있다고 해 보자. 아마 이 친구는 클래식 머스탱을 몰고 싶어서 미칠 지경일 것이다. 차가 있기 때문에 가능한, 전혀 다른 삶을 시작하고 싶어서 안달할 것이다. 우선, 이 젊은이는 그러한 삶에 대한 **비전**을 가져야 한다. 이 간절한 소원이야말로 머스탱이 그 친구의 보배가 되는 이유다. 그렇지만 머스탱을 보배로 여기는 마음과 머스탱과 함께하는 삶은 전혀 다르다. 함께하는 삶을 위해서는 두 가지 다른 조건이 충족되어야 한다. 첫째, 머스탱을 구입하든, 선물로 받든, 그것도 아니라면 도둑질을 하든 어떻게 해서라도 머스탱을 소유해서 그것과 **연합해야** 한다. 하지만 머스탱을 가지고 있다고 해서 머스탱과 함께하는 삶을 사는 것은 아니다. 마침내 머스탱을 차고에 갖다 놓는 데까지 성공했어도 그가 꿈꾸던 삶은 실현된 것이 아니다. 소유하는 것이 다가 아니라, 머스탱을 **경험**해야 하는 것이다. 운전을 해 보고, 길거리를 다니며 그 기계를 다루어야 한다.

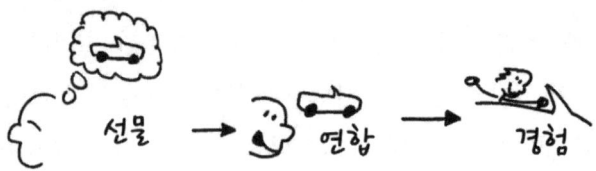

다소 투박하기는 하지만 이러한 비유는 하나님과 함께하는 삶에 그대로 적용할 수 있다. 우리가 하나님을 보배롭게만 여기고 하나님과 동행하지 않는다면 여전히 두 가지 질문이 남아 있는 것이다. 어떻게 하나님과 **연합**하고 어떻게 하나님을 **경험**할 것인가? 하나님과 함께하는 삶은 이 세 가지를 포괄하는 삶이다. 즉 보배롭게 여기기, 연합하기, 경험하기다.

물론 성경은 "하나님을 소유하기"가 사람이 재산을 얻거나 소유하는 방식과 같다고 말하지 않는다. 하나님은 클래식 머스탱처럼 전시장에 진열되거나 구입할 수 있는 피동적인 물건이 아니다. 신약 저자들은 "연합되었다" 또는 "화목하게 되었다"라는 말을 쓴다. 이 단어들은 관계적인 용어로서, 하나님과 인간의 관계에 존재하는 상호성을 강조한다. 고린도후서 5장에서 바울 사도가 하나님과 화목하라고 한 것은, 예전에 인간이 하나님과 연합하여 살았지만 그러한 연합이 현재에는 사라졌다는 것을 암시하고 있다. 그렇다면 우리는 반드시 다시 결합해야 한다. 즉 화목하여야 한다. 그런데 우리가 하나님을 보배롭게 여기고 열망하는 만큼이나 우리를 하나님과 함께하는 삶을 살지 못하도록 방해하는 세력이 있다. 바로 죄다.

기억하라. 태초부터 남자와 여자는 에덴동산에서 하나님 없이 자주적으로 살아가기 위해서 하나님께 반역을 저질렀다. 우리 모두는 이러한 반역을 계속 되풀이하고 있으며, 또한 그 방식은 수도 없이 다양하다. 여기에는 하나님을 사용하거나 조종하려고 하는 다양한 종교 형태들뿐만 아니라 하나님께 맞추는, 하나님과 관계없는, 하나님께 요구하는, 하나님을 위한 삶의 자세들도 포함된다. 이사야 선지자가 정확히 지적했다. "우리는 다 양 같아서 그릇 행하여 각기 제 길로 갔거늘"사 53:6. 하나님과의 연합을 깨뜨린 결과, 우리를 생명의 창조자와 괴리시켜 버린 결과는 죽음이다. 하나님과 다시 연합하기 위해서는 우리를 죽음으로 이끄는 죄라는 반역을 극복해야만 한다. 하지만 어떻게 그렇게 할 수 있겠는가?

감사하게도, 예수님은 단지 우리에게 하나님이 누구신지 아름답게 보여 주심으로써 우리가 하나님을 보배롭게 여기도록 하는 데 그치지 않으셨다. 예수님은 우리가 하나님과 화목되어 우리의 소원이 (그리고 하나님의 소원도 동시에) 이루어질 수 있도록 하셨다. 세례 요한은 예수님을 보고 다음과 같이 선포했다. "보라 세상 죄를 지고 가는 하나님의 어린 양이로다"요 1:29. 그러자 예수님도 말씀하셨다. "(인자가 온 것은) 자기 목숨을 많은 사람의 대속물로 주려 함이니라"막 10:45.

십자가가 기독교 신앙에 있어서 중요한 이유는 바로 이 때문이다. 십자가에서 예수님은 우리의 죗값을 본인이 받으셨다. 예수님은 우리의 죽음을 대신하셨다. 로마 십자가에 못 박히시면서 예수님은 부르짖으셨다. "나의 하나님, 어찌하여 나를 버리시나이까?" 예수님은 하나님과 완전한 분리를 감내하셔야 했는데 이는 모든 인간이 마땅히 받아야 할 것이었다. 이사야 선지자는 죄악에 빠진 인류를 유리하는 양에 비유했고, 그의 예언은 예수님이 우리의 죄를 대신하시리라는 말씀으로 이어진다. "우리는 다 양 같아서 그릇 행하여 각기 제 길로 갔거늘 여호와께서는 우리 모두의 죄악을 그에게 담당시키셨도다"사 53:6.

예수님이 십자가에 죽으심으로 우리를 막았던 죄와 죽음의 장벽이 사라지면서, 하나님과 화목되는 한 길이 드러났고, 우리는 하나님과 다시 연합할 수 있게 되었다. 우리가 해야 할 일은 단지 예수님이 우리를 위해 하신 일을 믿는 것뿐이다. 이것을 '믿음'이라고 한다. 예수 그리스도를 믿는 것이 우리가 하나님과 연합하는 길이다.

성경에 익숙하거나 교회 생활을 상당히 했던 사람들에게는 이 모든 이야기가 매우 진부하게 느껴질지도 모르겠다. 하지만 하나님과의 연합십자가를 통한 화목을 말하는 상당수의 기독교 메시지들은 하나님을 보배롭게 여기는 것과는 단절되어 있다. 결과적으로 많은 사람이 단지 죄를 용서받기 위해 예수 그리스도를 믿는다. 하지만 그 믿음은 단지 천국에 가는 차표를 받거나 지옥에 떨어지지 않는 방법일 뿐 하나님을 진정으로 사모해서 나오는 믿음이 아니다. 이렇게 되면 우리는 하나님을 "화재 보험"쯤으로 생각하는 함정에 빠지고 만다. 많은 사람이 이해하는 복음에 따르면, 하나님은 단지 방법, 수단일 뿐이며 신앙의 목적이나 보배가 되시지 않는다. 이것은 기독교가 말하는 복음이 아니다. 존 파이퍼John Piper는 이 문제를 분명히 다룬다.

> 예수님은 하나님을 바라보고 하나님을 음미하는 것보다 다른 일을 소중히 여기는 죄인들을 용서하시기 위해서 죽으시지 않았다. 그리스도가 천국에 없다면 오히려 기뻐할 사람들은 천국에 가지 못한다. 복음은 사람들을 천국으로 인도하는 길이 아니다. 복음은 사람들을 하나님께 인도하는 길이다. 복음은 하나님 안에서 영원히 지속되는 기쁨을 막는 모든 장애물을 극복하는 방법이다. 우리가 다른 무엇보다도 하나님을 원하지 않는다면, 우리는 아직 복음으로 거듭난 것이 아니다.[5]

1장에서 봤듯이 창세기의 태초부터 요한계시록의 종말까

지 하나님이 일관적으로 원하시고 집중하시는 일은 그의 백성과 함께하시는 것이다. 하나님은 남자와 여자와 함께 동산에서 거니셨고, 그들과 함께 창조물들을 다스리기 원하셨다. 그리고 요한계시록은 역사가 최고조에 이를 때 있을, 하나님과 인간의 재결합을 아름답게 그린다. "보라 하나님의 장막이 사람들과 함께 있으매 하나님이 그들과 함께 계시리니 그들은 하나님의 백성이 되고 하나님은 친히 그들과 함께 계셔서"계 21:3.

자기 백성과 연합하기 원하시는 하나님의 간절한 소망을 이루기 위해서 예수님이 십자가에 달리셨다. 예수님은 새로운 사명을 시작하기 위해 죽으신 것도 아니고하나님을 위한 삶, 우리에게 인생의 두 번째 기회를 주기 위해서 죽으신 것도 아니다하나님께 요구하는 삶. 예수님은 사랑의 법칙을 보여 주셔서 다른 사람들이 따라하도록하나님과 상관없는 삶 또는 하나님의 분노를 달래기 위해하나님께 맞추는 삶 십자가의 고통을 감내하신 것이 아니다. 이 모든 자세도 성경의 진리에 근거했고 성경도 동의한다. 하지만 십자가의 궁극적인 목적을 볼 때만 하나님이 우리와 함께하시려는 그 굽히지 않는 소원을 깨달을 수 있다. 십자가는 단지 우리를 죽음에서 구해 주시는 방법이 아니다. 십자가는 우리를 생명의 품으로 인도한다. 십자가는 우리가 보배를 얻는 방법이다. 십자가는 우리가 하나님과 연합하는 방법이다.

현재

지금까지 하나님과 함께하는 삶에 대한 열망은 하나님을 그저 수단으로 이용하려는 마음으로는 생겨나지 않으며, 하나님이 진정으로 어떤 분이신지를 알고 하나님을 보배롭게 여겨야만 시작된다는 점을 살펴보았다. 또한, 하나님과 함께하는 삶은 예수님이 십자가에서 하신 일, 즉 우리를 하나님과 분리시켰던 죄의 장벽과 죽음을 없애신 일 때문에 가능해졌다는 진리도 알았다. 우리는 그리스도를 통해 하나님과 연합하게 되었다.

슬프게도, 사람들은 기독교 신앙을 여기까지 탐구하고 그만둔다. 그리스도를 신뢰하고 십자가 희생의 완전성을 받아들이고 나면, 이 세상을 마치고 하나님의 거룩하신 임재 속에 들어가야 하나님을 더욱 깊게 경험할 수 있다고 생각한다. 이런 견해에 따르면, 예수님을 믿고 난 뒤의 삶은 단지 영생에 들어갈 때까지 겪는 불편한 유예 기간에 불과하다. 또, 이 지구도 단지 하나님을 기다리는 대기실에 불과할 뿐이다. 그러나 이는 성경이 가르치는 바와 일치하지 않는다.

사실 우리는 그리스도 때문에 하나님과 연합한 후에 하나님과 함께하는 삶을 **현재**에 경험하도록 초대받은 것이다. 이 세상과 우리 모두가 완전히 죄의 문제와 저주에서 벗어나야만 우리가 하나님을 온전하게 경험하게 된다는 사실은 맞다.

하지만 그렇다고 해서 현재에 우리가 하나님을 경험할 수 없다는 의미는 아니다. 하나님은 우리가 맛있는 케이크를 그저 들고 있는 것이 아니라 맛있게 먹기를 원하신다. 사도 바울은 불완전하지만 하나님을 현재에 알 수 있는 능력이 우리에게 있다고 말하였고, 앞으로 올 시대에는 우리가 그를 완전하게 알리라고 기록하였다. "우리가 지금은 거울로 보는 것같이 희미하나 그때에는 얼굴과 얼굴을 대하여 볼 것이요 지금은 내가 부분적으로 아나 그때에는 주께서 나를 아신 것같이 내가 온전히 알리라"고전 13:12.

하지만 바울과 다른 사도들은 또한 현재에 하나님을 알고, 오늘 하나님을 경험하는 것이 얼마나 실제적인 일인지를 강조했다빌 3:8; 갈 4:9; 요일 4:8. 성경에 기록되어 있는 "안다"는 말은 지식적이거나 인식적인 앎을 말하지 않는다는 사실을 반드시 알아야 한다. 이 단어는 개인적이고 친밀한 관계를 말한다. 몸이 방의 온도를 느끼는 것보다도 더욱 경험적이고, 상호적이며, 개인적인 관계를 맺을 수 있다는 뜻이다. 나는 달라스 윌라드Dallas Willard가 이 놀라운 진리를 잘 표현했다고 생각한다.

천국에 쌓아 놓은 보물들은 지금 당장이라도 사용할 수 있는 것들이다. 필요하다면 우리는 보물들을 쓸 수 있으며, 또 그래야만 한다. 왜냐하면, 그 보물이란 현재에도 내 삶과 연합해 계신 하나님 자신이시며, 하나님 나라의 놀라운 교제이기 때문이다. 현재에도 우리는 "시온 산과 살아 계신 하나님의 도성인 하늘의 예루살렘과 천만 천사와 하늘에 기록된 장자들의 모임과 교회와 만민의 심판자이신 하나님과 및 온전하게 된 의인의 영들과 새 언약의 중보자이신 예수"(히 12:22-24)께로 나아간다. 이는 머지않아 일어날 일이 아니라 현재 일어나는 일이다. 내세와 관계없이 모든 인간에게 가장 중요한 것은 현실로 이루어지고 있는 놀라운 하나님 나라에 참여하는 일이다. 영원은 현재에도 지속되고 있다. 나는 현재 영원토록 지속될 삶을 살고 있다.[6]

클래식 머스탱 비유로 돌아가 보자. 우리는 그리스도 안에서 단지 우리의 보물과 결합되었을 뿐만 아니라 열쇠를 받고 운전을 해 보도록 초대받았다. 그렇지만 불행하게도 몇몇 사람은 이러한 사실을 아예 배운 적이 없다. 몇몇 기독교 전통에서는 "하나님과 인격적인 관계"를 갖는다는 개념은 매우 친숙하여 상투적으로 느껴지기까지 한다. 그렇지만 내가 만나 본 많은 젊은이들에게 하나님과의 관계란 단지 하루에 15분씩 성경을 읽으며, 어려운 점을 해결해 주시도록 하나님께 요청하고, 어느 정도 교회에 잘 출석하는 정도에 지나지 않았다. 이들에게는 더 위대한 비전이란 없었다.

하나님과 함께하는 삶의 초기 두 단계하나님을 보배롭게 여기기와 연합하기와 마찬가지로, 예수님은 또한 하나님을 경험하는 것이 어떠한 것인지 몸소 본보기가 되어 주셨다. 복음서 저자들은 예수님이 종종 기도하기 위해서 혼자 있는 시간을 가지셨다고 기록하고 있다. 예수님은 하나님과 홀로 만나는 시간을 갖기 원하셨다. 그리고 예수님과 가장 가깝게 지냈던 제자들은 예수님의 습관에 깊은 호기심을 갖게 되었다. 예수님은 당시 다른 랍비들과는 다르게 기도하셨다. 그래서 그들은 물었다. "주여 요한이 자기 제자들에게 기도를 가르친 것과 같이 우리에게도 가르쳐 주시옵소서"눅 11:1. 이후로 기독교인들은 예수님이 가르치신 기도를 계속 드리고 있다. 주기도문마 6:9-13; 눅 11:2-4은 하나님께 우리가 원하는 요구 사항을 나열하는 수준을 훨씬 넘어선 것으로서 하나님과 함께 교제를 나누는 삶의 방식을 말하고 있다.

많은 사람은 기도가 단지 우리가 하나님께 말하는 일종의 의사소통 방식이라고 생각한다. 또한 몇몇 전통에서는 기도 중에 하나님이 우리에게 말씀하신다고도 한다. 그러나 이 두 경우 모두, 기도를 단지 의사소통으로 제한한다는 점에서 기도의 온전한 정의라고 할 수 없다. 의사소통도 분명히 기도의 한 측면이지만, 예수님이나 그의 제자들이 기도에 대해서 말씀하신 바를 포괄적으로 나타내지는 못한다. 예수님은 홀로 있는 시간이나 하나님께 말씀을 드리는 시간에만 아버지의 임재를 느끼셨던 것이 아니다. 오히려 예수님은 치유하시면서, 가르치시면서, 다른 이들을 섬기면서도 동일하게 아버지의 임재를 경험하셨다. 예수님은 자신이 아버지께 완전히 의탁하고 있다고 말씀하셨다. "아들이 아버지께서 하시는 일을 보지 않고는 아무것도 스스로 할 수 없나니 아버지께서 행하시는 그것을 아들도 그와 같이 행하느니라"요 5:19. 그리고 예수님은 반복적으로 자신이 현존하는 연합 가운데 아버지와 함께 거하신다고 말씀하셨다. "내가 너희에게 이르는 말은 스스로 하는 것이 아니라 아버지께서 내 안에 계셔서 그의 일을 하시는 것이라 내가 아버지 안에 거하고 아버지께서 내 안에 계심을 믿으라"요 14:10-11.

예수님은 분명히 사석에서나 공석에서 목소리를 내서 기도하셨겠지만, 그런 기도조차도 예수님이 아버지와 누리신 관계를 온전하게 설명해 주지는 못한다. 복음서를 더 자세히 읽다보면 예수님은 말씀하지 않으실 때에도 아버지와 끊임없

이 교제하고 계셨다는 사실을 깨닫게 된다. 기도를 단지 의사소통으로만 알았던 사람들에게 기도에 대한 이런 포괄적인 이해는 당황스러울 수도 있다.

1980년대, CBS의 앵커인 댄 래더Dan Rather가 테레사 수녀 Mother Teresa를 인터뷰를 하며 다음과 같이 질문을 했다. "수녀님, 기도를 하실 때, 하나님께 어떤 말씀을 하시나요?"

"저는 아무 말도 하지 않습니다." 테레사 수녀가 답했다. "저는 듣습니다."

"그렇군요." 래더는 이렇게 말하고, 다시 한 번 따져 물었다. "그럼 하나님이 수녀님께 말씀하실 때, 하나님은 어떤 말씀을 하시나요?"

"하나님은 아무 말 하지 않으십니다. 하나님은 들으시죠."

래더는 할 말을 잃고 당황했다.

테레사 수녀는 덧붙여서 말했다.

"제 말을 이해 못하신다면, 저도 어떻게 설명해 드릴 수가 없겠네요."[7]

기도를 교제로 바라보는 것은 바울이 기독교인들에게 "쉬지 말고 기도하라"살전 5:17라고 명했을 때 의도한 바다. 바울 사도는 우리도 예수님이 하신 것처럼 살아야 한다고 촉구한다. 즉, 말이 오가지 않아도 하나님과 계속 연결되어 있으라는 것이다. 이는 하나님의 영이 우리 안에 거하실 때 가능한 일이다.

예수님은 우리에게 성령을 보내시리라 약속하셨다요 14장. "그날에는 내가 아버지 안에 너희가 내 안에 내가 너희 안에 있는 것을 너희가 알리라"요 14:20. 예수님은 이야기를 계속하시며 우리를 초대하신다. "내 안에 거하라 나도 너희 안에 거하리라 가지가 포도나무에 붙어 있지 아니하면 스스로 열매를 맺을 수 없음같이 너희도 내 안에 있지 아니하면 그러하리라 나는 포도나무요 너희는 가지라"요 15:4-5. 내 안에 거하고 살라는 이러한 부르심은 지속적인 존재의 상태를 말씀하는 것이지, 가끔 한 번씩 이야기나 나누자고 초대하는 것이 아니다. 우리는 하나님과 지속적인 교제 가운데 거하도록 초대받았으며, 이는 우리와 함께 계신 하나님의 영이 거주하심으로 가능하다.

성령님을 통해 하나님이 우리 안에 거하시기 때문에 우리는 달라스 윌라드가 말한 것처럼 보물을 지금 가질 수 있다. 우리는 지속적이며, 끝이 없는 하나님과의 교제 가운데 살 수 있게 된다. 토머스 켈리Thomas Kelly는 짧지만 심오한 고전인 《헌신의 약속》A Testament of Devotion에서 이러한 삶에 대해 쓰고 있다. 그는 동시에 두 가지 일에 함께 관여하는 능력을 "동시성"simultaneity이라고 하면서 이야기를 이어간다.

> 정신적 삶은 한 순간에도 여러 수준으로 나뉠 수 있다. 한 수준에서 우리는 생각하며, 이야기하고, 눈으로 보고, 계산하며, 외적

인 일들을 수행한다. 그러나 동시에 우리는 외적인 모습 뒤에 깊은 곳, 아주 심오한 수준에서 기도를 드리고, 하나님을 경배하고, 찬양하고, 예배하며 부드럽게 거룩한 하나님의 생기를 받아들일 수 있다. 오늘날 세속 사회는 단지 첫 번째 수준만이 인간의 실제 삶이 이루어지는 곳이라 생각하여 이를 높이 평가하고 장려한다. …… 그러나 우리는 깊은 수준의 기도가 세상에서 가장 중요하다는 사실을 안다. 삶에서 실제적으로 중요한 것들은 이러한 깊은 수준에서 결정된다.[8]

이는 분명히 예수님이 살았던 삶이다. 병자를 만지시며, 고치시고, 사람들을 가르치시고 도우시는 선한 사역에 집중하시면서도, 예수님은 아버지와 지속적인 교제 가운데 계셨다. 즉 예수님과 함께 계시며, 예수님 안에 계시는 아버지를 항상 의식하고 계셨던 것이다. 물론 홀로 조용한 시간을 가지고자 애쓰셨지만, 예수님의 평소 사역이 아버지와의 관계를 억제하거나 제한하지는 않았다. 그 시간은 삶의 두 수준이 하나로 합쳐지는 순간이었다.

기도를 의사 전달이 아닌 교제로 바라볼 때, 기독교인의 삶에서 기도가 차지하는 위상이 달라진다. 하나님이 진정으로 우리의 보배시라면, 그리고 그리스도를 통해서 하나님과 연합한다는 믿음이 있다면, 기도는 기독교인의 의무가 아니라 기쁨이 될 것이다. 현재에 우리가 보물을 경험할 수 있는 방법이기 때문이다.

1982년 빌리 그레이엄Billy Graham 목사가 뉴욕에서 투데이 쇼라는 프로그램에 인터뷰를 하기로 되어 있었다. 스튜디오에 도착하자 방송국 프로듀서가 그레이엄 목사의 보좌관에게 와서 목사님을 위해 별도로 조용한 방이 준비되어 있다고 알려 주었다. 그 보좌관은 사려 깊은 배려에 감사를 표했지만 목사님께서는 방이 따로 필요하지 않다고 말해 주었다. 그 프로듀서는 세계적인 기독교 지도자가 전국 방송에 나갈 인터뷰 전에 기도로 준비하지 않는다는 사실에 다소 충격을 받았다. 그레이엄의 보좌관은 다음과 같이 말했다고 한다. "목사님은 아침에 일어나셔서 기도로 하루를 시작했습니다. 아침을 드시면서도 기도하셨고 차에서 오시면서도 기도하셨습니다. 그리고 아마도 인터뷰 중에도 기도하실 겁니다."[9]

빌리 그레이엄 목사는 하나님과 함께하는 삶이란 죽을 때까지 계속된다는 사실을 잘 알고 있었다. 하나님과 함께하는 삶은 기도를 통해서 오늘 맛볼 수 있는 삶이다. 기도하기 위해서 한적한 시간을 낸다고 하지만, 단지 그 시간에만 하나님과의 교제를 완전하게 누릴 수 있는 것은 아니다. 예수님은 두 가지 수준에서 삶을 영위해야 한다는 사실을 아셨다. 표면적 수준에서 예수님은 일상적인 활동을 하셨지만 더 깊은 수준에서는 자신의 보배와 계속해서 교제를 나누셨다.

7장
믿음으로 사는 삶

공중그네

공포와 통제는 인간 종교의 본질이다. 이에 대해서는 1장에서 에덴 이후의 인간 존재의 본질을 살펴보면서 다루었다. 우리는 혼돈, 추함, 결핍으로 규정되는 매우 위험한 세계에 살고 있다. 우리를 둘러싸고 있는 위험들을 인식한다면 우리는 두려워할 수밖에 없고, 따라서 통제력을 획득해서 우리의 두려움을 완화시키려고 노력한다. 통제를 하면 위험에서 스스로를 보호할 수 있고 따라서 우리의 공포를 줄일 수 있다고 믿는다.

이렇게 종교가 생겨난다. 2장에서부터 5장에 이르기까지 하나님께 맞추는, 하나님과 상관없는, 하나님께 요구하는, 하나님을 위한 삶이 어떻게 통제력을 확보하려고 하는지 살펴보았다. 기억을 되돌려 보자면 하나님께 맞추는 삶은 의식이나 도덕률을 지킴으로써 하나님의 축복을 확보하여 세계를 통제하려는 방식이다. 세상을 창조하신 하나님을 통제하는 것보다 세상을 통제하는 더 좋은 방법이 있겠는가? 하나님과 상관없는 삶은 약간 다른 방법론을 취한다. 이 태도는 자연법칙이나 성경에서 추출한 하나님의 초월적인 법칙을 이용해서 인생의 어려운 점들을 이겨 내도록 한다. 재앙을 피하고 싶은가? 그렇다면 하나님의 법칙에 따라 삶을 구성하라!

하나님께 요구하는 삶은 대개 결핍과 관계가 있다. 충분히 가지지 못했다는 것이다. 부와 건강과 명성을 넉넉히 축적하라. 그러면 다른 사람은 몰라도 자신만은 재앙으로부터 보호할 수 있다. 그리고 필요한 것들은 하나님으로부터 가장 잘 얻을 수 있다. 하나님을 위한 삶은 예수님의 비유에서 큰 아들이 보여 주듯이 충성되게 섬김으로써 하나님의 눈에 드는 것이다. 하나님을 위해 충분히 일을 하면 하나님이 당신을 보호하고 축복하실 것이다.

이 방법들이 모두 다른 접근법을 취하고 있지만 네 자세 모두 우리의 두려움, 특히 죽음에 대한 두려움을 경감시켜서 세상을 통제하려는 시도를 한다는 점에서는 동일하다. 그렇지만 이 모든 방법은 약속한 것을 이루어 주지 못한다. 몇몇 경우에 이들은 오히려 두려움을 더하고 우리가 사는 세상에 위험을 더할 뿐이다. 우리가 아무리 세상을 통제하려고 한다 한들 충분치 않기 때문이다. 우리는 유한한 피조물이기 때문에 우리의 안전을 완전히 담보할 정도로 이 우주를 통제할 힘을 얻지 못한다. 따라서 다양한 형태의 종교 모두 우리의 영혼에 평화와 안정을 가져오기는커녕 우리를 점점 빨라지는 쳇바퀴에 올려놓을 뿐이다. 더 많은 통제력을 얻기 위해 우리는 더욱 빨리 달리지만 절대로 목표에 이르지 못한다. 이러한 딜레마에 덧붙여, 내 안전, 내 공동체의 안전을 지키기 위해서는 종종 다른 사람, 다른 공동체의 희생이 필요하다. 내가 더 많이 가지려면 다른 사람은 적게 가져야 한다. 이런 점 때문에 갈등과 전쟁, 더 큰 두려움이 생겨난다. 인간 경험은 이 간단한 도표로 정리할 수 있다.

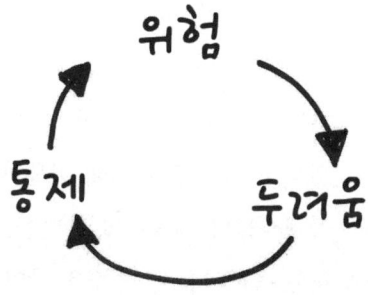

하지만 하나님과 함께하는 삶의 자세는 이와는 다른 종교 양식에서 출발한다. 왜냐하면 단순한 진리를 인정하기 때문이다. 즉 통제는 환상이라는 것이다. 아무리 많은 힘을 가진들 우리의 안전을 보장할 정도로 충분하지는 않으며, 우리의 두려움을 사라지게 할 수는 없다. 게다가 힘을 통해서 얻은 것들이 우리에게 아무리 큰 위안을 준다 한들, 플라시보 효과위약 효과에 그칠 뿐이다. 우리는 실제로는 안전하지 않은데 안전하다고 스스로를 속인다. 예수님은 수확을 풍성하게 거둔 한 부자의 이야기를 하시며 이 점을 잘 보여 주셨다눅 12장. 부자는 큰 곳간을 짓고서 곡식을 저장한 뒤에 스스로에게 말한다. "영혼아 여러 해 쓸 물건을 많이 쌓아 두었으니 평안히 쉬고 먹고 마시고 즐거워하자"눅 12:19. 그러나 부자가 몰랐던 사실이 있으니 그가 그날 밤에 죽는다는 것이다.

통제는 허상이다. 그렇다면 그 대안은 무엇인가? 우리는 어떻게 통제하려는 우리의 보잘것없는 노력에서 벗어나 두려움에서 자유롭게 될 수 있을까? 네덜란드 출신 사제이자, 교수이며 작가인 헨리 나우웬Henri Nowen은 남아프리카 공화국 공중그네 공연단인 '플라잉 로드레이'Flying Rodleighs 공연을 보고 그 답을 찾았다. 나우웬은 독일에 머물며 호기심에 공연을 찾았는데, 곡예사들의 예술성에 감탄을 금할 수 없었다. 그런데 나우웬은 곡예사들이 공중을 날며 회전하는 순간에 끝내 주는 공연 이상의 무언가를 보았다. 바로 '운동의 신학'theology in motion이었다.

나우웬이 보기에 하늘 높이 날아오르는 곡예사는 실제로 공중그네 공연의 주인공이 아니었다. 사람들이 공중에서 펼쳐지는 곡예에만 집중하다 보면, 이 묘기가 사실 동료가 자신을 확실하게 붙잡아 줄 것이라는 믿음에 달려 있다는 사실을 놓치기 십상이다. 그러나 이 곡예는 사실, 잡아 주는 동료가 전부라고 해도 과언이 아니다. 이 경험을 통해 나우웬은 하나님과 함께하는 삶을 새롭게 이해하게 되었다. 그는 다음과 같이 썼다. "잡아 줄 사람이 있다는 사실을 알 때에만 나는 자유롭게 날 수 있다."

나우웬은 자신이 만든 기독교인의 삶에 대한 새로운 은유를 더욱 완벽하게 체득하기 위해 직접 장비를 차고 공중그네에 올랐다. 예일과 하버드에서 가르쳤던 육십 대 양반이 낄낄거리며 공중을 날아다니는 모습을 상상해 보라. 그는 마치 아이가 된 양, 네트에 떨어지면 계속해서 다시 올라가겠다고 했다. 자신이 안전하다는 사실을 알기 때문에 높이나 부상의 두려움 없이 계속해서 아이처럼 행복해 할 수 있던 것이다. 그는 말한다.

> 우리가 공중에서 또 삶에서, 자유로우면서도 위험을 감수할 수 있으려면, 우리를 받아 주는 사람이 있다는 사실을 알아야 한다. 공중에서, 삶에서 떨어질 때에 누군가 우리를 잡아 줄 것이며, 우리는 안전하다는 사실을 알아야 한다. 가장 위대한 영웅은 가장 잘 드러나지 않는 법이다. 우리를 잡아 주는 그를 신뢰하라.[1]

나우웬의 공중그네는 신앙을 상징하는 좋은 예다. 신앙은 통제하려는 노력의 정반대다. 신앙은 통제력을 포기한다. 통제력은 환상이라는 진실, 우리는 통제력을 가진 적도 가질 수도 없다는 진실을 받아들이는 것이다. 더 많은 일을 통제해 나가며 두려움을 이겨 내기 위해 힘쓰는 것이 아니다. 오히려 하나님과 함께하는 삶이 말하는 해결책은 정확히 그 반대다. 통제력을 포기해서 두려움을 극복하라고 한다. 그렇지만 우리는 안전하다고 온전히 확신할 때에만 포기할 수 있다. 모든 것을 놓아 버렸을 때에라도 누군가 우리를 잡아 줄 것이라는 사실을 확신해야만 한다. 이러한 확신은 하늘에 계신 아버지가 우리와 함께하시기를 원하며, 우리가 떨어지도록 내버려 두지 않음을 신뢰해야만 생겨난다.

요한은 예수님의 가장 어린 제자였고, 부르심을 받았을 때는 십 대 소년에 불과했을 것이다. 황혼기에 접어든 요한은 자신을 완전히 변하게 했던 그 메시지를 기록했다. "우리가 그에게서 듣고 너희에게 전하는 소식은 이것이니 곧 하나님은 빛이시라 그에게는 어둠이 조금도 없으시다는 것이니라"요일 1:5. 예수님은 한 소식을 전하셨다. 하나님은 사람에게 완전히 선한 뜻을 가진 분이며, 신뢰할 수 있는 분이라는 내용이다. 하나님이 우리에게 선한 의지를 가졌다는 이 메시지는 예수님이 십자가에 죽으심으로 확증되었다. 요한은 계속해서 기록한다. "하나님의 사랑이 우리에게 이렇게 나타난 바 되었으니 하나님이 자기의 독생자를 세상에 보내심은 그로 말미암아 우리를 살리려 하심이라 사랑은 여기 있으니 우리가 하나님을 사랑한 것이 아니요 하나님이 우리를 사랑하사 우리 죄를 속하기 위하여 화목제물로 그 아들을 보내셨음이라"요일 4:9-10.

하나님의 사랑, 즉 우리를 향하신 그의 변함없으신 선하심을 경험적으로 알 때, 우리는 두려움에서 해방되어 하나님께 모든 것을 드리는 용기를 낼 수 있다. 오직 하나님과 함께하는 삶의 자세를 가질 때만 진정한 신앙과 진정한 포기가 가능하다. 요한이 말하듯이 "온전한 사랑이 두려움을 내쫓는다"요일 4:18. 우리가 하나님과 함께한다면, 우리가 하나님과 연합해서 그의 선하심과 사랑을 경험한다면, 두려움은 더 이상 우리를 옥죌 수 없다. 하나님과 함께하는 삶만이 하나님의 끝없는 사랑을 약속하기 때문에, 두려움과 그 두려움을 이기려고 통제력을 찾아 헤매는 끝없는 악순환을 끊을 수 있다. 우리가 하나님과 풍요로운 교제 가운데 거할 때 우리는 우리를 잡아 주는 사람이 우리를 떨어뜨리지 않을 것이라는 사실을 알고 자유롭게 날 수 있게 된다.

양치기

과거에 비해 훨씬 많은 사람이 도시나 교외 지역에 거주하기 때문에 오늘날 많은 사람은 양이 얼마나 어리석은지 잘 모른다. 2005년 터키에서 있었던 사건을 한번 살펴보자. '게바'라는 마을에서 한 양이 낭떠러지에서 뛰어 떨어지자 다른 1,500마리의 양이 따라서 같은 곳에서 떨어져 죽는 일이 있었다. 마을 사람들은 이 광경을 경악하며 바라볼 뿐이었다. 이 양떼로 생계를 유지하는 주인들은 낭떠러지 아래로 달려가 죽은 양들이 물결치듯 쌓여 있는 모습을 확인했다. 양 450마리 정도는 죽었지만, 놀랍게도 1,000마리 정도는 살아 있었다. 양이 점점 쌓이면서 충격도 점점 완화되었던 모양이었다. 어떻게 이런 일이 일어났는가? 양떼를 맡은 양치기들이 아침을 먹으러 떠난 사이 이 양털 뭉치들이 하늘을 날기 시작한 것이었다.[2]

동물을 돌보는 사람의 중요성은 동물의 지능과 반비례한다. 예를 들어 개의 경우, 사람이 돌보아 주지 않아도 어떻게든 살아남는다. 떠돌이 개들은 거리 생활에 적응해서 음식도 찾고, 차도 피하고, 새끼도 낳는다. 돌고래는 더 훌륭하다. 오히려 인간이 없으면 더 번창할 것이다. 그러나 이와 반대로, 양은 낭떠러지에서 뛰지 말아야 한다는 것을 모를 정도다. 그렇기 때문에 양이 생존하기 위해서는 양치기가 필요하다.

양이 이렇게 멍청하다는 사실을 알고 나면 성경이 계속해서 사람들을 멍청한 양에 비유하는 것이 언짢을 수도 있겠다. 그러나 이 비유는 길을 잃고 위험에 빠지기 쉬운 인간의 경향만을 말하고 있지는 않다. 물론 그러한 염려도 충분히 합당한 것이다사 53:6. 때로 양은 지능이 부족한 것 이외의 이유로도 위험에 처한다. 성경은 우리가 위험한 세상에 살고 있다고 말한다. 늑대도 있고 기근도 있으며 폭풍도 있다. 따라서 양과 같은 우리는 이 어두운 곳을 다닐 때 우리를 인도해 주고 보호해 줄 양치기가 필요하다.

하나님은 구약과 신약을 통틀어 스스로를 우리의 선한 목자라고 하신다. 이는 하나님의 인자하심과 우리의 연약함을 모두 강조하기 위해 사용하는 비유다. 그러나 성경에서 목자의 비유가 나타날 때는 대부분 두려움을 사라지게 하시는 하나님과 관련이 있다. 목자였던 다윗 왕은 가장 잘 알려져 있는 성경 구절에서 이런 감성을 표현하고 있다.

> 여호와는 나의 목자시니 내게 부족함이 없으리로다
> 그가 나를 푸른 풀밭에 누이시며
> 쉴 만한 물 가로 인도하시는도다
> 내 영혼을 소생시키시고
> 자기 이름을 위하여 의의 길로 인도하시는도다
> 내가 사망의 음침한 골짜기로 다닐지라도
> 해를 두려워하지 않을 것은
> 주께서 나와 함께하심이라
> 주의 지팡이와 막대기가
> 나를 안위하시나이다(시 23:1-4)

하나님이 함께하신다는 확신은 다윗의 두려움을 사라지게 했다. 심지어 죽음의 두려움도 다윗을 사로잡지 못했다. 다윗은 자신의 목자이신 하나님이 자신을 떠나지 않으리라는 사실을 알았다. 그는 모든 통제권을 내려놓을 수 있었고, 공중으로 날아오를 수 있었다. 다윗은 하나님이 자신을 잡아 주시리라는 것을 신뢰했다.

예수님도 목자의 비유를 드신다. "나는 선한 목자라 선한 목자는 양들을 위하여 목숨을 버리거니와 삯꾼은 목자가 아니요 양도 제 양이 아니라 이리가 오는 것을 보면 양을 버리고 달아나나니 …… 달아나는 것은 그가 삯꾼인 까닭에 양을 돌보지 아니함이나 나는 선한 목자라 나는 내 양을 알고 양도 나를 안다"요 10:11-14.

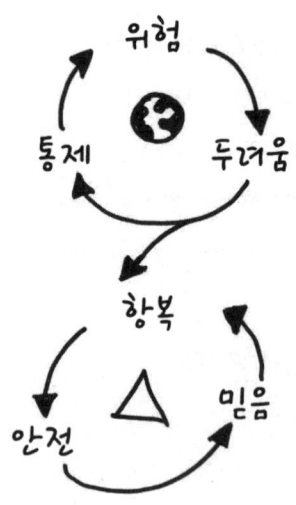

성경에서 **안다**고 할 때, 인식적인 지식을 말하지 않는다는 사실을 기억하라. 성경에서 말하는 앎이란 관계적인 지식, 즉 친밀한 관계를 말한다. 그렇기 때문에 예수님은 다윗 왕이 시편 23편에서 노래한 것과 똑같은 말씀을 하신다. 하나님을 알면, 즉 하나님과 함께하는 삶을 경험하면, 우리의 두려움은 사라진다. 우리의 양치기는 우리를 버려두지 않으시며, 늑대로부터 지켜 주시고, 사망의 골짜기에서도 우리와 함께 걸으신다. 우리와 **함께하시는** 하나님의 임재만이 두려움을 사라지게 할 수 있다. 도덕적으로 살아서 하나님을 좌지우지하는 우리의 능력이나, 또는 법칙이나 원리들을 잘 알아 우리의 주변 상황을 잘 조정하는 능력으로 두려움을 몰아낼 수 없다.

이는 아주 기초적인 이야기처럼 들릴 수 있다. 하지만 더 깊은 신학적 논의로 나아가기 위해서는, 하나님이 자기 양을 보호한다는 개념을 반드시 자세하게 살펴보아야 한다. 우리는 반드시 하나님과의 교제 가운데 이 진리를 깊이 내면화하고 경험해야 한다. 하나님의 사랑과 돌보심에 대해 확고한 신뢰가 있어야만 세상을 바라보는 관점이 변화될 수 있기 때문이다. 우리 곁에 선한 목자가 계시다는 사실을 알면 우주는 더 이상 두려움을 일으키는 장소가 아니며, 우리는 실질적으로 "해를 두려워하지 않을" 수 있게 된다.

달라스 윌라드는 우리가 실제로 하나님이 우리를 사랑하

시고 돌보신다는 사실을 받아들이기만 하면, "현 세상은 우리가 살기에 더없이 안전한 곳이다"[3]라고 했다. 물론, 우리는 에덴 이후의 시대에 살고 있기 때문에, 우리에게는 위험이 필연적으로 따른다. 하지만 우리가 하나님과 함께하기만 한다면, 하나님은 끝까지 우리를 지켜 주신다.

> 너는 두려워하지 말라 내가 너를 구속하였고
> 내가 너를 지명하여 불렀나니 너는 내 것이라
> 네가 물 가운데로 지날 때에 내가 너와 함께할 것이라
> 강을 건널 때에 물이 너를 침몰하지 못할 것이며
> 네가 불 가운데로 지날 때에 타지도 아니할 것이요
> 불꽃이 너를 사르지도 못하리니
> 대저 나는 여호와 네 하나님이요
> 이스라엘의 거룩한 이요 ······
> 두려워하지 말라 내가 너와 함께하여 (사 43:1-5)

다른 네 가지 자세들과 다르게 하나님과 함께하는 삶은 우리가 어떻게든 두려움을 이겨 낼 수 있다고 하지 않는다. 아예 두려움을 사라지게 한다.

그러나 만약 우리가 하나님과 함께 살지 않는다면, 그리고 다른 종교적 삶의 태도를 택한다면, 우리가 세계를 바라보는 눈은 변하지 않는다. 세계를 바라보는 눈이 변하지 않는다는

것은, 두려움과 통제의 악순환에 끊임없이 사로잡혀 있는 상태와 마찬가지로 기독교인의 삶이 약속하는 아름다운 모습들이 대부분 전혀 이해가 되지 않음을 의미한다.

예수님의 가르침 중 가장 잘 알려져 있는 산상 수훈을 생각해 보자. 예수님은 분노하지 말며마 5:21-22, 음욕을 품지 말며마 5:27-28, "악한 자를 대적하지 말라 누구든지 네 오른편 뺨을 치거든 왼편도 돌려 대며"마 5:39라고 명하셨다. 또한 우리에게 구하는 자에게 기꺼이 주며마 5:42, 원수까지도 사랑하라고 하셨다마 5:44. 보물을 땅에 쌓아 두는 것을 경고하셨고마 6:19, 무엇을 입고 먹고 마실지를 염려하는 어리석음을 경고하셨다마 6:31. 많은 기독교인은 예수님의 사역 중 이러한 가르침이 핵심이라는 점을 알면서도, 이를 비현실적인 것으로 치부해 버린다.

좋은 예가 있다. 몇 해 전, 교회에서 산상 수훈을 가르칠 기회가 있었다. 첫날, 반에 있던 서른 명의 장년부 신도들과 함께 본문을 큰 소리로 읽은 후, 간단한 질문을 던졌다. "여러분 예수님이 진심으로 이 말씀을 하셨다고 생각하십니까? 예수님은 설교하신 그대로 우리가 살아가기를 원하셨다고 생각하십니까?" 손을 들어 투표를 했는데 모두 "그렇지 않다" 쪽이었다. 예수님이 진심이 아니셨다고 생각했다. "왜 그렇습니까?" 내가 물었다.

한 여성분이 말했다. "그렇게 사는 게 가능한가요? 아무도 원수를 사랑하거나 원하는 것을 다 주지는 않잖아요. 예수님이 설명을 위해 조금 과장해서 말씀하신 거죠."

또 다른 남성은 말했다. "그건 비현실적입니다. 아마 그렇게 사는 사람이 있다면 전 세계 사람이 가서 뜯어 먹을 걸요?"

남은 시간 내내 이런 투의 대답이 계속됐다. 예수님의 가르침을 말하면서 **비현실적, 불가능한, 어리석은** 등의 단어가 수시로 등장했다. 수업에 참여한 사람들은 전반적으로 예수님이 가르치신 대로 살아가려고 힘쓰는 사람은 그러다 망해서 비참하게 살게 될 것이고, 절벽에서 뛰어내린 양처럼 멍청한 사람이라고 생각하고 있었다. 이 위험한 세상에서 산상 수훈의 가르침을 따라 살아가는 것은 자살행위와 같다.

한평생 교회를 다녔다는 기독교인들이 얼마나 고집불통인지, 나는 놀라고 말았다. 심지어 예수님은 산상 수훈 말미에 자신의 가르침을 듣고 행하지 않는 사람에 대해서 분명히 경고하셨는데도 말이다마 7:26-27. 물론 수업을 듣던 어르신들은 모두 예수님을 사모하는 분들로서, 예수님이 현실과 완전히 괴리되신 분이 아니었다고 주장하기 위해 다른 설명을 궁리해 내기도 했다.

"예수님은 하나님의 명령을 다 이행할 수 없다는 사실을 보여 준 겁니다. 예수님이 우리가 그렇게 실제로 살기를 원하신 건 아니죠." 누군가가 덧붙여서 말했다. "예수님은 우리가 하나님 말씀대로 살 수 없다는 것을 알게 해서 하나님의 은

혜가 필요하다고 느끼게 하신 겁니다. 그래야 우리가 용서를 구하며 하나님께 나아갈 수 있지 않겠습니까?"

스스로 기독교인이라고 자처하는 사람들이 순종은 둘째 치더라도 왜 예수님이 하신 말씀을 믿지 못할까? 사람들이 여전히 세계를 근본적으로 위험한 장소로 바라보고, 자신의 행복도 끊임없이 위태로운 상태에 있다고 여긴다면 원수를 사랑하고, 기꺼이 주며, 걱정 근심하지 않는 모습은 허상에 불과하다.

하나님과 함께 살아가며 하나님의 선하심과 사랑을 경험적으로 알게 될 때, 어둔 그림자는 사라지고 이러한 명령도 합당하게 여겨질 것이다. 선한 목자가 나를 돌보시기 때문에 영원토록 안전하다고 믿는다면, 세계는 안전한 곳이 되고 두려움에서 해방될 것이다. 그러면 몰래 쌓아 두지 않고 줄 수 있다. 하루하루를 걱정하지 않고 감사함으로 즐기며 살 수 있다. 앙갚음하기보다는 용서할 것이며, 심지어 나를 해하려는 사람도 사랑할 수 있다. 하지만 이는 모두 하나님이 언제나 나를 사랑하시며 돌보신다는 신뢰다른 말로는 신앙에서 시작한다.

엄청나게 많은 교회와 기독교 사역 단체가 있음에도 불구하고 사람들이 예수님의 가르침에 순종하지 못하는 이유는 그들이 하나님과 함께하는 삶을 살고 있지 않기 때문이다. 성경의 가르침과 명령은 강력하고도 분명하게 그리고 반복적으로 선포되고 있을지 모르겠다. 하지만 선한 목자이신 하나님과 직접 교제를 나누며 살아가면서 세계관이 변하지 않는한, 경험적으로 **안전하다**는 사실을 알지 못하는 한, 직관에 반대되는 그리스도의 명령을 순종할 수는 없다.

목소리

1956년 1월 27일, 한밤중에 전화기가 울리고 마틴 루터 킹 주니어Martin Luther King Jr. 목사는 잠에서 깼다. 킹 목사는 두 가지 목소리를 듣게 된다. 첫 번째 목소리가 수화기를 타고 들려왔다. "잘 들어 이 검둥이 새끼야! 너라는 인간, 네가 하고 다니는 짓이 아주 지긋지긋하거든. 삼 일 내로 이 도시를 떠. 그렇지 않으면 네 머리통하고 너희 집, 다 날려 버릴 테니까."4) 딸깍.

젊은 침례교 목사는 두려움에 질려 잠을 이룰 수 없었다. 식탁에 커피 한 잔을 따라 놓은 뒤, 손으로 머리를 감싸고 앉았다. 어떻게 하다 일이 이 지경이 됐지?

두 달 전 일이었다. 42세의 재봉사였던 로자 파크스Rosa Parks라는 여성이 앨라배마 주 몽고메리Montgomery, Alabama에서 버스에 올랐다. 세 정거장이 지나자 버스는 가득 찼다. 운전기사 J. F. 블레이크J. F. Blake가 백인 승객이 서 있는 모습을 보고는 "검둥이들은 뒤로 가!"라고 명령했다. 모든 사람이 말을 듣고 일어섰지만 파크스는 자리를 지키고 있었다. "일어나라고!" 블레이크가 소리 질렀다.

"싫어요." 파크스는 이렇게 대답하고 경찰이 체포할 때까지 자리에 앉아 있었다. 몽고메리의 버스 보이콧승차 거부 운동이 시작되었다.[5]

이 운동을 주동한 사람들은 마을의 흑인 목사들이 자신들을 지지해 주기를 바랐다. 그리고 그 중 제일 어렸던 목사가 바로 26세 마틴 루터 킹이었다. 사실, 처음에 킹은 이 일에 너무 깊게 관여하기를 꺼려했다. 그래서 모임에 초대를 받고도 잠시 생각해야 할 시간이 필요하니 다시 전화해 달라고 말했다. 마침내 킹 목사는 이 운동에 참여하기로 결정했다. 그렇지만 주최자들이 이미 모임을 킹 목사의 교회에서 개최하기로 결정해 놓았다는 사실을 보면, 그에게 그다지 선택권이 있던 상황 같지는 않다. 하지만 놀랄 일은 이제부터 시작이었다.

모임에서 킹은 보이콧 운동 위원회의 회장으로 선출되었다. 사실은 다른 지도자들이 신참인 킹에게 "책임을 떠맡긴" 것이었다. 킹이 기억하기에도 "모든 일은 정말 빠르게 진행되었고, 곰곰이 생각해 볼 시간이 없었다. 만약 생각할 여유가 조금이라도 있었더라면 나는 그 자리를 마다했을 것이다."[6]

며칠 지나지 않아 킹은 백인 시민 위원회의 주요 공격 대상이 되었다. 협박 편지와 외설적인 전화가 끊이지 않았고, 그의 아내와 어린 딸을 해치겠다는 위협도 계속됐다. "거의 매일 빼놓지 않고 누군가가 와서 백인들이 저를 제거할 계획을 세우고 있다는 얘기를 엿들었다고 말해 줬습니다." 그러던 차, 1월 27일 밤에 전화가 온 것이다. "삼 일 내로 이 도시를 떠. 그렇지 않으면 네 머리통하고 너희 집, 다 날려 버릴 테니까."[7]

킹은 "죽을 정도로 두려웠으며" 두려움이 "온몸을 마비시킨 것처럼" 자신을 압도했다고 고백했다. 한 잔 커피 앞에서 그는 어떻게 해야 겁쟁이처럼 보이지 않으면서 몽고메리를 떠날 수 있을지를 고심했다. "이런 일을 더 이상 견딜 수 없다는 결심에 이르렀다. 나는 당시 약했다." 킹은 어두운 부엌에서 기도하며 하나님께 모든 두려움을 고백했다. 이 때, 킹은 두 번째 목소리, 즉 내면의 목소리를 듣는다.

"정의를 위해서 일어나라. 공의를 위해서 일어나라. 진리를 위해서 일어나라. 내가 세상 끝 날까지 너와 함께할 것이다." 이 목소리는 "나를 버리지 않을 것이며, 나를 홀로 내버려 두지 않으리라 약속했다. 절대로 혼자가 아니다. 절대로 혼자가 아니다. 하나님은 나를 절대 버리지 않으리라 약속하셨다. 나를 홀로 내버려 두지 않으시리라 약속하셨다."[8]

킹 목사는 이 목소리가 예수님으로부터 온 것이라 직감했고, 그 순간 모든 두려움은 사라졌다. 킹 목사는 독실한 가정에서 자라나 신학 교육을 받고 목회자로 훈련을 받았지만, 그날 밤 부엌에서 진정으로 친밀하게, 인격적으로 하나님을 깊이 만났다. 생애 처음으로 하나님이 자신과 함께하신다는 사실을 실제적으로 느낀 것이다. 킹 목사는 그 목소리가 자신에게 '나는 두려움 없이 이겨 낼 수 있다. 나는 무슨 일이든 당해낼 수 있다'라고 확신을 불어넣어 주었다고 말했다.

4일 후, 하나님이 언제나 함께하신다는 확신 가운데 생겨난 이 새로운 용기를 시험할 순간이 찾아왔다. 그가 제일침례교회에서 버스 보이콧 운동 집회를 이끄는 동안 아내와 두 살 난 딸은 집에 머물고 있었다. 연설을 마치자 한 교인이 들어와 소리를 질렀다. "목사님, 집에 폭탄이 터졌어요!"

도착해 보니 집 앞면이 파괴된 채 불타고 있었다. 분노한 수백 명의 흑인이 집을 둘러쌌고 계속 더 많은 사람이 사방에서 모이고 있었다. 백인 경찰관들이 질서를 유지하려고 애썼지만, 성난 군중도 칼, 방망이, 병, 총 등으로 무장하고 있어 분위기는 험악했다. 킹은 아내와 딸이 무사한 것을 확인하고는 둘러싼 사람들을 밀치며 검게 그을린 현관 쪽으로 나아갔다.

킹 목사는 사람들에게 진정하라고 손짓했다. 그는 "전쟁을 불사하겠다"는 사람들에게 "칼을 쓰는 자는 칼로 망한다"라는 예수님의 말씀을 전했다. 그리고 담담하게 말했다. "우리는 원수라도 사랑해야 합니다. 원수라 할지라도 선하게 대해야 합니다. 그들을 사랑해야 합니다. 우리가 그들을 사랑한다는 사실을 알게 해야 합니다. …… 우리는 옳은 일을 하고 있습니다. 우리는 정의로운 일을 하고 있습니다. 하나님은 우리와 함께하십니다."

한 목격자에 따르면, 이때 많은 사람 얼굴에 눈물이 맺혔다고 한다. 성난 군중은 무기를 내려놓고 "나 같은 죄인 살리신" 찬양을 부르기 시작했다. 킹 목사 부인도 후일, 그날에 대해 이야기했다. "아마 그때가 몽고메리 역사상 가장 어두운 밤이라고 할 수 있을 거예요. 하지만 하나님의 영이 우리 마음속에 계셨습니다."[9]

킹 목사가 불탄 집 잔해 위에 서서 몽고메리 흑인들에게 원수를 사랑하라고 말하는 장면은 민권 운동의 방향을 바꾸어 놓았다. 킹 목사는 이전에도 사랑하고 용서하며 폭력을 사용하지 말아야 한다고 설교했었다. 한 역사가는 이렇게 평했다. "이때부터는, 이상에 불과했던 일들이 실제로 이루어집니다. …… 수백만 명의 사람이 모두 생각을 바꾸게 된 것은 아니겠습니다만, 적어도 그들의 마음이 동요하는 순간이었습니다."

진정한 변화는 폭탄이 터진 현관에서가 아니라 4일 전, 고요한 부엌에서 이루어졌다. 그 부엌에서 커피 한 잔을 놓고 기도할 때, 두려웠던 마음이 언제나 함께하신다고 약속하신 그분에 대한 믿음으로 바뀌었다.

쏘는 것

나는 여러분이 무슨 생각을 하고 있는지 알고 있다. '좋은 이야기군, 그렇지만 12년 후에 킹 목사는 살해당하지. 안전하게 지켜 주신다는 선한 목자는 어디에 계셨던 것인가?' 이는 당연한 질문이며, 하나님과 함께하는 삶이 우리의 두려움을 없애고 진정한 신앙을 갖게 한다는 점을 확신하려면 올바른 해답이 있어야 한다.

마틴 루터 킹 주니어는 용기를 내어 통제하려는 욕망을 내려놓고, 예수 그리스도를 신뢰하였으며, 원수를 사랑했지만 결국 39살의 나이로 요절했다. 그리고 우리에게는 잊지 말아야 할 한 분이 더 계시다. 바로 예수님이다. 예수님은 산상 수훈의 "비현실적인" 가르침들을 실천으로 옮기시다가 결국은 자신의 백성에 의해 버림받고, 지도층에 의해 십자가형을 당하셨다. 아마 "눈에는 눈"이라는 풍조에 조금 타협하고 "다른 뺨도 돌려대라"라는 원칙을 조금만 덜 고수하셨으면 이런 비극적인 결과를 맞지는 않으셨으리라. 그렇다면 하나님과 함께하는 삶이 안전한 세계를 보장한다는 증거가 어디 있는가? 하나님과 함께하는 삶은 더욱 고통스러울 뿐만 아니라 죽음을 재촉하는 길처럼 보인다. 누가 그런 삶을 원하겠는가?

이를 이해하기 위해서는 두 가지를 반드시 기억해야 한다. 첫째, 하나님과 함께하는 삶의 자세는 무엇보다도 하나님을 보배롭게 여기는 마음에서 생겨난다는 점이다. (지난 6장에서 자세하게 살펴보았듯이) 이는 "네 마음을 다하고 목숨을 다하고 뜻을 다하여 주 너의 하나님을 사랑하라"마 22:37라는 부르심에서 시작한다. 우리가 이 세계를 귀하게 여기고 그 안에서 편안한 삶을 오래오래 누리려 한다면, 실제로는 하나님과 함께 살고 있는 것이 아니다. 직설적인 언어로 유명한 야고보 사도는 다음과 같이 말씀하셨다. "세상과 벗 된 것이 하나님과 원수 됨을 알지 못하느냐"약 4:4. 따라서 세상에서 지위를 얻고, 주위 사람들에게 인정을 받으며 오래 살기 위해 하나님을 찾는다면, 예수님의 가르침을 완전히 놓친 것이다.

둘째, 하나님과 함께하는 삶은 영원히 끝나지 않는다는 점을 기억하자. 로마 십자가나 암살범의 흉탄이 우리의 육체를 소멸할 수 있을지 모른다. 하지만 우리의 진정한 실체, 우리의 삶은 하나님과 함께 그리스도 안에 영원히 감춰져 있다. 예수님은 자신에게 속한 자는 영원히 살아 죽음을 맛보지 않는다고 약속하셨다. 예수님은 당연히 죽음이 단지 신체 기능이 중지되거나 두뇌에 전기적 자극이 멈추는 것 이상임을 너무나도 잘 알고 계셨다. 진정한 죽음이란 모든 생명을 창조하시고 지키시는 분인 살아 계신 하나님과 분리됨이며, 진정한 생명이란 하나님과의 연합이다.

따라서 영생은 하나님과의 끝없는 연합이다. 많은 사람은 육체가 죽을 때 영생이 시작한다고 믿기 때문에 육체적 삶은 일시적이며 현재의 삶은 덜 중요하다고 생각한다. 하지만 하나님과의 연합이 바로 오늘, 우리 삶에서 약속된 일이라는 점을 알면 우리의 가치관은 변한다. 하나님과 함께한다면 우리의 영생은 지금부터 시작해서 영원히 지속된다. 지금 하나님과 함께 살아가고 있는 우리의 삶은 절대로 끝나지 않는다.

하나님이 우리의 보배가 되시며, 우리가 하나님과 영원한 삶을 누린다는 이 두 가지 진리는 우리가 직면하는 죽음이라는 가장 큰 두려움을 사라지게 한다. 아무도 우리가 가장 소중히 여기는 보물을 빼앗을 수 없다면, 또 그 보물이 우리 삶의 원천이라면, 우리가 두려워할 것이 무엇인가? 사실 이 때문에 가장 큰 두려움인 죽음의 순간은 오히려 우리가 고대하는 순간이 된다. 이를 믿기 때문에 바울 사도는 감옥에서 담대하게 외칠 수 있었다. "이는 내게 사는 것이 그리스도니 죽는 것도 유익함이라"빌 1:21. 또한, 이를 믿었기에 아돌프 히틀러Adolf Hitler를 죽이려고 계획했던 디트리히 본회퍼Dietrich Bonhoeffer 목사도 처형 직전에 이렇게 말할 수 있었다. "이제 끝이 나는군요. 하지만 나에게는 삶의 시작입니다."[10]

바울 사도, 본회퍼, 킹 목사, 그리고 또 수없이 많은 사람이 그리스도 안의 보물을 발견했고, 두려움 없이 죽음을 향해 걸어 나갔다. 선한 목자께서 영원히 돌보아 주심을 알았기 때문이다. 예수님이 말씀하셨다. "내 양은 내 음성을 들으며 나는 그들을 알며 그들은 나를 따르느니라 내가 그들에게 영생을 주노니 영원히 멸망하지 아니할 것이요 또 그들을 내 손에서 빼앗을 자가 없느니라"요 10:27-28.

예수님은 단지 말로만 가르치셨을 뿐만 아니라, 그 삶으로 실천하셨다. 겟세마네 동산에서 붙잡히기 전 예수님은 아버지께 모든 것을 드렸다. 비록 고문과 죽음이 기다린다는 사실을 알았지만 예수님은 기도하셨다. "나의 원대로 마시옵고 아버지의 원대로 하옵소서"마 26:39. 예수님은 모든 것을 드렸다. 모든 것을 내려놓았다. 예수님은 아버지가 자신을 잡아 주실 것임을, 죽도록 내버려 두지 않으실 것임을 믿었다. 장사된 지 사흘 만에 예수님은 다시 살아나셨다.

부활 때문에 우리는 죽음의 두려움에서 자유하게 되었다. N. T. 라이트N.T.Wright는 다음과 같이 설명한다. "비록 많은 오해가 있지만, 부활의 순간에 죽음은 패배했다. 부활은 죽음을 번복하는 것이 아니다. 부활은 죽음을 뒤엎는 것이다."[11]

그리스도를 신뢰하여 하나님께 스스로를 내어놓은 사람들은 그리스도의 부활에 참예한다. 이 부활 때문에 우리는 바울과 함께 다음과 같이 선포할 수 있다. "사망아 너의 승리가 어디 있느냐 사망아 네가 쏘는 것이 어디 있느냐"고전 15:55.

예수 부활의 사실을 우리 자신의 것으로 받아들인다면, 우리는 신앙을 하나님께 두는 일이 더없이 합리적인 것이라는 사실을 알게 된다. 우리를 떠나지도, 버리지도 않으신다는 하나님의 약속을 굳게 믿을 때, 우리는 환경을 통제하려는 부질없으면서도 피곤한 욕구를 놓아 버릴 수 있다. 그리고 다른 사람들이 안전과 안락을 보장하는 길로 나가려고 악다구니판을 벌일 때, 영원한 삶을 보장 받은 가운데 쉴 수 있다. 누군가 레슬리 뉴비긴Lesslie Newbigin 주교에게 미래에 대하여 낙관적인지 비관적인지 물었다. 그는 기독교 신앙의 확신을 가지고 대답했다. "나는 비관적이지도, 낙관적이지도 않습니다. 예수 그리스도가 죽은 자 가운데서 살아나셨습니다!"12)

세계는 위험한 곳이고 사람들은 충분히 가지지 못해 두려움에 떨며 살아간다. 이들은 가장 기초적인 필요, 즉 의식주를 확보하기 위해서 고생하며 투쟁한다. 하나님께 맞추는, 하나님과 상관없는, 하나님께 요구하는, 하나님을 위한 삶은 우리를 두려움과 위험에서 구원해 준다고 약속한다. 하지만 그것들도 결국은 어찌할 수 없는 죽음의 필연 앞에서 산산조각 날뿐이다. 하지만 하나님과 함께 살아가는 자는 두려움에서 자유롭다. 여호와의 집에 영원히 살 때까지 선한 목자가 우리와 함께하신다는 사실을 알면, 사망의 음침한 골짜기로 다닐지라도 해를 두려워하지 않을 것이며, 환경을 통제하려는 의지를 포기하고 하나님의 돌보심에 우리를 맡길 수 있다.

8장
소망으로 사는 삶

바다

휴양객들이 바다를 찾는 이유는 수도 없이 많지만, 특히 숨 막히게 아름다운 바다 경치에 끌리는 사람이 많다. 그뿐인가. 바다에서 즐길 수 있는 거리도 참 많다. 해변에서는 모래 놀이를 하고, 바다 위에서는 배도 타고 낚시도 하며 파도 타기도 한다. 또 바다 물결 아래에서는 기묘한 수중 세계를 탐험할 수도 있다.

이렇게 바다는 즐거움과 아름다운 풍경을 선사하기도 하지만 사실 인간에게 가장 큰 피해를 입히는 원인이 되기도 한다. 예를 들어, 2004년 12월 26일에는 유사 이래 가장 치명적인 자연재해가 이 바다에서 생겨났다. 수마트라 섬 서해에서 발생한 강력한 지진으로 인도양 전반에 걸쳐 지진 해일이 발생했다. 높이 30미터에 이르는 파도가 14개국 연안을 휩쓸었고 23만 명의 목숨을 앗아갔다. 비슷한 재해가 2011년 3월 10일 일본에서 발생했다. 해저 지진으로 발생한 해일이 지구에서 가장 발전한 국가에 심각한 피해를 입혔다. 이 글을 쓰는 시점에, 사망자와 실종자가 약 2만 8천 명이라고 한다.

바다의 파괴적 힘과 불확정성 때문에 고대인은 바다를 악의 상징으로 보았다. 고대 이스라엘에서 살던 사람들은 바다에서 먹고사는 사람들이 아니었기 때문에 바다를 혼돈, 파괴, 어둠의 영역으로 생각했다. 바다는 쉴 수 있는 기분 좋은 장소라기보다는 두려운 암흑의 심연처럼 여겨졌다. 따라서 성경을 포함한 문학 작품에서 바다는 질서와 아름다움의 하나님에 대립되는 악과 무질서의 힘처럼 그려진다.

성경을 여는 첫 장면부터 이러한 대조가 드러난다. 태초의 지구는 "혼돈하고 공허하며 흑암이 깊음 위에 있다"창 1:2라고 그려진다. 불길하고 체계가 잡히지 않은 세계다. 하지만 "하나님의 영은 수면 위에 운행하시니라"창 1:2라는 구절이 바로 등장한다. 창조의 하나님이 원시적인 혼돈에 질서를 가져오셨다. 하나님은 바다와 육지, 빛과 어둠, 낮과 밤을 구분하셨다. 창조 기사 마지막에 하나님은 새롭게 만들어진 세계가 "좋았더라"라고 말씀하신다. 이제 세계는 더 이상 형체가 없는 심연이 아니라, 하나님의 선하신 뜻에 따라 이루어진 아름답고 조화로운 세계가 되었다.

하나님이 인간을 만들어 놓으신 에덴동산은 이러한 특징

을 지닌 곳이었다. 에덴동산은 형체가 없는 바다와 정반대의 장소였다. 에덴동산은 아름답고 자원이 풍부하며 그 동산을 가꾸시는 분께서 확실한 목적을 부여한 공간이었다창 2:9. 또 하나님은 인류가 하나님과 동반자 관계를 누리면서 온 세계가 에덴동산처럼 온전해질 때까지 이러한 질서를 유지하고자 하셨다. 하나님은 사람들에게 "땅에 충만하고 땅을 다스리라"창 1:28라고 하셨고 사람들은 각 생물들의 이름을 지어 주면서 하나님과 함께 이러한 일을 시작했다. 말하자면 사람은 동물에게 질서를 부여했다창 2:19-20.

하지만 슬프게도 사람이 하나님과의 연합을 포기했을 때, 질서와 아름다움은 더 이상 지속적으로 뻗어 나갈 수 없게 되었다. 인류가 하나님을 배제하고 스스로 다스리고자 하면서 세계를 다시 혼돈의 상태로 추락시키고 말았다. 그 결과 우리는 현재 인류의 권위에 복종하지 않는 우주에서 살고 있다. 우리는 더 이상 우리를 둘러싼 힘들을 다스릴 수 없게 되었다. 예측할 수 없다는 것은 해변에서 즐기는 기분 좋은 휴가가 어느 때고 지진 해일이 몰아닥치는 끔찍한 날이 될 수 있다는 말이다. 물론 아직도 우리는 때때로 아름다움, 질서, 풍요로움과 같은 에덴동산의 특징들을 찾아볼 수 있지만, 그것들은 마치 침몰한 배의 잔해처럼 흩어져 있을 뿐이다. 무작위적이고 불안한 우주가 쏟아 내는 파도 위에서 살아남기 위해 애쓰다 보니 삶은 두려움에 휩쓸리게 되었다.

하지만 하나님은 자신의 세상이 혼돈에 빠지도록 내버려 두지 않으셨다. 성경은 바다와 바다를 다스리는 하나님에 대해서 계속 이야기한다. 고대 문명권에서 다양한 형태로 전해지는 창세기 6장의 홍수 이야기는 물로 파괴된 세상을 다룬다. 하지만 하나님은 그 물난리 속에서도 하나님 자신을 위해 누군가를 남겨 두었다. 방주에 탄 노아와 그 가족들은 혼돈 속에서 안전하게 마른 땅에 상륙했다.

모세 이야기 또한 바다를 통제하는 하나님의 주권을 보여 준다. 바로는 모든 히브리 남자 아이를 나일 강에 던져 죽이라고 명령했다. 하지만 모세의 부모는 아이를 갈대 상자에 담아 띄웠고, 모세는 물에서 살아남았다. 이는 노아의 이야기를 미시적으로 재구성한 것이다. 세월이 지난 후, 하나님은 모세를 사용하셔서 그의 백성을 바로의 압제에서 구원하셨다. 또, 앞에는 바다가 막고 있고, 뒤에서는 이집트의 군사가 쫓아오는 상황에서, 주님께서는 물을 가르시고 백성을 마른 땅으로 인도하셨다. 노아 이야기에서처럼 물은 악을 행하는 자들을 쓸어버렸다. 하나님과 함께하는 자들은 바다에서 보존되었지만 바로의 군대는 그렇지 않았다.

이러한 이야기들을 살펴보면 바다와 홍수의 이미지에서 나타나듯이, 구약 성경이 우리 세계를 본질적으로 예측 불가능하며 혼란한 곳으로 인정하고 있음을 알게 된다. 그러나 성경은 동시에 그러한 세계에서 우리를 지켜 주시는 하나님의 능력을 말하고 있다. 이러한 이야기들은 우주에 질서가 없어 보인다고 할지라도, 실제로는 우주가 하나님의 목적 아래 움직이고 있음을 말한다. 하나님의 이야기는 계속되며 악의 세력은 이를 멈출 수 없다. 많은 시편이 이스라엘의 출애굽 이야기에 영감을 받아 만들어졌고, 그 사건을 다룬다.

> 여호와여 큰물이 소리를 높였고
> 큰물이 그 소리를 높였으니
> 큰물이 그 물결을 높이나이다
> 높이 계신 여호와의 능력은
> 많은 물소리와
> 바다의 큰 파도보다 크니이다(시 93:3-4)

> 하나님이여 물들이 주를 보았나이다
> 물들이 주를 보고 두려워하며
> 깊음도 진동하였고(시 77:16)

다윗 왕이 적들에게 압도 당했을 때, 그는 자신의 상황을 바다에 빠져 죽어 가는 형상에 비유한다. 다윗 왕은 주께 구해 달라고 울부짖는다.

> 하나님이여 나를 구원하소서

> 물들이 내 영혼에까지 흘러 들어왔나이다
> 나는 설 곳이 없는 깊은 수렁에 빠지며
> 깊은 물에 들어가니
> 큰물이 내게 넘치나이다 ……
> 나를 수렁에서 건지사 빠지지 말게 하시고
> 나를 미워하는 자에게서와
> 깊은 물에서 건지소서
> 큰물이 나를 휩쓸거나
> 깊음이 나를 삼키지 못하게 하시며(시 69:1-2, 14-15)

이러한 이야기와 시는 창세기의 창조 기사처럼 하나님이 수면 위에 계시다고 말한다. 하나님은 여전히 혼돈 가운데 질서를 부여하시는 분이기 때문에 하나님과 연합한 사람들은 예측할 수 없는 강력한 힘을 두려워하지 않아도 된다. "너는 두려워하지 말라 내가 너를 구속하였고 내가 너를 지명하여 불렀나니 너는 내 것이라 네가 물 가운데로 지날 때에 내가 너와 함께할 것이라 강을 건널 때에 물이 너를 침몰하지 못할 것이며"사 43:1-2.

시편이나 이사야의 시 가운데 나타나는 하나님의 모습, 즉 성난 바다에서 그의 백성과 함께 계시는 모습은 다소 은유적으로 느껴질 수 있다. 하지만 신약에 오면 이는 생생한 현실로 나타난다. 예수님은 갈릴리 바다를 제자들과 함께 건

너시다가 잠에 드셨다. 마침 맹렬한 폭풍이 작은 배를 덮치자 두려움에 빠진 제자들이 예수님을 깨웠다. 제자들은 소리쳤다. "선생님이여 우리가 죽게 된 것을 돌보지 아니하시나이까?" 그러자 예수께서 깨어 바람을 꾸짖으시며 바다더러 이르셨다. "잠잠하라! 고요하라!" 그 즉시 바람이 그치고 바다는 잠잠해졌다. 그러고 나서 어리둥절한 제자들에게 이르셨다. "어찌하여 이렇게 무서워하느냐?" 그들이 심히 두려워하여 서로 말하였다. "그가 누구이기에 바람과 바다도 순종하는가"막 4:35-41?

제자들은 자기들과 함께 계신 분이 누구신지 완전히 이해하지 못했다. 시간이 흘러서야 그들은 그가 땅과 물을 가르신 분이고, 노아를 홍수에서 구하신 분이며, 모세를 나일 강에서 구원하신 분으로서 바다를 가르고 히브리 민족을 마른 땅으로 인도하신 분이라는 진리를 알게 되었다. 그야말로 물조차 두려워 떠는 바로 그분이시다. 그가 우리와 한 배에 계시다면 우리는 두려울 것이 없다. 악한 세력도 그를 이길 수 없기 때문에 우리는 목적지에 분명히 이를 수 있다. 하나님과 함께라면 혼돈 속에 빠져 가는 세상에도 희망이 있다.

성경 이야기는 새 하늘과 새 땅이 임하는 요한의 환상으로 마무리된다. 요한계시록 21장에 새로운 창조가 이루어질 때, "바다도 다시 있지 않더라"계 21:1라고 기록되어 있다. 이 구절은 거시적인 성경적 맥락에서 읽어야 한다. 성경 첫 장면부터 바다는 지속적으로 악과 혼돈의 표상이었다. 요한의 환상에서는 바다가 완전히 사라진다. 새로운 창조 세계에서는 그야말로 악이 발붙일 곳조차 없다는 의미다. 그 세상은 하나님이 태초부터 의도하신 대로 아름다움과 질서, 풍요로움이 가득한 곳이다.

닻

희망은 절망의 반대다. 우주가 규칙도 없고 혼란스러운 곳이라고 생각하면, 우리에게는 실제로 아무런 목적도 없고 우리 운명을 결정하는 거대한 이야기도 없다고 믿으며 절망에 빠지기 쉽다. 따라서 우리는 전도서 저자처럼 "헛되고 헛되며 헛되고 헛되니 모든 것이 헛되도다"전 1:2라고 외치게 된다. 희망이란 우리가 보고 경험하는 바와는 다르게, 모든 것이 헛되지는 않다는 확신이다. 혼란 가운데에도 질서는 있으며 모든 일을 완성시키는 이야기가 존재한다.

하지만 희망은 그 무게감을 다소 잃어버린 하나의 관념이 되어 버린 듯하다. "올해에는 시카고 컵스Chicago Cubs가 플레이오프에 나갔으면 하는 희망이 있네"라고 별 뜻 없이 말하듯이, 희망은 단지 그렇게 됐으면 좋겠다는 정도의 말이 되어 버렸다. 아니면 희망이란 후보자들이 절대 지킬 수 없으면서도 내거는 허황된 공약 같은 말처럼 사용된다. 그러나 희망은 그랬으면 좋겠다는 공상도 아니고 근거 없는 낙천주의도 아니다. 성경적으로 보면, 희망은 "영혼의 닻 같아서 튼튼하고 견고한"히 6:19 것이다. 희망이 있기 때문에 우리는 성난 파도 가운데에서도 방향을 지킬 수 있다. 희망이란 우리가 경험하는 이 세상의 혼돈이 결코 끝까지 지속되지 않으며, 하나님의 목적이 모든 것을 이겨 내리라고 믿는 확신이다. 따라서 희망은 믿음과 떼려야 뗄 수 없는 관계다. 나우웬의 공중그네 비유에서 보자면, 믿음은 곡예사가 그네 손잡이를 놓는 것처럼 포기 행위다. 그리고 공중으로 높이 치솟은 곡예사가 경험하는 것은 희망이다. 이는 자신을 받아 주는 사람이 아직 보이지 않고, 그 손을 잡기 전이지만, 그가 자신을 받아 주리라는 확신이다. "믿음은 바라는 것들의 실상이요 보이지 않는 것들의 증거니"히 11:1.

    기독교 이해에 따르면, 희망은 두 가지 수준에서 존재한다. 우선, 매우 높은 수준에서 존재하는 우주적 희망이 있다. 이는 창세기에서 요한계시록까지 포괄하는 것으로서, 하나님이 태초로부터 종말에 이르기까지 악과 혼돈을 제거하시고 질서와 아름다움, 그리고 풍요로움을 확장해 나가시는 것이다. 이와 같은 거시적 관점에서 바라본 희망은 크게 네 가지 부분으로 나뉜다.

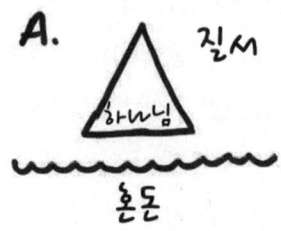

태초에 하나님이 혼돈 속에서 질서를 창조하셨다.

인류는 하나님께 반역한 이후 다시 혼돈 속에 빠졌다.

세상의 혼돈 속에서도 하나님이 희망을 주시며 인류와 함께하신다. (노아, 모세 및 예수님이 폭풍을 잠잠하게 하신 이야기가 이 점을 잘 다루고 있다.)

새로운 창조가 이루어지면서 악과 혼돈이 없어지고 하나님과 그 백성이 함께 살며 바다는 사라진다.

모든 창조물이 구원의 날을 향해 전진하고 있다는 사실, 그리고 겉으로 보기에는 일관성이 없는 역사적 사건들도 더욱 위대한 하나의 목적을 위해 발생한다는 사실은 우리에게 위안을 준다. 이러한 우주적인 희망의 이야기가 장엄하기는 하다. 하지만 질서와 목적을 갈구하는 인간에게 충분한 해답은 아니다. 내 작은 삶에 일어나는 사소한 일들은 과연 무엇인가? 나에게는 어떤 희망이 있는가? 이리 치고 저리 치는 파도에 따라 휘둘리는 각 사람에게는 어떤 의미와 목적이 있는가? 의미를 추구하는 개인적인 바람에서 우리는 좀 더 낮은 수준의 희망을 발견하게 된다. 이는 하나님이 풀어 가시는 우주적인 이야기에 포섭되지만 나름의 줄거리를 가지고 있다. 이것이 거대한 이야기 안에 존재하는 **우리의 이야기**다.

내가 함께했던 많은 대학생의 가장 핵심적인 고민거리는 개인의 삶이 갖는 의미와 그 중요함을 찾는 것이었다. 5장에서 젊은이들이 졸업 이후 진로 때문에 얼마나 끙끙 앓고 있는지 다루었다. 그들은 의미 있는 삶을 살기 원했다. 그리고 대부분의 학생들은 의미 있는 삶이란 영향력을 미치는 삶과 동일하다고 생각했다. 그렇지만 이들의 고민은 목적을 찾고자 하는 갈망으로도 이해할 수 있다. 우리 모두가 그러듯이, 대학생들은 자신의 삶이 중요하다고 믿고 싶어 했다. 80년 혹은 90년의 인생이 무언가 의미가 있기를 원하는 것이다. 그렇기 때문에 이 학생들은 자신에게 허락된 기회와 주변 상황을 잘 조정해서, 방향성과 의미를 지닌 일관성 있는 이야기를 만들어 나가기 위해 최선을 다한다. 이들은 희망이란 혼돈 가운데 존재하는 목적의식으로서, 자신들이 노력해서 **외적** 요소들을 잘 조정하면 발견되는 것이라고 믿는다.

학생들은 보통 하나님을 위한 삶의 자세를 가지고 살아가지만 하나님께 맞추는, 하나님과 상관없는, 하나님께 요구하는 삶도 이러한 생각을 강조하는 경향이 있다. 이들 모두 희망이란, 우리 삶에 질서와 목적이 있다고 깨닫는 것으로서 다양한 수단을 이용해서 외적으로 이룰 수 있는 것이라고 주장한다. 하나님께 맞추는 삶은 더 이상 옳고 그름을 규정하지 않는 문화에 반발해 도덕적 확신을 주장하며, 이 혼란한 시대에 하나님의 명령에 순종하는 일이야말로 우리가 믿을 수 있는 닻이라고 말한다. 하나님과 상관없는 삶은, 적어도 무신론자들이 말하는 하나님과 상관없는 삶이 아니라면, 희망이란 하나님의 원칙을 삶에 적용하는 것이라고 주장한다.

정확한 해도海圖만 있으면, 안전한 항구로 입선할 수 있다. 하나님께 요구하는 삶은 희망이 자아실현의 과정에 있다고 말한다. 개인이 갈망하는 바를 정확히 파악하고 실천하는 과정에서 목적이 생겨난다. 하나님을 위한 삶은 희망이란 개인보다 더 위대한 목적을 실현하기 위해서 개인의 삶을 헌신하는 데 있다고 본다. 사명이야말로 우리 삶에 의미와 의의를 부여하는 닻이다.

정말 많은 사람이 이러한 외적 조건들에 의지해서 삶의 방향을 모색하고 삶의 의미를 찾는다. 내가 이룬 일들 때문에, 내가 도덕적으로 살았기 때문에, 나를 움직이는 목적 때문에, 나는 중요하다. 하지만 이런 것들이 우리 세상에 존재하는 혼돈의 세력을 견딜 수 있겠는가? 우리는 도덕성, 원칙, 열망 또는 사명이라는 담을 쳐서 바다를 가두어 놓는다. 하지만 그 둑이 무너져서 모든 세계가 쓸려 나간다면 우리의 희망은 어떻게 되겠는가? 부상으로 운동을 접게 된 선수는 어디에서 희망을 보겠는가? 월 스트리트의 탐욕으로 연금을 다 날려 버린 70세 노인에게 희망은 어디에 있는가? 이혼 때문에 가족이 뿔뿔이 헤어진 여성은 어디에서 희망을 보겠는가? 아무도 모르는 중독 증세 때문에 힘겨워하는 목회자는 어디에서 희망을 발견할 수 있을까?

신학대학원을 다니며 병원 원목으로 훈련을 받을 때, 나는 노인층에서 자살률이 가장 높다는 사실을 알게 되었다.

지도 교수님은 그 이유를 설명하기 위해 나에게 한 가지 테스트를 했다. 교수님은 나에게 카드를 주고는 인생에 의미를 주는 것들을 카드마다 하나씩 쓰게 했다. 나는 인간관계, 여러 가지 활동들, 이루어야 할 것, 직업, 추억 등을 썼다. 교수님은 그 서른 개 카드를 내 앞의 탁자에 두고서는 내가 나이를 먹으면서 어떻게 될지 상상하여 들려주었다. 우선 몸이 약해질 것이다. 그러므로 내가 즐겼던 여러 활동들을 기록한 카드를 제거했다. 언젠가는 내 직업도 없어질 것이고, 중요한 관계도 사라질 것이다. 아내가 죽었기 때문이다. 이야기가 계속될수록 남아 있는 카드도 줄어들었다. 심지어 두뇌 활동이 약화되면서 즐거웠던 추억들도 사라졌다. 겨우 카드 몇 장이 남자 지도 교수님은 나에게 물었다. "자네 인생에 남은 거라곤 이것들뿐이라면 어떻겠는가?"

"상실감이요." 나는 대답했다. "상실감을 느끼겠어요. 남은 게 없네요. 살아갈 이유가 없을 것 같습니다."

교수님이 말했다. "이제 왜 노인들이 자살하는지 이해가 되는가?" 교수님은 혼돈이 초래하는 절망이 어떤 것인지 잠시 볼 수 있게 해 주었다.

희망은 목적의식과 존엄성을 필요로 한다. 바로 우리가 중요한 존재이고 삶은 가치가 있다는 믿음이다. 하지만 우리는 혼돈스러운 세계에서 살아가고 있기 때문에 이러한 희망은 환경에서 나오지 않는다. 우리에게는 환경을 지배하고 유지할 능력이 부족하다. 우리는 이 세계의 예측 불가능한 힘들을 억제할 수 없다. 우리는 직업, 가족, 국가, 또는 심지어 도덕적 의로움 등에 희망을 걸지만, 지진 해일에 맞서는 격이다. 결국에는 실패할 수밖에 없는 그것들이 실패하면, 우리의 희망도 사라진다. 인간의 가치와 고귀함은 쇄도하는 절망의 급류에 사라져 버린다.

조류인

희망이 불안하다는 사실을 깨달은 사람들은 안전함을 찾아 종교 단체나 신앙 공동체에 눈을 돌리게 된다. 아마 군대 조직을 제외한다면, 종교 단체야말로 우리 세계에 질서와 의미를 부여하는 데 있어서는 가장 뛰어난 조직일 것이다. 예를 들어, 공동체에 비극이 일어나면 사람들은 보통, 우리에게 영원한 것과 질서가 여전히 있다고 믿고 싶어서 종교 단체를 찾는다. 종교가 없는 사람들도 마찬가지다. 2001년 9/11 사태, 테러리스트가 저지른 사건들, 2005년 8월 미국을 강타한 허리케인 카트리나Katrina 등의 경우에서 보듯이 말이다. 이러한 비극적 사태가 일어난 이후, 많은 사람은 종교 지도자들에게 해답을 구했다. 그들은 이 혼란이 무엇 때문에 일어났는지를 물으며 종교 활동에 참여하면서, 고삐 풀린 망아지

같이 제멋대로인 세상에서 어느 정도 안정을 누리고자 했다.

종교는 확실성을 제공한다. 사람들이 기대하듯이, 종교는 도덕적 울타리를 정해 준다. 그러나 많은 종교는 더 나아가, 특정한 가족 형태, 특정 직업, 성별, 심지어 연령에 이르기까지 그 의미와 가치를 부여한다. 예를 들어, 결혼과 가족은 세속 문화권에서 그 중요성이 점차 감소하고 있지만, 복음주의 문화권 내에서는 여전히 독보적인 가치로 여겨진다. 많은 교회에서 배우자와 자녀를 거느린 사람들이 인정을 받는다. 그리고 5장에서 다루었듯이, 많은 공동체가 "세속적인" 일보다 기독교 사역에 종사하는 일을 더욱 의미 있게 여긴다. 많은 사람은 격변하는 세상에서 목적, 중요성 및 가치를 규정해 주는 틀을 원하며, 종교는 바로 이를 제공한다.

하지만 여기에는 고약한 역효과가 따른다. 조직화된 종교가 약속하는 희망이란 대부분 신앙이 규정하는 범주에 잘 부합하는 사람, 혹은 가장 잘 부합하는 사람에게만 해당되기 때문이다. 예를 들자면, 복음주의자들은 결혼과 가정을 칭송하기 때문에 내가 아는 많은 미혼 친구들이 교회에서 종종 자신들이 보잘것없게 느껴진다고 말한다. 이런 교회 문화는 전통적인 핵가족 형태를 유지하고 있지 않은 미국 내 약 50퍼센트에 달하는 가구를 무시하는 것이다. 종교 공동체는 도덕, 가치, 중요성 등을 분명하게 규정하여 혼란스러운 세상과 단절시키는 방법으로 희망을 제공하고자 한다. 그러다 보니,

의도치 않게 사람의 가치를 매기는 위계질서가 생겨난다. 슬프게도 희망과 의미를 찾아 종교에 들어온 사람들이 그렇게 확립된 범주와 자신들이 잘 맞지 않는다고 느낄 때, 그들은 오히려 희망과 의미를 박탈당한다. 그러면 이러한 엄격한 질서는 희망을 키워 주기는커녕 희망을 분쇄한다.

1962년 작 영화인 "버드맨 오브 알카트라즈"Birdman of Alcatraz/알카트라즈의 조류인는 독방에서 새를 기르고 연구했던 반항적인 종신범 로버트 스트라우드Robert Stroud의 이야기를 각색한 영화다. 버트 랭커스터Burt Lancaster가 연기한 스트라우드는 엄격한 감옥 생활에 반발해서 교도소장인 하비 슈메이커Harvey Shoemaker와 끊임없이 갈등을 일으키는 인물이다. 스트라우드는 자신이 상처 입은 새를 보살펴 건강하게 만든 것처럼, 재소자들을 진정으로 갱생하게 만들려면 실제적으로 그리고 비유적으로 더 많은 공간이 필요하다고 믿는다. 이는 감옥으로 이송될 때, 숨이 차서 헐떡거리는 죄수들이 숨을 쉴 수 있도록 기차의 창문을 부수어서 여는 장면에서 상징적으로 드러난다.

영화가 마무리될 무렵, 스트라우드와 교도소장이 30년 동안 빚어 온 갈등이 최고조에 이르고 그들은 다음과 같이 대화를 나눈다.

교도소장 : 너는 단 한 번도 갱생의 기미조차 보이지 않았지.

스트라우드 : 갱생이라. 소장님은 갱생이란 말이 무슨 뜻인지 나 아십니까?

교도소장 : 지금 나를 모욕하는 건가!

스트라우드 : 〈웹스터 신 국제 영어사전〉을 보면 '갱생'이라는 단어의 어근은 라틴어 habilis. 그 뜻은 "존엄성을 회복해 준다"라는 말입니다. 소장님은 우리가 한때 가지고 있던 존엄성을 회복시켜 주는 것이 당신 일이라고 생각해 본 적이나 있습니까? 당신이 유일하게 관심을 갖는 건 사람들이 겉으로 어떻게 행동하는 가뿐이죠. 아주 오래 전에 당신이 나에게 한 말이 있습니다. 그리고 한번도 제 뇌리에서 떠난 적이 없습니다. 당신은 "너는 우리가 하라는 대로 행동하게 될 거야"라고 말했죠. 그리고 당신은 지난 35년간 그 입장에서 조금도 벗어나지 않았습니다. 당신은 죄수들이 당신이 정한 가치관에 무조건적으로 따라 움직이는 줄 인형같이 문밖에 나가서 춤추기 원했을 뿐. 당신이 생각하는 복종. 당신이 정한 행동. 심지어 당신만의 도덕성. 하비, 당신은 실패자입니다. 당신은 죄수들에게서 가장 중요한 것을 빼앗아 갔어요. 바로 그들의 인격 말입니다.[1]

종교를 외적으로 따르는 방식으로 희망과 의미를 찾을 때 발생하는 문제가 바로 이것이다. 진정으로 갱생하도록 만들 수 없다. 그 기대치에 완전히 부응하지 못하는 사람은 실질적으로 존엄성도 없으며 중요하지도 않은 사람으로 여긴다. 이는 왜 점점 많은 사람이 제도화된 교회를 떠나거나, 교회 안에 있어도 받아들여지지 못한다고 느끼는지를 설명해 준다. 교회는 그들의 삶에 이혼, 중독, 동성에게 끌리는 감정 등 "부정하다"고 정의된 것들의 흔적이 남아 있다면, 그들이 추구하는 삶의 고귀함도 가치 없는 것으로 단정한다.

맷 러셀Matt Russell이라는 사람은 아홉 달 동안 매일같이 노트북, 휴대 전화기, 그리고 교회를 떠난 사람들의 명단을 챙겨 텍사스 휴스턴Houston, Texas에 있는 디트리히Dietrich라는 커피 가게를 찾았다. 그는 거기에 앉아 명단에 있는 사람들 모두에게 전화를 해서 약속을 잡고, 그들이 하는 이야기를 들어 보았다. "저는 교회를 떠난 사람들이 교회에 오기 전에는 교회를 어떻게 생각했었는지, 그들이 체험한 교회는 어땠는지, 현재 교회에 대한 생각은 어떠한지에 대해서 물었습니다." 맷은 회상한다. "그분들이 해 준 이야기는 제 마음을 아프게 했고 제 인생을 바꾸어 놓았습니다."[2]

교회를 떠난 대부분의 사람은 신앙을 떠난 것이 아니었다. 그리고 교회를 떠난 이유도 교리적인 문제나 믿음이 변해서는 아니었다. 이 교회 중퇴자들은 대부분 약물 남용, 성 중독, 식이 장애, 도박 등과 같이 숨길 수 없는 만성적인 문제들 때문에 힘들어 하는 사람들이었다. 그가 들은 이야기들의 전개 과정은 대부분 비슷했다. 이들은 교회에 가서 신앙 활동을 한다. 그리고 모임에도 참여하면서 자신의 죄를 고백하게 된다. 하지만 시간이 지날수록 다른 사람들이 자신을 판단하고 받아 주지 않는다고 느끼고 결국 교회를 떠난다. 그들이 바라던 인간의 존엄성과 희망은 회복되지 못했고 상처도 대부분 치유되지 못했다.

맷 러셀이 만난 사람들은 그들의 도덕성이나 형편에 관계없이 존재하는 희망을 보기 원했다. 세상의 혼돈이 그들로부터 앗아간 존엄성을 회복할 수 있다는 희망 말이다.

은신처

"도대체 얼마나 이타적이 되어야 하나요?" 한 중년의 아주머니가 물었다. 그분은 막 미국 교회의 자아 중심적인 특징을 비판하는 책을 읽었다고 했다. 그 저자는 분명히 자신이 목회하는 교회에서 하나님께 요구하는 삶의 자세를 지닌 신자들을 진저리 나게 많이 만난 것 같았다. 그는 독자들에게 세상 문화와 반대되는 희생과 사명의 삶을 살라고 촉구했다. 이 책은 고무적이지만 이 여성을 "지치게" 만들었다.

"저는 그 책이 교회에 대해서 정확히 잘 말했다고 생각합니다. 우리는 너무나 자아 중심적이에요." 그녀는 계속 설명했다. "그렇지만 얼마나 이타적이어야 충분히 이타적인 거죠? 집이나 차라도 팔아야 하나요? 아이들을 사립 학교에 보내면 잘못된 일인가요? 해외로 가서 고아들을 돌보면서 살아야 하나요? 저는 진심으로 기독교인의 삶이라는 걸 살아 보고 싶어요. 그렇지만 제가 사는 이 교외 지역에서는 그냥 불가능하지 않은가 싶어요."

정말 많은 사람이 희망과 의미 있음이란 우리 상황에 따라 변하는, 외적인 조건들에 달려 있다고 믿는다. 그래서 우리는 어디에서도 가장 온전하고 풍부한 기독교인의 삶을 살 수 있다는 사실을 믿지 못한다. 하지만 우리가 이미 보았듯이, 외적인 구조물을 가지고 희망과 의미를 찾는 일에는 두 가지 문제가 있다. 첫째로, 아무리 삶을 잘 지휘해 나간다 하더라도, 성난 바다 같은 우리 세상에서 때때로 들이치는 예측 불가능한 혼돈의 파도를 막을 수는 없다. 결과적으로, 우리의 희망은 한때 우리 삶을 의미 있게 만들고 분명하게 만들었던 일들과 함께 이 파도에 휩쓸려 사라지게 된다. 그리고 두 번째로, 제도화된 종교 형태에 의지하거나 하나님께 맞추는, 하나님께 요구하는, 하나님을 위한 삶을 살아가는 것이다. 몇몇 사람들은 그렇게 살면서도 자신의 삶이 의미 있다고 느끼며 그 안에서 질서를 발견할 수도 있다. 하지만 우리가 그 기대치를 충족하지 못할 때, 이는 오히려 우리의 존엄성을 앗아간다.

하지만 하나님과 함께하는 삶은 희망을 완전히 새롭게 이해한다. 희망은 우리의 상황이나 도덕적 완전에 의거한 것이 아니며, 외적 조건에서 발생하는 것도 아니다. 오직 우리의 소명, 우리의 목적의식과 중요성을 기억함으로 시작되는 것이다. 오스 기니스Os Guinness는 다음과 같이 이야기했다. "무엇보다도 우리는 인격적 대상하나님을 만나기 위해서 부름 받았다. 우리는 어떤 대상모성, 정치, 가르침 등을 알도록, 또는 어떤 장소몽골 외곽 지역의 어느 도심지 등로 가도록 부름 받지 않았다."3) 즉, 우리 삶에 의미를 부여하고 희망을 주는 것은 외적 상황이나 우리의 행동, 또는 실천하기 어려운 결정이 아니다. 우리는 오직 하나님과 연합할 때 삶의 의미를 찾고 희망을 품게 된다.

사도 바울은 혼란에 빠진 고린도 교회 성도들에게 편지를 보내 이 점을 강력하고도 확실하게 밝혔다. 고린도 사람들은 어떤 삶이 하나님을 가장 영화롭게 하는지 구별하고자 애썼다. 어떤 상황과 조건이 기독교인의 삶을 의미 있고 중요하게 만드는가? 예를 들어, 결혼을 해야 하는가 아니면 독신으로 있어야 하는가? 남자는 할례를 받아야 하는가? (고대 세계에서 할례는 종교적 정체성을 밝히는 중요한 표식이었다.) 아니면 무할례 상태로 남아 있어도 되는 것인가? 어떤 직업을 구해야 하는가? 노예들은 신분에 대해서 문제의식을 가지고 인간다운 지위를 누리기 위해 힘써야 하는가? 이러한 질문들에 대한 답으로 바울 사도는 다음과 같이 썼다.

오직 주께서 각 사람에게 나눠 주신 대로 하나님이 각 사람을 부르신 그대로 행하라 내가 모든 교회에서 이와 같이 명하노라 할례자로서 부르심을 받은 자가 있느냐 무할례자가 되지 말며 무할례자로 부르심을 받은 자가 있느냐 할례를 받지 말라 …… 각 사람은 부르심을 받은 그 부르심 그대로 지내라 네가 종으로 있을 때에 부르심을 받았느냐 염려하지 말라 (그러나 네가 자유롭게 될 수 있거든 그것을 이용하라) 주 안에서 부르심을 받은 자는 종이라도 주께 속한 자유인이요 또 그와 같이 자유인으로 있을 때에 부르심을 받은 자는 그리스도의 종이니라 너희는 값으로 사신 것이니 사람들의 종이 되지 말라 형제들아 너희는 각각 부르심을 받은 그대로 하나님과 함께 거하라(고전 7:17-18, 20-24)

바울 사도는 반복해서 고린도 사람들에게 자신들이 처한 곳에 "거하라"고 가르친다. 바울 사도는 모든 교회에 이를 가르치셨다고 말한다. 이것은 바울 사도의 공통적인 메시지였다. 바울 사도는 믿음 안에서 자녀 된 자들이 자신들의 가치가 상황에 따라 좌우된다는 속임수에 넘어가지 않기를 원했다. 그렇다고 바울 사도가 성도는 결혼이나 이혼을 하지 말라고 한 것도 아니고, 직업도 바꾸지 말라고 한 것도 아니다. 바울 사도는 오히려 종들에게 기회만 있다면 자유로운 신분을 얻으라고 격려한다. 바울 사도는 고린도 교인들이 그러한 외적인 변화에서 희망을 보거나 자신의 가치를 찾지 않기를 바랐다. 대신 바울 사도는 성도들에게 부르심을 받은 그대로

"하나님과 함께" 거하라고 말한다. 사람은 자신이 무슨 일을 하는지에 따라 자신의 가치와 중요성을 깨닫고 희망을 찾는 존재가 아니다. 더 중요한 문제는 무슨 일을 하는지가 아니라 누구와 **함께하느냐**다. 아무리 평범한 삶이라고 하더라도 하나님과 지속적인 교제를 누리며 거한다면 가장 거룩한 삶이 될 수 있다.

당신은 기혼자인가? 그러면 결혼 생활을 하나님과 연계해 보라. 하나님이 당신을 사랑하신 것처럼 당신의 배우자를 사랑하도록 하라. 당신은 독신인가? 그렇다면 하나님과 독대하라. 당신을 하나님께 드리라. 당신은 자동차 정비공인가? 그렇다면 일하면서 하나님과 교제하라. 하나님께 드린다는 마음으로 차를 정비하라. 당신은 전업주부인가? 아이들 때문에 정신이 없겠지만 그 와중에서도 하나님이 함께하심을 계속 기억하면서 끊임없이 기도하는 삶을 살아 보라. 이는 하나님이 우리와 함께하시기 때문에 우리는 어떤 상황에서도, 어느 곳에서도 온전한 기독교인으로 살 수 있다는 말이다. 하나님이 하시는 모든 일은 완전하시기 때문에, 이 삶이 저 삶보다 훌륭하다고 할 수 없다. 결혼을 했든, 독신이든, 또는 차고에서든, 사무실에서든, 또는 집에서든지 관계없다. 하나님이 우리와 함께하시기만 한다면 이 천차만별의 삶은 모두 다 고귀하다. 모든 삶에는 동등한 존엄함과 희망이 있다.

이는 두 가지 의미를 지닌다. 첫째, 하나님과 진정한 친밀함을 누리기 위해 현재 우리 삶을 버리고 극단적인 방법을 찾을 필요는 없다. 하나님과 함께하는 그곳에서 우리는 거할 수 있다. 물론 사도행전 13장에서 하나님이 바울에게 하신 것처럼 하나님이 우리를 다른 상황으로 인도하실 수도 있다. 하나님과 함께하고 있다면 어려움 없이 그 인도하심을 따라갈 수 있다. 과격함과는 거리가 먼 삶을 살아온 한 평범한 중산층 아주머니가 있다고 하자. 그런데 이 아주머니가 갑자기 자신의 삶에 회의감을 느끼게 됐다. 그러면 이 아주머니가 하나님의 임재를 완전하게 경험하기 위해 집을 팔고 차를 팔아 마다가스카르로 이주해서 고아원을 열어야 하는가? 전혀 그렇지 않다. 하나님은 "평범하게" 살아가는 아주머니와 교제를 나누셔도 완전히 만족하신다.

둘째, 우리가 상황적 조건에서 희망을 찾지 않고, 하나님과 함께 나누는 교제에서 희망을 찾는 것은 외적인 상황이 갑자기 변한다고 할지라도, 심지어 비극적으로 돌변한다 해도 우리 희망은 여전히 유효함을 의미한다. 하나님이 우리와 항상 함께하신다는 사실을 알기에 갑자기 일어나는 인생의 폭풍도 견딜 수 있다. 하나님이 바다를 이기시는 성경 이야기를 기억해 보라. 혼돈 속에서 사람들이 희망을 찾을 수 있었던 이유는 그들이 어떤 일들을 **이루었기** 때문이 아니라 하나님이 그들과 **함께하셨기** 때문이었다. 이스라엘 사람들은 스스로 이집트에서 탈출할 수 없었다. 하나님이 바다를 가르시고 그들을 인도하셨다. 하나님은 불 기둥과 구름 기둥으로 이스라엘 사람들에게 자신의 임재를 분명히 보이셨다. 제자들도 마찬가지였다. 제자들은 뱃사람으로 잔뼈가 굵었지만 폭풍을 헤치고 나올 수 없었다. 그들에게 희망은 배에 계신 예수님의 존재였다. 이러한 이유로 바울 사도도 주위 상황만 바라보고 있던 고린도 사람들에게 어떤 모양으로 어디에 있든지 관계없으니 하나님과 교제에만 집중하도록 했다. 희망은 당신 배 주위에서 어떤 일이 일어나고 있는지와 전혀 관계없다. 희망은 당신의 배 안에 누가 있는지에 달려 있다.

미국 교회가 소유한 가장 훌륭한 희망의 증거가 있다면 무엇일까? 바로 노예였지만 그리스도 안에서 희망을 가졌던 우리 믿음의 선배들이다. 그들은 어느 누구보다도 이 세상의 악함, 불의함, 혼돈을 잘 알고 있었다. 그럼에도 불구하고 이들은 고통 중에도 하나님이 함께하신다는 사실을 믿으며 희망을 노래했다. 노예들은 백인 주인을 따라 교회에 다닐 뿐이었기 때문에, 자유를 희망한다는 표현을 하거나 자유를 갈구하는 기도를 하는 행위 등은 엄격하게 금지되어 있었다. 노예 생활을 했던 어느 사람이 다음과 같이 말했다고 한다. "그게 교회라고는 했지만 목사들이 한 이야기라고는 주인 말 잘 듣고 거짓말하지 말고 도적질하지 말라는 것들뿐이었어. 예수에 대한 얘기는 들어본 적도 없어. 감독관들이 떡하니 서서 자기네들이 하라고 한 얘기를 목사가 제대로 하고 있는지 보

고 있는 상황이었으니까 말 다했지."⁴⁾

하지만 노예들 사이에서 희망에 대한 갈구와 하나님과 교제하려는 열망은 억제할 수 없을 정도로 강렬하게 일어났다. 노예들이 한밤중에 몰래 나와 잡목 숲이나 늪지대같이 주인들이 모르는 장소에서 비밀 집회를 갖는 일이 비일비재했다. 이런 곳들은 "비밀 은신처"hush harbor라고 알려졌다. 이는 노예들에게 오아시스 같은 곳으로서, 노예들이 터놓고 하나님께 자유를 달라고 부르짖으며 하나님이 그들과 함께하심을 확신하는 장소였다. 대개의 경우, 이들은 무릎을 꿇고 옹송그려 둘러앉았다. 그리고 숨을 죽여 속삭이는 목소리로 설교도 하고 찬양도 하면서 자신들만의 예배를 드렸다. 버지니아에서 1847년에 자유의 신분이 된 피터 랜돌프라는 사람은 다음과 같이 말했다. "그곳에서 노예들은 모든 고통을 잊습니다. …… 누군가 외쳐요. '하나님 감사합니다. 이곳에서 영원히 살지 않을 것입니다!'" 그러면 누군가가 또 말하죠. "우리를 자유롭게 해 달라고 하나님께 많이 기도했습니다. 주님은 확실히 우리 기도를 들으셨습니다! 우리는 찬송가책도 없습니다. 그렇지만 하나님은 우리만의 찬송을 주셨습니다. 밤에 아무도 듣지 못하게 속삭일 뿐이지만 우리의 찬송입니다."⁵⁾ 대부분의 흑인 영가는 하나님의 임재에서 흘러나오는 희망을 노래한다.

지금껏 우리와 함께하신 분, 예수

지금도 우리와 함께하시는 분, 예수

언제나 우리와 함께하실 분, 예수

끝까지 함께하시네[6]

 이 비밀 은신처에서 노예들은 우주적인 차원과 개인적인 차원의 희망을 품을 수 있었다. 높은 차원에서 노예들은 종종 스스로를 애굽에서 하나님의 구원을 기다리는 이스라엘 민족에 비유했다. 이들은 자신들이 운명적으로 자유를 얻게 되리라고 믿었다. "우리는 언젠가 반드시 자유의 몸이 되리라 확신한다. 그때가 오기 전에 내가 죽을지라도 우리 자녀는 살아서 그것을 볼 것이다."[7] 낮은 차원에서는 많은 노예들이 하나님과 교제하면서 평화를 얻고 자신들이 고귀한 존재임을 깨달았다. 그들은 그렇게 힘든 상황을 견뎌 냈다. 이를 잘 보여 주는 이야기가 있다. 기도하는 제이컵Praying Jacob으로 알려진 메릴랜드Maryland의 한 노예 이야기다.

 제이컵은 노예들이 모이는 모든 비밀 집회에 참여하는 것 말고도 하루에 세 번씩 작정하고 기도를 드렸다. 노동을 하면서도 일정한 간격으로 일을 멈추고 조용히 쉬면서, 자신만의 비밀 은신처에서 하나님과 만났다. 잔인하고 악독한 주인인 손더스Saunders가 이를 보고 격노했다. 하루는 제이컵이 기도하기 위해 밭에 무릎을 꿇고 있자 손더스가 다가가 머리에 총을 겨누었다. 그리고는 당장 기도를 멈추고 일하러 돌아가라고 명령했다.

그러나 제이컵은 자신의 기도를 다 마치고서는 말했다. "방아쇠를 당겨 주십시오. 주인님께는 손해겠지만 저에게는 이익입니다. 저에게는 주인이 둘입니다. 하늘의 주인은 예수님이시고 땅의 주인은 주인님이십니다. 저에게는 영이 있고 육이 있습니다. 육은 주인님께 속하였지만 영은 예수님께 속하여 있습니다." 손더스는 제이컵의 용기와 두려움 없는 모습에 너무 충격을 받아 다시는 그를 건드리지 못했다.[8]

남부 지역에 있던 노예들이 스스로 자신들이 처한 상황을 바꾸기에는 역부족인 경우가 많았다. 그렇기 때문에, 불법적이든 합법적이든 간에 어떻게든 자유를 얻을 수 있는 노예들은 그 기회를 최대한 이용했다. 하지만 자유를 얻지 못한 자들이라고 해서 희망도 없고 인간으로서의 존엄성도 전혀 지킬 수 없던 것은 아니다. 그들도 하나님과 동행하면서 희망을 품고 존엄성도 지킬 수 있었다.

오늘날 많은 사람은 노예들보다는 훨씬 더 많은 것을 통제할 수 있는 상황에서 살고 있다. 그렇지만 우리도 그들처럼 희망을 품기 위한 은신처가 반드시 필요하다. 우리도 이 세계의 혼란스러움에서 빠져나와, 모든 창조물에게 희망을 주시는 하나님의 그 거대한 이야기에 다시 접속하는 순간이 필요하다. 이야말로 기독교인들이 매주 함께 모여 예배를 드리는 이유다. 함께 모여서 우리 삶을 성경에 기록된 하나님의 이야기에 맞추어 나가는 것이다. 우리 이야기를 하나님의 이야기의 맥락에 맞추면서, 어디에 희망이 있는지를 기억한다. 찬양과 교제 가운데 우리는 "이곳에서 영원히 살지 않을 것입니다. 하나님께 감사합시다"라고 서로 상기시키면서 서로를 격려할 수 있다.

하지만 '기도하는 제이컵'처럼 우리는 또한 날마다 규칙적으로 휴식 시간을 두고 잠시 멈출 필요가 있다. 조용하게 기도하며 하나님과 교제를 나눌 수 있는 평화로운 은신처를 마련해야 우리를 덮치는 혼란에 압도당하지 않는다. 이러한 평화의 순간에 하나님이 우리와 실제로 함께하시며 우리는 하나님께 속해 있음을 기억해야 한다. 그래야 앞으로 험한 바다를 헤쳐 나가는 시련에도 하나님이 우리와 함께 계실 것을 믿을 수 있다.

9장
사랑으로 사는 삶

감옥

멕시코 북서부에 위치한 도시인 티후아나Tijuana에는 악명 높은 라메사La Mesa 교도소가 자리 잡고 있다. 이곳에는 전국에서 가장 흉악하다는 범죄자 6,000명이 수감되어 있다. 높은 담과 쇠창살에 갇힌 마약 왕들마약 중독자들과 살인자들은 분노에 가득 차 있다. 그러나 작은 체구의 80세 수녀가 나타나면 이들은 돌변한다. "어머니! 어머니!" 그들은 수녀를 만져보기 위해 창살 너머로 손을 뻗으며 소리를 지른다. 이들이 어머니라고 부르는 이 수녀의 이름은 안토니아Antonia. 교도소의 가모장家母長, matriarch으로 여겨진다. 심지어 몇몇은 수녀를 보고 눈물을 흘리기까지 한다. 그러면 수녀는 "아드님, 어떻게 지내세요?"라며 따뜻하게 답한다. 수녀는 오후 내내 이들과 기도하며, 피해자들에게 용서를 구하라고 권하기도 하고,

약이나 깨끗한 물이 잘 구비되었는지를 살펴보기도 한다. 그렇게 하루가 저물 때쯤, 안토니아 수녀는 아직도 감옥을 떠날 기색이 아니다. 대신에 30년 넘게 살아온 "아들들" 옆에 위치한 감방으로 들어간다. "수녀님께서 모든 사람에게 희망을 가져 오셨어요." 간수인 프란시스코 지미네즈Francisco Jiminez는 말한다. "그리고 죄수들도 스스로 희망을 찾았지요. 수녀님께서 하나님의 사랑을 전하셨습니다."[1]

1977년 라메사 감옥에 들어오기 전까지 안토니아 수녀는 매리 브레너 클라크Mary Brenner Clarke라는 이름으로 살았다. 그녀는 두 번의 결혼과 이혼을 경험하고 일곱 명의 자녀를 거느린 비벌리 힐스Beverly Hills의 사교계 명사였다. 하지만 44세 되던 해, 매리의 삶은 변화되었다. 하나님과 깊은 교제를 나누다 보니 점차 가난한 자들과 상처 입은 사람들을 향한 끝없는 연민이 생겨났다. 자녀들이 성장하고, 매리는 티후아나의 잊힌 수감자들을 섬기라는 하나님의 부르심을 의식하게 되었다. 그래서 라메사에서 살기로 결심하고 재산을 다 처분한 뒤, 직접 운전해서 멕시코 국경을 넘었다. 매리의 장남은 어머니의 행동에 놀라지 않았다. "우리 형제가 받은 가장 큰 선물은 어머니입니다. 하나님이 우리를 키우시라고 어머님을 잠시 저희에게 빌려 주셨죠. 이제 어머니는 남은 전 세계를 돌보고 계시고요."[2]

수감자들을 상담하는 일 말고도, 안토니아 수녀는 죄수들과 교도관들을 이어 주는 중요한 연결 고리의 역할을 한다. 그녀는 교도소 내의 평화와 인간적인 처우를 옹호하며 죄수와 교도관의 가족들까지 만나고 다닌다. 감옥 내에서도 가장 약자에 해당되는 복장 도착자들(이성의 옷을 즐겨 입는 사람)이나 노인들이 특별히 수녀와 가깝다. 어떤 수감자는 안토니아 수녀가 "감옥에서 가장 중요한 사람"이라고 말하기도 한다.[3]

안토니아 수녀가 감옥에 거주하면서 놀랄 만한 변화가 있었지만 라메사는 여전히 매우 위험한 곳이다. 2008년 9월, 그녀가 감옥을 비웠을 때 폭동이 일어났다. 82세의 수녀가 밤에 부랴부랴 라메사에 도착했을 때는 이미 전원이 차단되어 있었고, 폭력 사태를 진압하기 위해 군대가 대기하고 있었다. 수감자들은 인질을 붙잡고 있는 상태였다. 마침내, 총격전이 시작됐다. 한 목격자는 "총알이 사방에서 날아 다녔다"라고 말했다.

안토니아 수녀는 경찰에게 다가가서 간청했다. "제발 들어가게 해 주세요. 제가 폭력 사태만은 막을 수 있을 것 같습니다." 당국자는 안전을 보장할 수 없다며 거절했다. 그러자 수녀가 말했다. "저는 두렵지 않습니다. 사랑한다면 두려울 것이 없습니다. 성경 말씀에 사랑이 두려움을 내쫓는다고 했습니다. 저는 저들을 사랑합니다. …… 제가 감옥에 들어가서 사람들을 만나 기도해 주고 희망을 줄 수 있습니다. …… 그렇다고 해서 제가 저들에게 동조한다는 것은 아닙니다. 또

제가 들어가서 저들에게 뭐가 잘못되었는지 가르치거나, 그들을 진정시키겠다는 것도 아닙니다. 단지 저는 저들을 사랑할 수밖에 없어요."

결국 수녀는 안으로 들어갔다. 안도니아 수녀는 어둠 속에서 블랙키Blackie라는 죄수를 발견했다. 그녀는 무릎을 꿇고 폭동을 끝내 달라고 간청했다.

"이런 곳에서 먹을 것도, 마실 것도 안 주면서 잡아 두는 것은 잘못된 일이지. 하지만 그런 문제들은 다 해결해 줄 수 있어. 이 방법은 아니야. 내가 도와줄게. 그렇지만 먼저 총을 나에게 줘. 무기를 내려놓아야 해. 내가 이렇게 빌게."

블랙키가 대답했다. "수녀님, 우리가 진작 수녀님 목소리를 들었다면 무기를 벌써 내려놨을 거예요."

이 사소한 친절로 폭동은 평화롭게 그칠 수 있었다. 안토니아 수녀의 존재만으로 라메사 감옥은 변화되었다. 캘리포니아 오렌지 시Orange, California에 있는 크리스천 라이프 펠로우십Christian Life Fellowship 교회의 목사인 샘 톰슨Sam Tompson은 다음과 같이 말했다. "수녀님은 살아 있는 사랑의 선물입니다."[4]

비

7장과 8장에서 종교적인 삶이 요구하는 다른 네 가지 자세가 지니는 본질적인 문제인 두려움과 통제의 악순환을 살펴보았다. 그리고 우리는 하나님과 함께하는 삶의 자세가 어떻게 이 악순환을 멈추는지 살펴보았다. 이 악순환을 끊으면, 진정한 믿음포기과 희망목적을 접할 수 있다. 하지만 하나님과 함께하는 삶에 있어서 믿음과 희망은 우리가 추구해야 할 유일한 가치는 아니며, 가장 위대한 가치도 아니다.

라메사 감옥의 수감자들, 교도관들, 그리고 그 외 모든 사람에게 안토니아 수녀와 나누었던 경험에 대해서 질문을 했다. 그때마다 그들이 반복적으로 언급하는 한 단어가 있었다. 그것은 바로 사랑이다. 사랑이야말로 다른 어떤 가치보다 그녀의 삶을 또렷이 나타내는 가치였다. 예수님도 자신의 제자를 구별하는 특징이 사랑이라고 말씀하셨다. "너희가 서로 사랑하면 이로써 모든 사람이 너희가 내 제자인 줄 알리라" 요 13:35. 그렇지만 과연 어떻게 해야 사랑이 이끄는 삶을 살 수 있을까? 이웃뿐만 아니라 원수에게도 선한 것을 베풀려는 이 진실한 열망은 어떻게 생겨나는가? 안토니아 수녀가 베푼 사랑은 어디에서 나온 것일까? 어떻게 해야 비벌리 힐스의 사교계 여왕을 티후아나의 가모장으로 만든 그 사랑을 우리도 깨달을 수 있을까? 82살 노인이 폭동이 일어나는 감옥으로 걸어 들어가게 만드는 그 사랑은 어디에서 오는 것인가? 두려움도 없고, 통제하려고도 하지 않고, 이기적이지도 않은 사랑을 어디에서 찾을 수 있을까?

끝없는 사랑의 저수지와 같았던 안토니아 수녀의 삶을 볼 때에 그녀가 매일 5시에 일어나서 한 시간씩 기도와 말씀 생활을 했다는 사실은 별로 놀랍지 않다. 성경은 우리의 시야를 가리며 우리의 시각을 뒤트는 이 세상의 그림자를 몰아내어 수녀가 하나님을 분명하게 바라보게 했다. 그리고 수녀는 침묵 가운데 하나님과 친밀하게 교제했다. 침묵과 고독을 위해 구분해 둔 이 시간이야말로 그 사랑의 저수지를 채우는 힘이었다.

○

16세기 그리스도인이었던 아빌라의 테레사Teresa of Avila는 기도라는 영적 생활과 하나님과의 교제를 널리 가르쳤다. 테레사는 이를 정원에 물 주는 일에 비유했다. 기도를 하지 않으면 사랑할 수 있는 능력이 시들고 죽어 버린다. 그렇지만 물을 어떻게 주느냐에 따라서 식물이 자라는 정도가 다른 것처럼 기도의 방법에 따라서 우리 영혼이 자라나는 양상도 달라진다. 테레사의 말에 따르면, 기도의 "첫째 물"은 우물에서 양동이로 물을 긷는 것과 같다. 양동이를 끌어올리며 용을 쓰지만 효과는 매우 미미하다. 이런 종류의 기도는 내 일, 내 말, 내 노력에 중점을 두는 것이다. 기도를 해도 새롭게 되기는커녕 피로감이 느껴지고, 그러한 노력을 기울일 정도로 기도가 가치 있는 일인지 의문이 들 뿐이다. 이런 단계에서 주저앉은 사람은 영원히 기도를 포기하게 된다.

기도의 "둘째 물"은 양동이에 밧줄을 걸고 도르래를 이용해 끌어올리는 것과 같다. 기도의 초점은 여전히 우리의 노력에 맞춰져 있지만, 통제하려는 노력을 어느 정도 포기하면서 작업은 약간 쉬워진다. 매 순간 우리의 말과 우리의 생각으로 기도를 채우는 것은 아니며, 속도를 늦추면서 새롭게 되는 침묵의 순간을 체험하게 된다.

테레사의 기도의 "셋째 물"은 여기에서 한 발짝 더 나간다. 이 기도는 양동이를 채워 물을 주는 것이 아니라, 논에 물을 대는 것과 같다. 물줄기가 물을 대기 때문에 덜 서둘러도 되고 쉴 수도 있다. 특정한 결과를 위해서 몸부림치기보다는, 하나님께 우리 전부를 의탁하면서 하나님의 존재만을 구하게 되기 때문에 기도 시간에 침묵하는 기간이 점점 길어진다.

마지막으로 기도의 "넷째 물"은 비와 같다. 이는 하나님께 우리를 완전히 드리고 연합하는 것이다. 우리는 그저 하나님의 은혜를 받아들이기만 할 뿐이다. 이러한 기도는 우리 정원에 물을 주는 데 가장 효과적인 방법이며, 우리의 삶을 하나님 사랑으로 흠뻑 적신다. 헨리 나우웬은 이러한 기도를 사역의 시작으로 보았다. 우리의 저수지가 사랑으로 가득 차 다른 사람을 사랑할 준비가 된 것이다.

왜 한 분 하나님과 함께 거하는 일이 그토록 중요한가? 하나님과 함께 거해야만 당신을 사랑하는 자라고 부르시는 그분의 음성을 들을 수 있기 때문이다. 기도는 당신을 "내 사랑하는 딸", "내 사랑하는 아들", "내 사랑하는 자녀"라고 부르시는 그 한 분의 말씀을 듣는 것이다. 기도는 당신 존재의 핵심에, 당신 가장 깊은 곳에 그 목소리가 말씀하게 하시고 그 말씀이 당신의 온 존재 안에서 울리도록 하는 것이다.[5]

나우웬은 하나님과 함께하는 조용하고도 고독한 경험이 없으면 우리는 자신의 가치를 모르고 살게 된다고 말한다. 그렇기 때문에 매일 세상에서 인정받고, 칭찬받고, 성공하기를 간절히 바라며 살아간다. 다른 이들을 자유롭게 사랑하기보다는, 끊임없이 우리 스스로의 가치를 증명하기 위해서 애쓴다. 세상의 비어 있는 우물에서 양동이를 끌어당겨 정원에 물을 대려고 힘쓰는 격이다. 하지만 이렇게 해서는 결국 사랑에 이를 수 없다. 우리는 말라 황폐해지고 지쳐 버린다.

6장에서 하나님과 함께하는 삶이 다른 자세들과 구별되는 점이 무엇인지 살펴보았다. 기억을 되살려 보면, 이러한 삶은 하나님을 내가 이용할 수 있는 도구로 여기는 것이 아니라 보배처럼 아름답게 여기는 마음에서 시작한다. 하나님이 분명하게 자신의 존재와 아름다움과 선하심을 보여 주실 때, 하나님은 저급한 목적을 달성하기 위한 수단이 아니라 우리가 원하는 유일한 목적이 되신다. 하지만 침묵과 고독 속에서 우리는 그 이상의 진리를 발견하게 된다. 하나님도 우리 안에서 기뻐하신다는 사실이다! 하나님도 우리를 당신의 목적을 이루기 위한 도구로 사용하시거나 통제하시지 않는다. 우리는 사랑받는 자녀다! 하나님의 기쁨은 우리다! 우리야말로 하나님이 사랑하시는 그 대상이다!

> 너의 하나님 여호와가 너의 가운데에 계시니
> 그는 구원을 베푸실 전능자이시라
> 그가 너로 말미암아 기쁨을 이기지 못하시며
> 너를 잠잠히 사랑하시며
> 너로 말미암아 즐거이 부르며 기뻐하시리라 하리라(습 3:17)

이렇게 하나님과 함께하는 삶은 사랑으로 시작해서 사랑으로 끝난다. 하나님의 사랑은 우리를 감동하게 한다. 그래서 우리는 하나님을 보배롭게 여기게 된다. 그런데 우리가 하나님을 보배롭게 여기다 보면 하나님도 우리를 보배롭게 여기신다는 황홀한 사실을 알게 된다. 사랑은 하나님과 우리 관계의 시작과 끝이며, 근원이며 결말이다. 그리고 그 과정에서 하나님의 사랑은 우리를 놀라게 하고, 우리가 발견한 것을 환하게 비춰 주며, 우리에게 기쁨을 불러일으킨다.

○

　제롬 베리먼Jerome Berryman은 아이들의 영적 성장을 연구하면서 단순하지만 의미 있는 행동 패턴을 찾았다. 나는 이것이 어른에게도 마찬가지로 적용된다고 확신한다. 그의 연구 결과, 아이들은 조용하고 사색적인 분위기가 조성된 공간에서 더욱 자주 하나님이 자신들과 함께하는 것을 느낀다고 한다. 베리먼에 따르면, 이때 "아!"라는 첫 번째 감탄사가 터져 나온다고 한다. 이는 경이로움과 두려움의 자각이다. "이 탄식의 감탄사는 우리를 먹이시는 동시에, 두려움으로 압도하는, 모든 것의 시작이 되는 신비한 존재가 있음을 암시한다."[6)]
　우리의 지성이 인지 능력을 발휘해서 그 경험을 따라잡게 될 때, 두 번째 감탄사가 터져 나온다. "아하!"—발견이다. 하나님을 더욱 온전하게 인식하기에, 우리는 하나님과 함께하며, 우리 자신에 대해서 또 우리를 둘러싼 세계에 대해서 새로운 진리를 발견한다.
　그리고 이러한 발견들은 기쁨을 낳는다. 그래서 우리는 "하하하!" 기뻐서 감탄한다. 그 전에는 세계를 음울하고 두려워하는 시선으로 바라봤다면, 이제는 이해의 차원을 넘어선 기쁨으로 대체된다. 마침내 이러한 두려움, 발견, 기쁨의 주기가 끝나면, 우리는 하나님과 또 동행하기 위해 침묵하며 기다리는 자세를 취하게 된다.

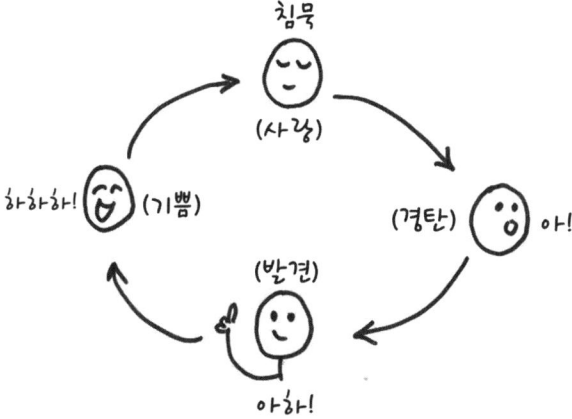

　나는 이 영적 성장의 주기가, 물론 어느 정도의 차이는 있겠지만, 안토니아 수녀와 아빌라의 테레사 그리고 헨리 나우웬이 하나님과 조용한 교제를 나누며 경험한 내용들과 일치한다고 본다. 이들은 각기 하나님의 기뻐하심을 발견했다. 하나님은 이들에게 하나님의 사랑받는 자녀라고 자비롭게 선포하시며 기뻐하셨다. 이는 결과적으로 그들이 자신과 다른 사람들을 바라보는 방식을 변화시킨다. 그렇기 때문에 멕시코의 어두운 감방에서도 기쁨이 생겨난다. 조용한 고독 가운데 하나님과 함께하는 삶은 우리 안에 위치한 사랑이라는 엔진을 돌리는 연료다. 이 사랑은 담대하며, 너그럽고, 영원하다.

　이 간단한 진리를 나누면서 나는 놀랄 수밖에 없었다. 정말 많은 사람이 이 진리를 받아들이지 않았다. 어떤 이들은 우리는 하나님의 사랑의 임재를 받아들이기 전에, 어떤 식으로든 '우리 삶을 깨끗이 해야 한다'고 믿고 있다. 심지어 한 젊은이는 "하나님을 곤란하게 만들지 않으려고" 계속해서 부도덕한 행위를 한다고 말했다.

"무슨 말을 하는 거니?" 내가 물었다. "제가 옳은 일을 하는데도 하나님의 사랑을 느끼지 못하면 어찌죠? 옳은 일을 하는데도 하나님이 저를 축복하시지 않는다면 어쩌냐고요. 그러면 문제가 있는 건 제가 아니라 하나님이 된다는 말이죠. 하지만 제가 계속 죄를 저지르면, 하나님이 반드시 저를 사랑할 필요는 없겠죠?"

"그러니까 네가 죄를 저지르는 이유가 하나님의 이미지를 보호하기 위해서라는 말이니?" 내가 물었다.

"그런 거 같아요." 그는 대답했다. "약간 뒤틀린 면이 있기는 하지만, 저는 하나님이 계시지 않을 수도 있다고 생각하기보다는 불쾌한 죄인이 될래요."

그러나 이 젊은이가 이해하지 못한 것이 있다. 우리가 죄를 짓고 하나님께 반역하여 도무지 사랑받을 수 없는 존재일 것 같은 순간에도, 하나님은 여전히 우리를 가까이 하시고 하나님의 사랑으로 우리를 덮으시기를 간절히 원한다는 사실이다. 어쨌든, 하나님은 "그 해를 악인과 선인에게 비추시며 비를 의로운 자와 불의한 자에게 내려 주시는"마 5:45 분이다. 예수님은 예루살렘의 지도자들과 백성이 저지른 끔찍한 죄악들을 통탄하신 이후에도 다음과 같이 말씀하신다. "예루살렘아 예루살렘아 선지자들을 죽이고 네게 파송된 자들을 돌로

치는 자여 암탉이 제 새끼를 날개 아래에 모음같이 내가 네 자녀를 모으려 한 일이 몇 번이더냐 그러나 너희가 원하지 아니하였도다"눅 13:34. 이것이 하나님의 변함없는 사랑이다. 우리가 죄에 빠져 있을 때에도, 우리를 향한 하나님의 열정은 변하지 않는다. 하나님은 우리를 거절하시지 않는다. 단지 우리가 하나님을 받아들이지 않을 뿐이다.

하지만 비처럼 내리는 하나님의 과분한 사랑을 경험하면, 우리는 다른 사랑을 구하지 않게 된다. 그 사랑을 경험하면 힘, 성공, 아름다움, 세상에 부합해서 살라는 세상의 목소리에 귀 기울이지 않게 된다. 오히려 그러한 목소리를 자신 있게 거절할 수 있다. 나는 이미 무조건적으로 사랑받는다는 사실을 알기 때문이다. 나우웬은 계속해서 말한다.

> 당신이 무조건적으로 사랑받는다는 사실을 기억한다면, 아무리 엄청난 성공이나 실패를 겪는다고 하더라도 당신의 정체성을 잃을 일이 없다. 왜냐하면 당신의 정체성은 바로 당신이 사랑받고 있다는 사실이기 때문이다. 당신의 아버지, 어머니, 형제, 자매 또는 선생님, 교회 사람 또는 어떤 사람이 당신을 따뜻하게 받아 주거나, 상처를 주기 훨씬 이전에―누군가가 당신을 거부하거나 칭찬하기 훨씬 이전에―그 목소리는 항상 거기 계셨다. "나는 너를 영원히 사랑한다." 이 사랑은 당신이 태어나기 전부터, 그리고 당신이 죽고 나서도 항상 있을 것이다.[7]

그 중에 제일

고린도전서 13장을 보통 신약의 "사랑 장"이라고 한다. 사랑은 오래 참고, 온유하며, 모든 것을 참으며, 모든 것을 견딘다는 바울의 말은 결혼식에서 신랑 신부 서약으로 쓰기에 참 적절한 표현이다. 하지만 고린도전서 13장을 결혼 생활과 너무 밀접하게 연결시키다 보니 의도하지 않은 부작용이 생겨나기도 한다. 바로 사랑을 현대적이고, 서구적이며, 낭만적인 것으로 이해하면서 고린도전서 13장을 보게 된다는 점이다. 바울 사도의 말씀은 분명히 결혼에 적용되는 점이 있지만, 이 편지를 썼을 때의 본래 맥락과는 맞지 않는다.

사랑 장은 사실상 바울이 교회 공동체 내의 여러 가지 직분과 은사들을 설명하면서 최종적으로 내린 결론이다. 고린도 성도들은 어떤 영적 능력이 가장 중요한지를 놓고 다투고 있었다. 고린도전서 12장에서 바울 사도는 가르치는 은사, 병 고치는 은사, 영들 분별하는 은사 등에 대해서 말한다. 바울 사도는 하나님이 사람에 따라 다양한 은사를 주신다는 사실은 인정하지만, 그렇기 때문에 일부 사람들이 다른 사람보다 가치 있다고 믿는 고린도 사람들의 믿음을 비난한다. 그렇게 바울은 은사와 연합에 대해서 가르치고 난 후에 마지막으로 다음과 같이 선언하며 논지를 바꾼다. "내가 또한 가장 좋은 길을 너희에게 보이리라"고전 12:31. 이 가장 좋은 길은 사랑이다.

> 내가 사람의 방언과 천사의 말을 할지라도 사랑이 없으면 소리 나는 구리와 울리는 꽹과리가 되고 내가 예언하는 능력이 있어 모든 비밀과 모든 지식을 알고 또 산을 옮길 만한 모든 믿음이 있을지라도 사랑이 없으면 내가 아무것도 아니요 내가 내게 있는 모든 것으로 구제하고 또 내 몸을 불사르게 내줄지라도 사랑이 없으면 내게 아무 유익이 없느니라(고전 13:1-3)

이 짧은 구절에서 바울 사도는 우리가 삶의 기초로 삼았던 많은 전제를 무너뜨린다. 우선, 바울 사도는 하나님께 요구하는 삶을 이야기한다. 하나님으로부터 사람의 방언과 천사의 말을 하는 능력처럼 기적 같은 은사를 받아도 사랑이 없으면 아무것도 아니라고 말한다. 그리고 하나님과 상관없는 삶에 대해서도 이야기한다. 모든 비밀과 모든 지식을 아는 능력도 사랑의 탁월함에는 미치지 못한다. 또, 바울 사도는 산을 옮기는 믿음을 말하면서 하나님께 맞추는 삶을 비판한다. 마지막으로, 무엇을 내주는 행위로 대표되는 하나님을 위한 삶도 일축한다. 사랑이 없으면 어떠한 삶도 우리에게 유익이 되지 못하기 때문이다.

어떻게 바울 사도는 사랑이 은사, 지식, 믿음, 섬김보다 더 위대하다고 말할 수 있었을까? 바로 "사랑은 언제까지나 떨어지지 아니하기"고전 13:8 때문이다. 하나님께 맞추는, 하나님과 상관없는, 하나님께 요구하는, 하나님을 위한 삶이 기초한 가치들은 순간적인 것에 불과하다. 우리는 이미 살펴보았듯이 두려움과 통제는 환상에 불과하며 영원히 지속되지도 않는다. 마침내 하나님이 모든 창조물을 본래 의도하신 선한 모습으로 복원하시면 사라질 것들이다. 그리고 고상하게 여겨지는 믿음과 희망이라는 가치들도 새롭게 창조되는 질서에서는 사라진다. 그렇기 때문에 다른 삶의 자세들이 권고하는 가치에 입각해서 하나님과 관계를 맺으면, 끝내는 엄청나게 실망하고 말 것이다. 이들은 영원하지 않기 때문이다.

믿음을 생각해 보자. 믿음은 분명히 좋은 가치다. 7장에서 살펴보았듯이 믿음은 스스로 제어하지 않겠다고 포기하는 용기다. 그렇지만 이 칭송받아 마땅한 믿음도 오직 우리가 살아가는 이 위협적인 세상에서나 필요한 가치다. 이 세상은 너무나 위협적이기 때문에 우리는 통제하려는 의지를 포기할 수 없게 되고, 하나님의 선하심을 바라는 우리 시야도 흐려지기 마련이다. 하지만, 모든 위험이 사라지고 하나님의 선하심과 영광이 온 지구를 덮는 날에, 우리가 믿음을 가질 필요가 무엇이겠는가? 히브리서 저자는 말한다. "믿음은 바라는 것들의 실상이요 보이지 않는 것들의 증거니"히 11:1. 하지만 영원히 드러나지 않을 일은 없으며, 감춰진 모든 것이 밝혀질 것이다. 이때, 믿음은 성취된다.

희망도 마찬가지다. 이 세계를 지배하는 것처럼 보이는 혼돈과 무질서도 영원히 지속되지 않는다. 8장에서 보았듯이, 오는 세계에서 바다는 더 이상 존재하지 않는다. 하나님의 목적은 성취되며, 우리의 희망은 실현된다. 따라서 희망도 더 이상 필요하지 않다.

다시 나우웬의 공중그네 비유로 돌아가 보면, 본질적으로 믿음과 희망은 순간적인 가치라는 점을 깨닫게 된다. 믿음이 상대편이 나를 받아 주리라 신뢰하는 마음으로 그네를 놓는 용기라면, 희망은 그가 나를 놓치지 않으리라는 사실을 알고 공중에 솟아오를 때 경험하는 확신과 평화다. 하지만 상대편이 나를 안전하고 확실하게 잡는 순간, 믿음과 희망은 사라진다. 남는 것은 단지 잡아 준 사람과 잡힌 사람 사이의 사랑이다. "사랑은 언제까지나 떨어지지 아니하되 예언도 폐하고 방언도 그치고 지식도 폐하리라 우리는 부분적으로 알고 부분적으로 예언하니 온전한 것이 올 때에는 부분적으로 하던 것이 폐하리라"고전 13:8-10.

사랑에 관한 바울의 말씀은 하나님께 맞추는, 하나님과 상관없는, 하나님께 요구하는, 하나님을 위한 삶에 마지막 일격을 가한다. 많은 기독교 단체와 지도자가 이러한 자세들을 옹호하지만, 이들은 기껏해야 일시적일 뿐이다. 도덕, 지식, 은사 또는 섬김과 같은 가치 위에 하나님과의 관계를 쌓아 올리지만, 이 또한 영원의 빛이 비추일 때 사라질 것에 불과하다는 사실을 생각한다면 부질없는 짓이다. 교회 다니는 많은 사람이 그토록 목숨을 거는 하나님의 사명도 영원하지 않다. 끝까지 남는 것은 하나님과 함께하는 교제, 그리고 우리를 묶어 주는 사랑뿐이다. "그런즉 믿음 소망 사랑 이 세 가지는 항상 있을 것인데 그 중의 제일은 사랑이라"고전 13:13.

돌

우리는 지금까지 하나님과 관계 맺는 방법 중에서, 진정한 삶과 자유를 제공해 주는 길이 과연 무엇인지 찾아봤다. 우리 모두 하나의 공통적인 근원에서 이 여행을 나섰다. 즉, 에덴 이후의 세상, 두려움으로 귀결되는 세상을 경험했다는 사실이다. 이 출발점으로부터 우리는 다양한 경로를 살펴보았는데 (거꾸로 된 산을 생각해 보라) 이들은 결국 삶의 다섯 가지 자세로 귀착됐다. 자세들 모두 우리를 두려움에서 해방시켜 주며, 우리 삶과 세상에 의미를 다시 부여하고 풍요로움과 아름다움을 회복시켜 준다고 약속한다. 하지만 우리는 그중 네 가지 자세가 어떻게 실패하는지 살펴봤다. 오직 하나님과 함께하는 삶만이 하나님을 도구가 아닌 우리가 진정으로 갈망하는 대상으로 바라보게 하며, 하나님과 교제하며 나누는 삶만이 우리를 믿음, 소망, 사랑으로 인도한다.

하지만 각 길을 따라 여행할 때, 우리는 단지 하나님과 관계 맺는 방법만을 찾아본 것은 아니다. 사실, 우리는 동시에 우리 자신을 고찰한 것이나 마찬가지다. 하나님과 하나님이 지으신 우주를 이해하는 방식에 따라 궁극적으로 우리 스스로의 정체성을 이해하는 방식도 달라지기 때문이다.

- 나는 죄인인가—나는 하나님이 진노하실까, 벌 주실까 항상 두려워하는가? 하나님을 달래기 위해 도덕 규칙과 종교 의식을 엄격하게 지키며 살아가는 비참한 존재인가? (하나님께 맞추는 삶)

- 나는 경영자인가—나는 세상이 돌아가는 법과 내 삶을 살아갈 방법이 나와 있는, 신이 주신 설명서를 참고해서 살아가는 독립적인 존재인가? 그렇다면 나의 운명은 궁극적으로 하나님의 원리와 명령을 얼마나 잘 수행하느냐에 달려 있는 것인가? (하나님과 상관없는 삶)

- 나는 소비자인가—나는 채워지지 않는 갈망과 욕구로 가득 차 있는가? 모든 일, 모든 사람, 그리고 심지어 하나님까지도 나를 중심으로 움직이고 내 기분대로 되어야 한다고 요구하는가? (하나님께 요구하는 삶)

- 나는 종인가—나는 위대한 사명에 일조하기 위해 만들어진

존재로서, 성취한 일과, 세상에 얼마나 영향력을 미쳤는지에 따라 가차 없이 가치가 결정되는 일꾼인가? (하나님을 위한 삶)

때와 장소에 따라, 이 네 가지 모두 진정한 나의 모습이 될 수 있다. 이기적으로 살아가며, 하나님과 다른 사람은 안중에도 두지 않을 때의 나는 죄인이다. 반면, 지혜와 통찰력을 발휘하여, 하나님이 주신 자원들과 능력을 선용해야 하는 경영자일 때도 있다. 나는 하나님 또는 다른 것들이 나의 필요와 갈망을 충족시켜 줘야 한다고 떼쓰는 소비자이기도 하다. 또, 나는 하나님의 영광을 위해 이 땅에서 일하기 위해 부름 받은 종이기도 하다. 그런데, 이 네 가지 모습 모두 하나님과 함께하는 삶과 유리될 때, 하나님과 나 자신에 대해 왜곡된 인식을 갖게 할 뿐더러, 기독교에 대해 아주 위험하고도 치명적인 오해를 불러일으킬 수 있는 위험이 있다. 게다가 이 네 가지 자세가 하나님과 함께 나누는 교제에 견고하게 뿌리 내리고 있다고 하더라도, 내가 누구인지를 완벽하게 포착하지는 못한다.

이 네 가지 자세들의 가장 큰 약점은 하나님이 어떤 분이신지 정확하게 보여 주지 못한다는 점이다. 네 자세 모두 하나님의 성품 중 일부를 드러내기는 하지만, 진정한 하나님의 실체는 여전히 그늘 뒤에 가려져 있다. 우리의 정체성도 마찬가지다. 하나님께 맞추는, 하나님과 상관없는, 하나님께 요구하는, 하나님을 위한 삶으로 규정된 정체성들은 내가 본질적으로 누구인지를 정확하게 설명하지 못한다. 나는 죄인, 경영자, 소비자, 종 어느 하나만으로 규정할 수 없는 복잡한 존재이기 때문이다. 부분적으로는 모두 사실일 수 있지만, 내가 누구인지 그 정체성을 총체적으로 반영하지는 못한다.

"사랑 장"이라고 불리는 고린도전서 13장에서 바울은 "우리가 지금은 거울로 보는 것같이 희미하나"라고 말한다. 우리 모두 내가 진정 누구인지 알고자 힘쓴다. 그렇지만, 어두움과 왜곡으로 가득 찬 이 세상에서는 아무것도 정확히 볼 수 없다. 바울 사도는 계속해서 우리가 "얼굴과 얼굴을 대하여 볼 것이요 …… 주께서 나를 아신 것같이 내가 온전히 알"고전 13:12 그날이 올 것이라고 말씀하신다. 그때가 되면, 이 세상에서 하나님을 제대로 보지 못하게 가로막고 왜곡시키던 모든 것이 사라진다. 하나님이 우리를 아시는 것처럼 우리도 온전하게 하나님을 알게 된다. 또, 우리가 과연 실제로 누구인지 깨닫게 된다.

사도 요한은 요한계시록 2장에서 이 순간을 다룬다. 예수님은 고통과 핍박 가운데 분투하고 있는 자기 백성에게 말씀하시면서, "흰 돌을 줄 터인데 그 돌 위에 새 이름을 기록한 것이 있나니 받는 자밖에는 그 이름을 알 사람이 없느니라"계 2:17라고 약속하신다. 이 돌과 새 이름의 의미는 고대의 상징 체계에 기원한 것이다. 요한이 살던 시절에는 나무나 돌 또는 금속으로 만든 작고 납작한 조각들을 입장권같이 사용했다. 예수님은 핍박을 이겨 낸 자들에게 자신의 임재와 천국의 잔치에 입장권을 주시는 것이 아닐까.[8]

그렇다면, 새 이름은 무엇인가? 요즘은 부모들은 자식들에게 보통 자신이 좋아하는 이름, 혹은 유행하는 이름을 지어 준다. 하지만, 고대에는 이름이란 바로 그 사람의 본질로 여겨졌다. 조지 맥도널드George MacDonald는 자신의 설교집,《전하지 않은 설교》Unspoken Sermons 중 "새 이름"The New Name이라는 설교에서 이름이 갖고 있는 풍성한 의미를 다음과 같이 설명한다. "진정한 이름이란 그 이름을 지닌 사람의 성격, 본질, 의미를 나타낸다. 이름은 그 사람만의 상징이며, 그의 영혼의 구현이다. 즉, 다른 누구에게도 속하지 않고 그 사람에게만 속하는 표식이다. 그런데, 누가 인간에게 이러한 자신만의 진정한 본성을 부여할 수 있는가? 하나님 한 분뿐이시다. 하나님 한 분 외에는 그 누구도 한 인간을 통찰할 수 없기 때문이다."[9]

하나님과 조용히 교제하는 이생의 시간들도, 그분의 임재와 사랑을 느끼는 고독의 순간들도 그늘이 걷혀 우리가 하나님과 얼굴을 대하여 보게 될 때에는, 희미한 기억에 지나지 않을 것이다. 그때 우리는 하나님, 즉 우리의 보물을 온전히 소유하게 된다. 그렇지만 동시에 우리는 다른 것도 선물로 얻는다. 바로 하나님이 우리에게 주실 우리의 진정한 정체성이다. 그때 우리는 자신이 진정 누구인지, 누가 우리를 이렇게 창조하셨는지를 알게 된다. 맥도널드는 이 선물이란 하나님이 우리의 이름을 분명하게 말씀해 주시는 것으로 본다. 예전에는 조용히 들었지만, 그때가 되면 큰 음성으로 우리의 이름을 듣게 될 것이다. "하나님이 우리 이름을 불러 주시면, 우리는 성공한 것이다. 하나님이 '너로 인하여 내가 기뻐하노라'고 말씀하시는 것이다."10) 또한, 그리스도도 우리 이름을 불러 주시며, 우리에게 이같이 분명히 말씀하시고 사랑을 베풀어 주신다.

정체성은 현재 우리가 살고 있는 이 세대에서는 온전하게 드러날 수 없는 성질의 것이다. 정체성이란 오직 창조주 되신 하나님만이 은혜로 주실 수 있는 것이기 때문이다. 인생 여정을 가다 보면, 우리가 누구인지 어렴풋이 볼 수 있는 순간들이 있다. 우리는 아마 죄인, 종, 경영자, 소비자의 모습을 띠고 있을 것이다. 하지만, 이는 희미한 거울 안에 비친 산산조각 난 이미지들에 지나지 않는다. 하나님께 맞추면서, 하나님과 상관없이, 하나님께 요구하며, 하나님을 위해 살아가면서는 우리의 진정한 자아를 발견할 수 없다. 그것은 하나님과 함께할 때에만 온전히 드러난다.

그런데 흰색 돌과 관련하여 흥미로운 사실이 하나 더 있다. 예수님은 그 돌 위에 새겨진 이름을 누구도 알 수 없다고 하셨다. 이는 그 돌을 받는 사람과 주는 사람만이 알 수 있는 비밀스러운 지식이다. 내가 진실로 누구이며, 나의 진정한 자아가 무엇인지, 나의 본질적인 정체성이 무엇인지는 나와 창조주이신 하나님만 공유하는 것이다. 굳이 비유하자면, 사랑과 친밀한 결혼 사이에서 나누는 부부 사이의 비밀스러운 지식에 견줄 수 있을 것이다. 북새통인 시장 같은 곳에서 아무 말을 나누지 않아도, 서로 직관적으로 교통하며 알 수 있는 그런 종류의 앎이다. 바울이 "주께서 나를 아신 것같이 내가 온전히 알리라"라고 할 때 의미하는 앎도 이런 것이다. 우리 한 사람 한 사람이 하나님과 나누는 사랑은 뼈에 사무치듯 깊고도 넓어서 감출 수 있는 것이 하나도 없다.

우리 존재의 영원성을 생각해 볼 때, 이러한 사실은 흥미로운 역설을 유발한다. 요한이 본 환상에는 회복된 우주에서 하나님과 함께 거하는 군중이 등장한다. 아름답고 풍성하며, 질서가 잡힌, 생동감 넘치는 문명이 땅을 가득 메우고 있다. 그러나 아무리 인파 속에 있어도, 각 사람과 하나님 사이에는 강렬하고도 친밀한 교제가 계속해서 있을 것이다. 이야말로 우리가 창조된 이유이기 때문이다. 하나님께 맞추는, 하나님과 상관없는, 하나님께 요구하는, 하나님을 위한 삶은 사라진다. 그러나 하나님과 함께하는 삶은 그 원동력이 되는 사랑과 함께 절대 멈추지 않는다.

그때까지는, 계속해서 희미한 거울을 들여다보는 수밖에 없다. 그리고 계속해서 그분과 함께하는 삶을 추구하며, 받을 자격 없는 우리에게 비처럼 부어 주시는 사랑 가운데 새

힘을 얻어야 한다. 또한 얼굴과 얼굴을 대하여 그분을 보며 우리가 진정 누구인지 발견하게 될 그날을 갈망해야 한다.

디트리히 본회퍼는 히틀러 암살 계획을 세웠던 목사로서, 나치에 잡혀 처형 날짜를 기다리고 있었다. 거기에서 본회퍼는 자신의 정체성에 관한 질문들을 엮어 한 편의 시로 남겼다. 그는 과연 누구였는가? 목사였는가? 신학자였는가? 선지자였는가? 스파이였는가? 암살 공모자였는가? 나치, 아니 그의 동료들이라도 그가 진정으로 누구인지 이해하고 있었는가? 하나님께 순종하고 교회에 헌신하는 모습, 또는 그가 쓴 글들로 그를 이해할 수 있는가? 본회퍼는 하나님과 함께 살아가는 모든 사람에게 해당되는 진리를 담아낸 결론에 이르렀다.

> 나는 누구인가!
> 이 적막한 물음은 나를 희롱한다.
> 내가 누구이든
> 당신은 나를 아시나니,
> 오! 하나님.
> 나는 당신의 것입니다.[11]

부록_가
하나님과 함께 교제하기

그래서 이제 뭘 어떻게 해야 하는가? 이 책의 목적은 하나님과 관계 맺는 한 가지 다른 방법을 조명해 보는 것이었다. 그래서 책 전반부에는 보통 널리 알려져 있지만, 궁극적으로는 만족을 줄 수 없는 하나님께 맞추는, 하나님과 상관없는, 하나님께 요구하는, 하나님을 위한 삶의 자세들을 다루었다. 그리고 후반부에는 '하나님께 함께하는 삶이 어떤 것인가?'라는 질문에 답을 하고자 했다. 우리는 그러한 삶의 의미가 하나님을 보배롭게 여기고, 하나님과 연합하고, 하나님을 경험하여 믿음과 소망과 사랑이 우리 삶에 넘쳐나도록 하는 것이라는 사실을 봤다.

하지만 이 책은 시행의 문제(하나님과 교제를 어떻게 실천할 것인가?)보다는 비전의 문제(하나님과 함께하는 삶은 무엇인가?)에 집중한 것이 사실이다. 기독교 역사를 통틀어 그리스도를 보배롭게 여기고 그리스도를 경험하도록 도울 수 있는 자료들은 무궁무진하다. 그리고 그 중 몇몇은 부록 말미에 실어 놓았다. 그렇지만 조금 더 수월하게 그 길을 시작하고 싶은 독자를 위해, 세 가지의 기도 형식을 여기에 포함시켰다. 이 기도들은 우리가 하나님과 그저 의사소통하는 수준에서 벗어나 하나님과 풍요로운 교제를 누리도록 도울 것이다.

내가 스스로 이 수행법들을 사용해서 영적으로 성숙했기 때문에, 방법 자체가 유용한 것임은 분명하다. 하지만 이것은 명령이나 규범이 아닌 단지 권고 사항에 불과하다. 명심하라. 영적인 수행법은 반드시 느슨하게 붙잡아야 할 대상이다. 그것들은 모두 하나님과 교제하기 위한 방법에 불과할 뿐, 절대 그 자체를 목적으로 여겨서는 안 된다. 덧붙여서 말하자면, 어떤 방법도 결과를 보증하지 못한다. 따라서 시간이 지나도 그 수행법이 하나님과 당신의 교제를 증진하지 못한다면 방법을 수정하거나 다른 방법을 사용하라. 이 때, 그 방법을 포기해야 할지 아니면 그대로 유지하는 게 더 좋을지 구별할 수 있는, 신뢰하는 친구나 멘토들과 상담하는 것이 가장 좋다.

성경과 기도하기

구텐베르크Gutenberg가 15세기에 인쇄기를 발명하기 전, 대부분의 기독교인에게 성경에 직접 접근할 방법은 거의 없거나 전무했다. 그리고 성경이 널리 보급된 이후에도 문맹률이 높아 성경을 읽지 못하는 사람이 많았다. 이는 역사를 통틀어 그리스도를 따랐던 대부분의 사람이 우리와는 매우 다르게 성경을 접했음을 의미한다. 3장에서 살펴봤듯이, 현대인들은 마치 매뉴얼이나 교과서 같은 문서처럼 성경을 대하려는 경향이 있다. 그래서 자세히 분석하고 해석해서, 통달하고 그대로 시행하려고 한다. 어떤 면으로 보면, 우리는 글을 위에서 **내려다보며** 어떤 부분을 읽을지, 언제 읽을지, 어떻게 반응할지를 결정한다.

성경을 깊이 있게 연구하는 것은 분명히 좋은 훈련 방법이지만, 기독교인들은 다른 한 가지 방법을 반드시 실천해 봐야 한다. 계몽주의 이전 시대에 성경을 읽는 방식인데 실제로 해 볼 가치가 있다. 렉티오 디비나Lectio Divina, 거룩한 독서라고 하는 이 방법은 성경을 원칙들과 그 응용법들의 저장소로 보는 것이 아니라, 하나님이 자신의 백성에게 스스로를 보이시는 자기 계시로 받아들인다. 성경은 하나님의 살아 있는 말씀이기에 하나님은 성경을 통해 여전히 말씀하시고 우리와 교제하신다.

이 방법은 인쇄기가 발명되기 수 세기 전, 기독교인들이 성경 낭송을 듣기 위해 교회나 성당에 날마다 모이던 시절에 생겨난 것이다. 우리가 침묵을 지키며 글을 시각적으로 읽는 나면, 이들은 낭송되는 말씀을 청각적으로 받아들였다. 듣기는 하나님의 말씀을 받는 하나의 모델로서 성경 말씀만큼이나 오래된 것이다. 그들은 하나님의 말씀을 받고 묵상한 뒤에 각자 일자리로 흩어져 일을 했다. 그렇지만 이들은 일을 하면서도 하루 종일 기도하며 하나님과 교제를 풍성하게 하기 위하여, 성경 낭송 시간에 들은 한 단어, 한 구절, 한 문장을 마음에 간직했다. 결국 이런 방법은 다섯 가지 단계로 가르쳐졌다.

1. 읽기Reading. 모든 단어와 모든 구절에 주의하며, 성경 본문을 부드러우면서도 크게 읽으라. 성경을 많이 읽는 것이 아니라, 성경 말씀을 깊이 생각하며 하나님의 임재를 의식하는 것이 목적이다. 이는 본문을 여러 번 읽는 것을 의미할 수도 있다. 최종적으로는 나에게 어떤 방식으로든 말씀하시는 한 단어 또는 한 구절을 확인한다.

2. 묵상하기Meditating. 성경을 읽었으면, 두 번째 단계로 성경이 "나를 읽도록" 한다. 본문이나 구절을 사용하여 스스로를 반성하고 돌아보는 시간을 갖도록 한다. 읽은 것이 어떻게 나와 나의 환

경에 적용되는가? 하나님을 초대하여 본문을 통하여 하나님이 당신에게 전하기 원하시는 바를 말씀하시고 드러내 달라고 한다.

3. 말하기Speaking. 하나님과 하나님의 성경이 우선 말씀하시게 했으면, 이제는 응답하는 시간이다. 나의 생각을 말로써 하나님께 전하라. 이는 성경 말씀을 받은 후에 생겨나는 감사, 고백, 걱정, 기쁨, 또는 어떤 감정이라도 될 수 있다.

4. 관상하기Contemplating. 말하기가 멈춰지면, 하나님의 임재 가운데 쉴 시간이다. 남은 시간에는 조용한 가운데 하나님이 하실 말씀에 마음을 연다. 하나님의 용서, 확신, 하나님이 당신에게 하시는 모든 것을 받아들인다.

5. 반추Ruminating. 시간을 마쳤으면, 읽은 말씀 중에 특별한 단어나 구절을 취한다. 하루 종일 그 취한 말씀에 돌아가서, 기도를 하려는 마음이 들게 하는 용도나 또는 하나님이 나에게 임재하셨다는 것을 상기해 주는 용도로 사용하라.

나의 경우, 신학대학원에서 공부하는 동안 '거룩한 독서'를 실천했던 것이 특히 도움이 되었다. 그 당시 성경은 말 그대로 나의 교과서였기 때문에, 학문적인하나님과상관없는삶 자세로 치우치지 않고 성경을 읽기가 어려웠다. 하지만 성경을 받아들이는 이 오래된 방식은 하나님의 말씀을 통해 하나님과 다시 한 번 교제할 수 있게 해 주었다.

교회와 기도하기

8장에서 '기도하는 제이컵'의 이야기를 했다. 그는 메릴랜드 지역의 노예였는데 매일같이 일을 내려놓고 멈추어 기도했다. 이런 행동은 고대 이스라엘까지 거슬러 올라간다. 유대인들은 아침, 점심, 저녁에 규칙적으로 시간을 정해 놓고 시편을 기도서 삼아 기도했다. 이를 "성무일도"offices라고도 할 수 있겠다. 다니엘은 바빌론에 포로로 있으면서도 이 기도 생활을 지키다가 사자 우리에 들어가기도 한다단 6장. 이런 전통은 신약 시대 유대인 기독교인들 사이에서 이어져, 후에는 교회에 모두 퍼지게 된다.

그리고 마침내 기독교의 기도서들이 합쳐져, 개신교들 사이에서 가장 유명한 책인 공동 기도서The Book of Common Prayer가 만들어졌다. (이 책은 따라 하기 너무 복잡하기 때문에 나는 필리스 티클Phyllis Tickle이 쓴 《거룩한 시간: 기도 지침서》The Divine Hours: A Manual for Prayer를 추천한다.) 이 편찬본은 아침, 점심, 저녁에 해당하는 기도문과 함께 시편, 구약, 서신서, 복음서의 말씀을 매일 읽을 분량에 따라 기재해 놓았다. 기도문과 성경 말씀은 교회력에 맞추어 구성되어 있다. 이는 기독교인들이 전 세계에 흩어져 있지만 매일 성경과 기도문을 읽으며 연합된다는 것을 의미한다.

나는 기도서를 사용하고 하루에 세 번 성무일도를 지킬 때의 유익 세 가지를 발견했다. 첫째, "쉬지 말고 기도하라"라는 바울의 훈계를 실제로 실천하는 데에 도움이 된다. 해야 할 일들이 날마다 야생 짐승들처럼 우리에게 돌진해 오기 때문에 우리는 순식간에 휩쓸려가기 일쑤다. 하지만 나의 하루에 일정한 간격을 두고 멈춰서, 하던 일들을 잠시 치우고, 성경과 기도에 단 몇 분을 보내기만 해도, 내 마음과 영혼을 이 세상의 것들이 아닌 하나님께 다시 맞출 수 있다.

둘째, 교회력을 보며 역사적인 기도문을 따라 기도하면, 하나님과의 연합이란 다른 사람과의 연합과 분리할 수 없는 것임을 기억하게 된다. 히브리서 저자는 앞서 간 신실한 선배들이 "구름같이 둘러싼 허다한 증인"들로서 관중석에서 우리에게 환호를 보내고 있다고 기록했다. 공동 기도서 같은 도구를 이용하면, 몇 세기 전에 나와 같은 기도문을 읽으며 기도했을 나의 형제들과 누이들을 기억하게 된다. 우리는 모두 연결되어 있다. 우리는 믿음의 한 가정이며 모든 것의 아버지이신 같은 하나님을 모신다. 마찬가지로, 나는 전 세계 기독교인들이 매일 같은 기도문으로 기도하고 묵상한다는 사실을 안다. 이런 생각만으로도 우리 문화와 기독교의 다양성을 좀먹는 개인주의에서 벗어나게 한다.

마지막이자 가장 중요한 이유는 기도서를 사용하면 기도하는 법을 배우게 된다는 것이다. 몇몇 기독교인들은 활자화된 기도는 기도하는 사람의 마음에 자연스럽게 생겨난 것이 아니기 때문에 진심에서 우러난 기도가 아니라고 비판한다. 하지만 예수님이 제자들에게 기도를 가르치실 때도 이미 완성된 기도문인 주기도문을 주셨다. 이는 예수님이 진정성이나 진심 어린 기도를 가치 있게 여기지 않으셨기 때문이 아니라, 예수님을 따르는 자들에게 더 자세하게 안내를 해 줄 필요가 있다고 느끼셨기 때문이다.

주기도문은 집의 뼈대와 같다. 그렇기에 주기도문은 하나님에 대해서 어떻게 생각해야 하는지, 하나님과 어떻게 교제해야 하는지에 대해 기본적인 윤곽과 구조를 제공한다. 주기도문이 없었으면, 예수님의 유대인 추종자들은 아마도 하나님을 "우리 아버지"라고 감히 말할 생각조차 하지 못했을 것이다. 마찬가지로, 매일의 기도문에 다음 한 문장이 없었다면 나는 태만의 죄the sin of omission를 참회하기는커녕 생각조차 하지 못했을 것이다. "지극히 자비하신 하나님, 우리가 생각과 말과 행위로 저지른 죄와 해야 할 의무를 소홀히 한 죄를 당신께 고백합니다." 활자화된 기도는 우리의 생각 가운데 우리를 지도하며, 종종 기도하는 가운데 신학적 진리를 더욱 풍부하게 깨닫게도 한다. 하지만 우리는 여전히 그 기도서의 골자를 꾸미도록 부름 받았다. 따라서 우리의 삶으로 그 골자를 더 아름답게 할 수도 있고 더 쇠락하게 할 수도 있다. 기도문을 일종의 주문처럼 빠르게 읽어 내려가기 보다는 단어 하나하나가 우리 스스로의 생각과 단어를 일깨우게 해야 한다.

기도문을 하루에 세 번 사용하는 것이 너무 벅차거나 불편하게 느껴지면, 더 단순하게 시작할 것을 권한다. 예를 들어, 많은 기독교인이 식사 전에 기도를 한다. 기도문을 읽으며 기도하는 것이 중언부언하는 것이라고 기피하는 사람들도 밥상에 앉아서는 상투적인 기도를 되풀이하는 경우가 많다. 하나님이 공급해 주시는 것을 감사하며 수 세기 동안 기독교인들이 사용했던 역사적인 기도문을 사용하면 어떨까? 아침마다 너무 정신이 없다 싶으면, 식구들이 각자 집을 떠나기 전에 함께 모여서 다음 기도문을 읽으면 어떨까?

> 주 그리스도가 너를 어디로 보내시든지, 주 그리스도의 평화가 너와 함께하기를, 주 그리스도가 광야에서 너를 인도하시며, 폭풍에서 너를 보호하시기를, 주 그리스도가 너를 집으로 데려 오시기를, 그가 보이신 것에 경탄하기를, 주 그리스도가 너를 집으로 데려 오시기를, 다시 우리 집 문을 지나 우리 만나기를.

"애들아, 좋은 하루 보내렴"보다는 확실히 낫지 않은가?

성령과 기도하기

"반성하지 않는 삶은 살 가치가 없다"라고 소크라테스는 말했다. 정보가 홍수를 이루고 지나치게 바쁜 우리 문화권에서, 반성하기 위해 잠시 멈춰 서기는 어려워져만 간다. 하나님은 우리 삶에 임재해 계시지만, 우리가 움직이는 속도 때문에 하나님을 알아차리기란 절대적으로 불가능하다. 이를 고치기 위해 "성찰 기도"라는 방법이 생겨났다. 이것은 우리가 스스로 반성하고 우리 안에 임재하시는 하나님을 점점 의식할 수 있도록 만들어진 방법이다.

수 세기 동안 기독교인들은 하루 동안 있었던 사건들, 만남들, 감정들을 반성하기 위해 시간을 따로 내 왔다. 지난 시간을 돌이켜 보고 하나님이 움직이셨는데 깨닫지 못한 순간이 있었는지 스스로에게 질문하는 목적이다. 이런 시간이 없으면 전혀 깨달을 수 없는 것들 말이다. 성찰 기도는 하루를 마칠 때 하는 것이 가장 적절하다. 물론 아는 사람 중에 아침마다 어떤 일이 벌어질지 미리 기대하면서 이런 훈련을 하는 사람도 있지만 말이다.

내가 제안하는 방법이 있다. 우선 일정표를 훑어보며 그날 있었던 사건들과 활동들을 되새겨 본다. 그렇게 곰곰이 생각해 보면서, 모든 사건과 만남 가운데 하나님의 영이 어떻게 임하였는지 보여 달라고 성령님께 요청한다. 언제 성령님의 임재를 의식했는가, 언제 그러지 않았는가? 하나님이 함께하신다는 의식이 있었다면 어떤 행동이 특별히 달라졌을까? 계속해서 이렇게 성찰을 하며 매일 반성하다 보면, 머지않아 하루를 마치는 시간뿐만 아니라 활발하게 활동하는 시간에도 하나님을 더 잘 의식하게 될 것이다.

하루를 돌아보며 있었던 일을 나름대로 걸러 내다 보면, 반드시 이그나티우스 로욜라Ignatius Loyola가 말하는 "위안"하나님으로 가는 시간과 "고독"하나님께 멀어지는 시간의 순간들을 찾아보게 된다. 어떤 활동을 할 때, 어떤 순간에, 하나님께 더 나아가고, 하나님의 임재를 경험는가? 정기적으로 하나님을 전혀 생각나지 않게 하는 활동이 있는가? 이런 두 방향의 움직임을 더 잘 의식하게 되면 우리는 훨씬 더 계획적으로 살 수 있고, 하나님과 지속적 교제를 누릴 수 있게 된다.

성찰의 방법은 때로 하루 동안 쌓인 깊은 감정들을 들춰 내기 위해서 일련의 질문들을 사용한다. 예를 들어, 하루 동안 있었던 일을 머릿속에 비디오처럼 재생해 보면서 스스로에게 묻는 것이다. "나는 오늘 어디에서 가장 많이 _____가?"(빈 칸에 생기에 넘치는, 평화로운, 사랑받는, 슬픈, 기쁜 등을 기입한다.) 이런 질문들을 던짐으로써 감사, 참회, 탄원의 기도를 드리고픈 마음이 들게 하라.

많은 사람은 이렇게 하다가 정직성의 문제로 씨름한다. 우리는 너무나도 자주 그날 있었던 일들이나 나누었던 대화를 떠올리다가 어떻게 행동했어야 했는데, 무슨 말을 했어야만 했는데 하며 골몰한다. 성찰의 목표는 할 수 있었던 것, 했어야 했던 것, 했어야만 했던 것을 되돌아보는 것이 아니다. 오히려, 성령님의 도움을 받아 어떤 일이 이미 일어났고, 실제로 어떻게 느꼈는지를 스스로 정직하게 고찰하는 것이다. 물론 이렇게 하다 보면, 때때로 죄를 고백하는 마음이 들기도 한다. 하지만 이는 반성하기 위한 기회이며, 하나님이 당신에 대한 진실을 보여 주시는 기회이기도 하다.

나는 아내와 함께 식탁에서 아이들에게 이 훈련을 아주 간단한 형태로 실천하고 있다. 우리는 보통 식탁에 둘러 앉아 각자 있었던 "오늘의 기복"을 나눈다. 하루 중 가장 좋았던 점과 나빴던 점을 말하는 것이다. 때때로 우리는 아이들에게 묻는다. "오늘은 어디에서 하나님을 느꼈니?" 이상적으로 말하자면, 이런 종류의 간단한 질문만 해도, 우리는 단지 하루를 마치는 고요한 시간이 아니라 여러 가지 일로 정신없이 바쁜 와중에도 하나님을 더욱 마음에 두게 된다.

이제 당신도 성찰의 훈련을 시작할 수 있는 몇몇 질문을 담아 보았다. 명심하라. 성령님과의 교제 가운데 이런 질문을 하라. 궁극적으로 우리는 성령님이 우리의 내적인 삶을 조명해 주시기 바랄 뿐이다.

고독 - 하나님의 부재 인식

- 나는 오늘 언제 하나님에게서 멀어졌다고 느꼈는가?
- 나는 오늘 언제 가장 불만족스럽고 제약을 받는다고 느꼈는가?
- 오늘 낙심한 순간이 있었는가?
- 나의 하루 중 가장 힘 빠지는 부분이 무엇인가?
- 오늘 죄책감이 들거나, 수치스러웠거나, 외로웠던 시간이 있었는가?

위안 - 하나님의 임재 인식

- 오늘 언제 하나님의 임재가 가장 와 닿았는가?
- 오늘 어떠한 사건이나 관계, 또는 생각이 나를 하나님께 더욱 가깝게 이끌었는가?
- 오늘 언제 가장 자유로운 느낌이 들었는가?
- 나의 하루 중 가장 생기를 주는 부분이 무엇인가?
- 나의 하루에서 가장 기뻤던 것은 무엇이었는가?

기도에 관한 추가 자료

리처드 포스터,《기도》, 송준인 역, 두란노, 2011.

필립 얀시,《기도》, 최종훈 역, 청림출판, 2007.

로렌스 형제,《하나님의 임재 연습》, 오현미 역, 좋은 씨앗, 2006.

토머스 켈리,《거룩한 순종》, 김태곤 역, 생명의 말씀사, 2006.

유진 피터슨,《이 책을 먹으라》, 양혜원 역, IVP, 2011.

필리스 티클 Phyllis Tickle,《거룩한 시간: 기도 지침서(The Divine Hours: A Manual for Prayer(3 Volumes).

제임스 웨이크필드 James L. Wakefield,《거룩한 듣기: 이냐시오 로욜라의 영성훈련의 발견》Sacred Listening: Discovering the Spiritual Exercise of Ignatius Loyola.

부록_나
그룹 토의를 위한 질문

1장 에덴 이후의 삶

1. 당신의 삶에서 "동전이 떨어져서" 빛이 밝혀지고 하나님이 전혀 다르게 이해되던 순간을 떠올릴 수 있는가? 그런 새로운 비전을 보게 했던 상황은 무엇이었는가?

2. 보편적인 네 가지 자세하나님께 맞추는, 하나님과 상관없는, 하나님께 요구하는, 하나님을 위한 삶 중 어느 것이 당신이 하나님과 관계 맺는 법을 가장 잘 그려 내는가? 당신은 항상 그 한 가지 자세만 유지했는가? 하나님과 다르게 관계를 맺었던 인생의 다른 시절들도 생각할 수 있는가?

3. 지금 신앙 공동체나 교회에 속해 있다면, 당신이 속한 공동체가 하나님과 관계 맺는 방법을 가장 잘 드러내는 자세는 무엇인가?

4. 당신은 죄를 어떻게 정의하는가? 과거에 당신은 어떻게 그런 가르침을 받았는가?

5. 당신과 하나님 관계에서 두려움은 어떤 역할을 하는가?

2장 하나님께 맞추는 삶

1. 하나님과 "거래"를 하려고 들었던 적이 있는가? 하나님과 합의한 내용의 본질은 무엇이었는가? 어떤 결과가 있었는가?

2. 무엇이 하나님의 명령을 따라야겠다는 동기를 부여하는가? 당신이 성취하고 싶은 것은 무엇인가? 그것이 드러내는 당신의 가장 근원적인 욕구는 무엇인가?

3. 당신이 속한 공동체는 암묵적으로 또는 명시적으로 죄를 계층별로 나누는가? 도덕률이 도덕주의로 변질될 때를 당신은 어떻게 구분할 수 있는가?

4. 당신은 종교 공동체에서 어떤 종류의 "무거운 짐"을 경험해 봤는가? 당신은 차라리 위선자가 되고 싶다는 유혹을 받은 적이 있는가? 예수님의 메시지는 어떻게 우리를 그런 유혹에서 자유롭게 하는가?

3장 하나님과 상관없는 삶

1. 당신이 살아가는 삶의 영역에 있어서 하나님을 거의 또는 선혀 포함하지 않는 영역이 있는가? 당신이 하나님 대신 의지하는 것은 무엇인가?

2. 기독교 신앙에 익숙하지 않은 사람이 당신에게 "성경이 무엇입니까?" 하고 물으면 어떻게 대답하겠는가? 성경은 당신의 삶에서 어떤 역할을 하는가?

3. 하나님과 관계 맺는 것은 기독교 가치를 지키며 사는 것과 어떻게 다른가? 성경을 따라 살지만 하나님과 함께하지는 않는 삶이 가능한가? 이런 일이 당신 삶에서 일어났던 때를 기억하는가?

4. 당신은 하나님을 무관심한 시계공으로 전락시킨 적이 있는가? 어떻게 그러했는가? 하나님과 교제하는 대신, 어떤 원칙들을 당신의 신앙으로 받아들였는가?

4장 하나님께 요구하는 삶

1. 하나님을 당신의 이미지에 맞게 조정했던 기억이 있는가? 하나님에게 속하지는 않았지만, 당신이 높게 평가하거나 또는 당신이 현재 지니고 있는 특징들이 있는가?

2. 당신은 스스로 불편함을 멀리하려고 어떤 노력을 하는가? 어떻게 우리 문화와 지역 사회는 그런 노력을 조장하고 있는가? 하나님은 항상 우리가 편안하기를 원하신다고 생각하는가?

3. 하나님과의 교제를 하거나 기도할 필요 **없이**도 당신이 신앙생활에서 기대하는 모든 복과 유익을 다 누릴 수 있다면, 매혹적으로 여겨지는가? 이에 대한 당신의 답변은 당신 삶에서 하나님이 차지하는 위치에 대해서 무엇을 말해 주는가?

4. 우상이란, "궁극적인 것으로 변한 좋은 것들"이다. 당신의 삶에서 하나님보다 중요한 좋은 것을 생각할 수 있는가?

5장 하나님을 위한 삶

1. 당신이 죄 가운데 있을 때, 그 죄가 어떤 것이 되었든 간에, 하나님이 당신을 어떻게 바라보신다고 생각하는가?

2. 하나님을 위한 삶을 살라는 압박은 당신의 교회나 신앙 공동체에서 어떻게 전해지는가? 어떤 사람 혹은 어떤 활동이 가장 칭송받는가? 어떤 것이 무시되는가? 당신은 이에 대해 어떻게 느끼는가?

3. 다양한 소명들이 당신이 속한 공동체에서 암묵적으로 또는 명시적으로 "순위 매겨"지는가? 당신은 가장 중요한 소명에서부터 가장 덜 중요한 소명까지 어떻게 순위를 내겠는가?

4. 탕자의 비유눅 15장에 나오는 둘째 아들과 첫째 아들 중에 당신은 누구와 더 동질감을 느끼는가? 당신에 관한, 어떤 진실을 각 인물들에서 보는가?

6장 하나님과 함께하는 삶

1. 다음 다섯 가지 "사과의 중심" 중 당신이 이해하는 종교적인 삶을 가장 잘 대변하는 것은 무엇인가? 신적인 의지, 법칙/원리, 자아, 사명, 관계. 당신의 공동체에서 가장 강조하는 것은 무엇인가?

2. 당신이 주로 하나님을 찾는 이유가 다른 욕구를 채우기 위한 것인가, 아니면 하나님 그분 자체 때문인가? 그 차이를 어떻게 구별할 수 있는가?

3. 당신은 하나님을 어떤 분으로 보는가? 누구 때문에 혹은 무엇 때문에 하나님을 그렇게 바라보는가? 하나님에 대한 당신의 이해는 대체로 긍정적인가 아니면 부정적인가?

4. 당신이 황홀하면서도 아름다운 하나님의 이미지를 갖게 된 때는 언제인가? 그런 시각을 갖게 된 계기는 무엇이었는가? 당신의 삶에서 무엇이 하나님에 대한 시야를 가리는가?

5. 존 파이퍼는 다음과 같이 말했다. "복음은 사람들을 천국으로 인도하는 길이 아니다. 복음은 사람들을 하나님께 인도하는 길이다." 당신은 어떻게 복음을 제시받았는가? 그 복음은 공포로 물들어 있었는가 아니면 하나님에 대한 긍정적인 열망으로 가득 차 있었는가?

6. 당신이 어떻게 기도하는지 묘사해 보라. 당신의 기도 생활은 의사소통 위주인가 아니면 교제 위주인가? 그것은 해야만 하는 귀찮은 일인가 즐거움인가? 당신이 기도에 다르게 다가가도록 도울 좋은 방법이 있는가?

7장 믿음으로 사는 삶

1. 당신은 삶에서 벌어지는 예측 불가능한 일들을 어떤 방식으로 통제하려고 하는가? 통제하려는 욕구 때문에 갈등이 빚어졌던 상황을 기억할 수 있는가?

2. 당신이 살아가면서 통제는 환상에 지나지 않는다고 확신하게 된 계기는 무엇인가?

3. 당신은 예수님의 어떤 가르침을 따르기 두려운가? 당신은 그 두려움이 어디에서 오는 것인지 판별할 수 있는가?

4. 지난 한 주를 돌이켜 보라. 당신이 하나님이 당신과 함께하심을 온전히 믿었다면, 당신은 어떤 일을 다르게 했을까? 당신은 어떤 "위험"을 감수했을 것인가?

5. 하나님과 함께 살아가는 사람들은 삶과 죽음을 어떻게 재정의하는가? 예수님의 부활은 당신에게 어떤 의미를 갖는가? 부활이 정말로 당신이 살아가는 방식에 영향을 미치는가?

8장 소망으로 사는 삶

1. 지금 당장 세계가 통제 불능이라고 느껴진다면? 당신의 삶이 통세 불능으로 느껴진다면? 사람들은 어디로 소망을 돌릴까?

2. 소망을 걸었던 대상이나 사람에게 실망한 순간이 있는가? 당신은 어떤 소망을 종교나 교회에 두고 있는가?

3. 당신이 목표 의식을 불태우며 이루고자 하는 대상은 무엇인가? 그것들이 다 사라진다고 상상해 보라. 당신은 어떻게 느끼겠는가?

4. 당신의 "비밀 은신처"는 어디인가?

9장 사랑으로 사는 삶

1. 안토니아 수녀의 이야기는 사랑에는 용기가 필요하다는 점을 보여 준다. 당신도 용기를 더욱 내야만 사랑할 수 있는 사람이 있는가? 안토니아 수녀의 예가 이 용기를 찾는 법에 대해서 우리에게 시사하는 바는 무엇인가?

2. 헨리 나우웬은 하나님의 목소리가 우리의 중심을 향하여 말씀한다고 기록했다. 스바냐는 하나님이 우리를 즐거이 부르시며 기뻐하신다고 했다. 하나님이 당신을 향해 어떤 노래를 부르시리라 생각하는가?

3. 왜 사랑이 믿음이나 소망보다 더 중요한가? 당신의 신앙 공동체에서는 그 중 어떤 것이 더 드러나거나 강조되는가?

4. 그 이름이 좋든 싫든 간에, 당신이 어떤 이름으로 불리게 되면서 그에 따라 당신의 자아가 형성되었던 그런 이름이 있었는가? 예수님이 당신에게 새로운 이름이 새겨진 하얀 돌을 주실 날을 기대할 때, 그 이름이 무엇이 되리라 생각하는가? 하나님이 당신을 바라보시는 방식을 가장 잘 포착할 이름은 무엇이 될 것인가?

감사의 말

    데이브 슈라이어Dave Schreier는 거의 20년 동안 없어서는 안 될 친구가 되어 주었다. 우리는 하나님과 관계 맺는 모든 자세에 대해서 미리 함께 살펴보았다. 그리고 그리스도와 함께하는 소박한 삶이 얼마나 축복인지를 발견했다. 그가 보여 준 격려와, 나의 사명에 대한 그의 믿음, 하나님과 함께 살려는 헌신은 이 책의 모든 내용에 기여했다.

    글쓰기 동역자인 앤디 브룸바하Andy Brumbach와 댄 하세Dan Hasse는 내가 이 글을 써 내려 갈 때, 수도 없이 초안과 개요를 살펴 주었다. 그들의 예술적인 감성과 저자로서의 공감 능력은 몇 달간의 과정에서 정말 귀중한 것이었다. 나는 특히 댄에게 빚을 졌다고 생각한다. 그는 내가 다른 생각은 잠시 내려놓고 이 책을 쓰는 데 집중할 수 있도록 했다.

    토머스 넬슨Thomas Nelson 출판사의 조엘 밀러Joel Miller와 그의 팀은 아주 초기부터 이 책이 지닌 잠재력을 봐 주었다. 그의 객관적인 피드백과 편집인으로서 휘두른 날카로운 수술칼이 있어 이 책은 한결 나아질 수 있었다.

크리에이티브 트러스트Creative Trust의 캐시 헬머스Kathy Helmers와 그 동료들은 구상에 불과했던 이 계획을 실현할 수 있도록 도와줬다. 무언가 말하고 싶어 하는 젊은이가 목소리를 낼 수 있도록 기회를 주어서 감사하다.

브라이언Brian과 셰릴 베어드Cheryl Baird 부부, 데이브Dave와 메리 코너Mary Conner 부부, 스카티 메이Scottie May, 밥Bob과 신디 리날디Cindy rinaldi 부부, 톰Tom과 매리 엘렌 슬레핑거Mary Ellen slefinger 부부 모두 부록에 기록된 그룹 토의의 질문을 작성하는 일에 도움을 주었다. 그들이 이 책에 대해서 피드백을 해 주었기 때문에 이 책은 개정을 거치며 더 강력하고 명확한 메시지를 지닐 수 있었다. 나는 또한 그들의 우정과 진실성이라는 복을 받았다.

이 책에서는 비록 이름을 나열할 수는 없지만 지난 5년 넘는 기간 동안 함께했던 대학생들을 말하지 않을 수 없다. 하나님을 알고 싶어 하는 진실한 열망을 가지고 자신들의 문제를 정직하게 바라보려는 그들의 열정이 이 책을 낳았다. 이 책에 기록한 것과 같이, 나는 스스로 변화의 시기를 겪었다. 그동안 내 아내 아만다Amanda는 나를 끝없이 인내해 주고 끝없이 북돋아 주었다. 그녀에 대한 사랑과 감사는 이 책의 모든 페이지마다 보이지 않는 잉크로 기록되어 있다.

미주

1장

1) Tatyana Tolstaya, "See the Other Side," trans. Jamey Gambrell, *New Yorker*, March 12, 2007.

2) G. K. Chesterton, *What's Wrong With the World* (Boston: Adamant Media, 2004), 48.

3) Skye Jethani, *The Divine Commodity: Discovering a Faith Beyond Consumer Christianity* (Grand Rapids: Zondervan, 2009). 스카이 제서니, 《하나님을 팝니다?》, 이대은 역, 죠이선교회, 2011.

2장

1) Steve Johnson quoted in Sean Brennan, "Bills receiver Steve Johnson appears to blame God in tweet for awful dropped pass against Steelers," *NY Daily News*, Novem-

ber 19, 2010, http://articles.nydailynews.com/2010-11-29. sports/27082588_1_tweet-steelers-fan-falcons (2011년 5월 30일 접속)

2) Cicero, *De Natura Deorum*, 3. 89. 키케로, 《키케로의 신들의 본성에 관하여》, 강대진 역, 나남출판, 2012.

3) Matt Chandelr, "Preaching the Gospel to the De-Churched" (2lecture, Advance09, Durham, North Carolina, June 4, 2009)

4) "Hamas bans men from working in women's hairdressers," *The Telegraph*, March 5, 2010, http://www.telegraph.co.uk/news/worldnews/middleeast/palestinianauthority/7371960/Hamas-bans-men-from-working-in-womens-hairdressers.html (2011년 5월 30일 접속)

5) "Jihad Against Jews and Crusaders," *World Islamic Front Statement*, February 23, 1998, http://www.fas.org/irp/world/para/docs/980223-fatwa.htm (2011년 5월 30일 접속)

6) Jerry Falwell quoted in "Falwell apologizes to gays, feminists, lesbians," *CNN*, September 14, 2001, http://articles.cnn.com/2001-09-14/us/Falwell.apology_1_thomas-road-baptist-church-jerry-falwell-feminists?_s=PM:US (2011년 5월 30일 접속)

7) Charmaine Noronha, "Tony Blair, Christopher Hitchens Debate Religion," *The Huffington Post*, November 27, 2010, http://www.huffingtonpost.com/2011/11/27/tony-blair-christopher-hi_n_788717.html (2011년 5월 30일 접속)

3장

1) "500 Greatest Songs of All Time," Rolling Stone, April 7, 2011, http://www.rollingstone.com/music/lists/the-500-greatest-songs-of-all-time-20110407/john-lennon-imagine-19691231 (2011년 5월 30일 접속)
2) Mitchell Landsberg, "Religious skeptics disagree on how aggressively to challenge the devout," *Los Angels Times*, October 10, 2010.
3) Landsberg, "Religious skeptics."
4) Václav Havel quoted in Timothy Garton Ash, "The Truth about Dictatorship," *New York Times Review of Books*, February 19, 1998, 36-37.
5) Stéphane Courtois et al., *The Black Book of Communism: Crimes, Terror, Repression*, trans. by Jonathan Murphy and Mark Kramer, ed. by Mark Kramer (Cambridge, MA: Harvard University Press, 1999), 4.
6) Pew Forum on Religion and Public Life, *U.S. Religious*

Landscape Survey (Washington: Pew, 2008), 5, http://religions.pewforum.org/pdf/report-religious-landscape-study-full.pdf (2011년 5월 30일 접속).

7) Associated Press, "Many who pledge abstinence at risk for STDs," MSNBC.com, March 18, 2005, http://religions.pewforum.org/pdf/report-religious-landscape-study-full.pdf (2011년 5월 30일 접속).

8) Andy Stanley quoted in "Leader's Insight: Get-It-Done Leadership," Leadership Journal, Spring 2006, http://www.christianitytoday.com/le/currenttrendscolumns/leadershipweekly/cln70528.html (2011년 5월 30일 접속).

9) Laurie Beth Jones, Jesus, CEO: Using Ancient Wisdom for Visionary Leadership (New York: Hyperion, 1995), xvii. 로리 베스 존스,《최고 경영자 예수》, 송경근 역, 한언출판사, 2005.

10) Barna Group, "Church Priorities for 2005 Vary Considerably," Barna Update, February 14, 2005, http://www.barna.org/barna-update/article/5-barna-update/185-church-priorities-for-2005-vary-considerably?q=prayer (2011년 5월 30일 접속).

11) Group Publishing, "HOW 2 Children's Ministry Conference," Facebook, http://www.facebook.com/event.php?eid=36623289035&index=1 (2011년 5월 30일 접속).

12) 아마존에서 기독교 서적의 제목을 검색해 보면 약 2,000권 정도에 '원칙'이라는 단어가 들어가 있으며, 500권 정도의 책에는 '효과적'이라는 단어가 들어가 있다.
13) Michael Horton, "All Crossed Up," *Touchstone: A Journal of Mere Christianity*, March 2008, http://www.touchstonemag.com/archives/article.php?id=21-02-011-v (2011년 5월 30일 접속)

4장

1) Scot McKnight, *The Blue Parakeet* (Grand Rapids: Zondervan, 2009), 220-223. 스캇 맥나이트, 《파란 앵무새》, 조숭희 역, 미션월드라이브러리, 2009.
2) 위의 책, 49.
3) François-Marie Voltaire quoted in Isaac Everett, *The Emergent Psalter* (New York: Oxford University, 2005), 165.
4) Christian Smith, *Soul Searching: The Religious and Spiritual Lives of American Teenagers* (New York: Oxford University, 2005), 165.
5) Christian Smith quoted in Tony Jones, "Youth and Religion: An Interview with Christian Smith," 2005, Youth Specialties, http://www.youthspecialties.com/articles/youth-and-religion-an-interview-with-christian-smith (2011년 5월 30

일 접속)

6) Joyce Meyer qoted in David Van Biema and Jeff Chu, "Does God Want You to Be Rich?" *Time*, September 10, 2006.

7) Robert Paul Reyes, "Joyce Meyer's $23,000 Toilet: A Symbol of the Prosperity Gospel," *American Chronicle*, November 9, 2007.

8) Rodney Clapp, "Why the Devil Takes VISA," *Christianity Today*, October 7, 1996.

9) John De Graff, ed., *Take Back Your Time* (San Francisco: Berrett-Koehler, 2003), 95.

10) Kevin Bales, *Disposable People: New Slavery in the Global Economy* (Berkeley: University of California, 1999), 8.

11) Neil Postman, *Amusing Ourselves to Death: Public Discourse in the Age of Show Business* (New York: Viking Penguin, 1985). 닐 포스트먼, 《죽도록 즐기기》, 홍윤선 역, 굿인포메이션, 2009.

12) C. S. Lewis, *The Problem of Pain* (New York: Macmillan, 1944), 81. C. S. 루이스, 《고통의 문제》, 이종태 역, 홍성사, 2002.

13) Paul W. Brand and Philip Yancey, *The Gift Nobody Wants* (New York: HarperPerennial, 1995).

14) Timothy Keller, *Counterfeit Gods: The Empty Promis-*

es of Money, Sex,m and Power and the Only Hope that Matters (New York: Dutton, 2009). 팀 켈러,《거짓 신들의 세상》, 이미정 역, 베가북스, 2012.

15) Courtney Hutchison, "Today's Teens More Anxious, Depressed, and Paranoid Than Ever," *ABC* News, December 10, 2009.

16) Jean Twenge quoted in Hutchison, "Today's Teens."

17) Cathy Lynn Grossman, "Young adults aren't sticking with church," *USA Today, August 6*, 2007.

5장

1) Gordon MacDonald, "Danger of Missionalism," *Leadership Journal*, January 1, 2007 http://www.christianitytoday.com/le/2007/winter/16.38.html (2011년 5월 31일 접속)

2) Phil Vischer, *Me, Myself, and Bob* (Nashville: Thomas Nelson, 2007), 238.

3) Vischer. *Me, Myself, and Bob*, 237.

4) MacDonald, "Dangers of Missionalism."

5) Horton, "All Crossed Up."

6) Dave Johnson quoted in "Leader's Insight: The High Price of Dying (to Self)," *Leadership Journal*, April 16, 2007, http://www.christianitytoday.com/le/currenttrendscolumns/

leadershipweekly/cln70416.html (2011년 5월 31일 접속)

6장

1) Brother Lawrence, "Fifth Letter," *The Practice of the Presence of God the best rule of a Holy Life*, trans. Joseph de Beaufort (New York: Fleming H., Revell, 1895), 32.

2) "Letter 89," *The Letters of J. R. R. Tolkien*, ed. Humphrey Carpenter (Boston: Mariner, 2000), 99-100.

3) 다음 책을 추천한다. Robert Letham, *The Holy Trinity in Scripture, History, Theology, and Worship* (Phillipsburg: P&R Publishing, 2005).

4) Kevin DeYoung, "TheMost Important Doctrine Many Never Think About," *The Gospel Coalition Blog*, September 22, 2009. http://thegospelcoalition.org/blogs/kevindeyoung/2009/09/22/most-important-doctrine-many-never/ (2011년 5월 31일 접속)

5) John Piper, *God Is the Gospel* (Wheaton: Crossway, 2005), 47. 존 파이퍼, 《하나님이 복음이다》, 전의우 역, IVP, 2006.

6) Dallas Willard, *The Divine Conspiracy* (Wheaton: HarperCollins, 1997), 428. 달라스 윌라드, 《하나님의 모략》, 윤종석 역, 복 있는 사람, 2007.

7) Mother Teresa, quoted in Chuck Swindoll, *So You Want to*

Be Like Christ? Eight Essentials to Get You There (Nashville: Thomas Nelson, 2005), 61-62.

8) Thomas R. Kelly, A Testament of Devotion (New York: HarperCollins, 1992), 9. 토머스 켈리,《거룩한 순종》, 김태곤 역, 생명의말씀사, 2006.

9) T. W. Wilson quoted in Harold Myra and Marshall Shelley, The Leadership Secrets of Billy Graham (Grand Rapids: Zondervan, 2005).

7장

1) Henri Nowen quoted in Angels over the Net, DVD, directed by The Company (NewYork: Spark Productions, 1995).
2) "450 sheep jump to their deaths in Turkey," USA Today, July 8, 2005.
3) Dallas Willard, The Divine Conspiracy, 208. 달라스 윌라드,《하나님의 모략》, 윤종석 역, 복 있는 사람, 2007.
4) Harvard Sitkoff, King: Pilgrimage to the Mountaintop (New York: Hill and Wang, 2007), 38.
5) Sitkoff, Kings, 23.
6) 위의 책., 28-30.
7) 위의 책., 38.
8) 위의 책.

9) 위의 책., 37-39.

10) Dietrich Bonhoeffer, *Life Together* (New York: Harper-Collins, 1954), 13. 디이트리히 본회퍼,《신도의 공동생활》, 문익환 역, 대한기독교서회, 2003.

11) N. T. Wright, *Surprised by Hope* (New York: HarperOne, 2008), 50. 톰 라이트,《마침내 드러난 하나님 나라》, 양혜원 역, IVP, 2009.

12) Lesslie Newbigin quoted in N. T. Wright, *Surprised by Hope*, 108.

8장

1) *Birdman of Alcatraz*, DVD, directed by John Frankenheimer (1962; Century City, CA: MGM, 2001).

2) Matt Russell and Angie Ward, "Can Your Church Handle the Truth?" *Leadership Journal*, July 13, 2009, http://www.christianitytoday.com/le/communitylife/discipleship/canyourchurchchandle.html (2011년 5월 31일 접속)

3) Os Guinness, *The Call: Finding and Fulfilling the Central Purpose of Your Life* (Nashville Thomas Nelson, 1998), 31. 오스 기니스,《소명》, 홍병룡, IVP, 2006.

4) Albert J. Raboteau, *Slave Religion: The "Invisible Institution" in the Antebellum South* (New York: Oxford Press,

1978), 213-214.

5) Raboteau, *Slave Religion*, 217-218.

6) 위의 책., 211.

7) 위의 책., 219.

8) 위의 책., 306.

9장

1) Johnny Dodd, "From Beverly Hills to Mexican Jail," *People* 63, no. 20 (2005년 5월 23일): http://www.people.com/people/archive/article/0,,20147637,00.html (2011년 5월 31일 접속)

2) 위의 책.

3) 위의 책.

4) 위의 책.

5) Henri Nouwen, "Moving from Solitude to Community to Ministry," *Leadership Journal*, Spring 1995, http://www.christianitytoday.com/le/1995/spring/51280.html (2011년 5월 31일 접속).

6) Jerome W. Berryman, *Godly Play: An Imaginative Approach to Religious Education* (San Francisco: Harper, 1991), 150.

7) Nowen, "Moving from Solitude."

8) Robert H. Mounce, *What Are We Waiting For? A Commentary on Revelation* (Eugene: Wipf and Stock, 1992), 10.

9) George MacDonald, *Unspoken Sermons* (New York: Cosimo Classics, 2007), 55.

10) 위의 책, 57.

11) Dietrich Bonhoeffer, *Letters and Papers from Prison* (New York: MacMillan), 348. 디이트리히 본회퍼, 《옥중서간》, 고범서 역, 대한기독교서회, 1995.

with

초판 발행	2013년 11월 30일
초판 9쇄	2025년 2월 28일
지은이	스카이 제서니
옮긴이	이대은
발행인	손창남
발행처	(주)죠이북스(등록 2022. 12. 27. 제2022-000070호)
주소	02576 서울시 동대문구 왕산로19바길 33, 1층
전화	(02) 925-0451 (대표 전화)
	(02) 929-3655 (영업팀)
팩스	(02) 923-3016
인쇄소	송현문화
관권소유	ⓒ(주)죠이북스
ISBN	979-11-93507-50-6 03230

책값은 뒤표지에 있습니다.
잘못된 도서는 교환하여 드립니다.
이 책 내용을 허락 없이 옮겨 사용할 수 없습니다.